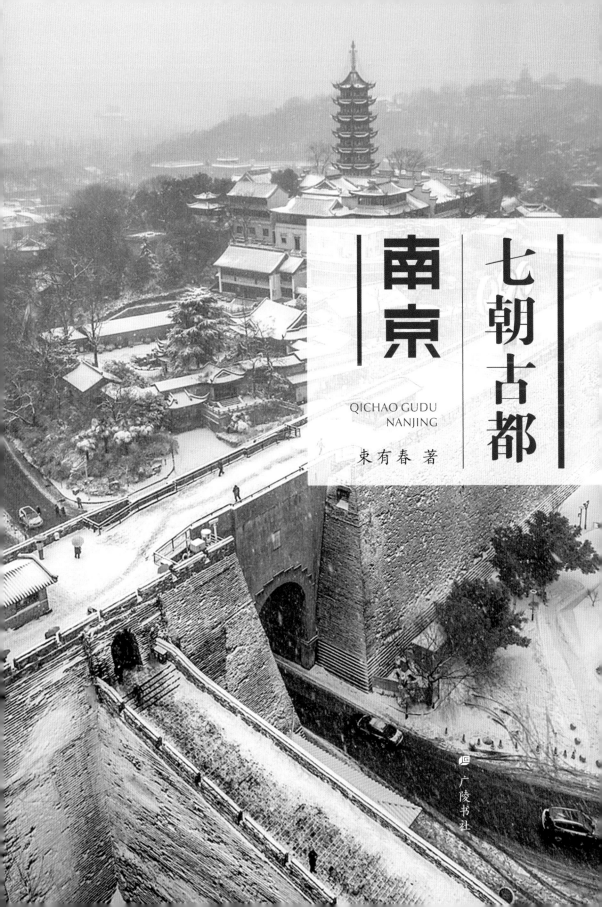

南京 七朝古都

QICHAO GUDU
NANJING

束有春 著

广陵书社

图书在版编目（ＣＩＰ）数据

七朝古都南京 / 束有春著. -- 扬州 : 广陵书社,
2024.2
　　ISBN 978-7-5554-2172-6

　　Ⅰ. ①七… Ⅱ. ①束… Ⅲ. ①文化史－南京 Ⅳ.
①K295.31

　　中国国家版本馆CIP数据核字(2024)第003036号

书　　　名	七朝古都南京	
著　　　者	束有春	
责任编辑	郭玉同	
出版发行	广陵书社	
	扬州市四望亭路 2-4 号	邮编　225001
	（0514）85228081（总编办）	85228088（发行部）
	http://www.yzglpub.com	E-mail : yzglss@163.com
印　　　刷	江苏凤凰扬州鑫华印刷有限公司	
开　　　本	720毫米×1020毫米　1/16	
印　　　张	14.75	
字　　　数	227千字	
版　　　次	2024年2月第1版	
印　　　次	2024年2月第1次印刷	
标准书号	ISBN 978-7-5554-2172-6	
定　　　价	68.00元	

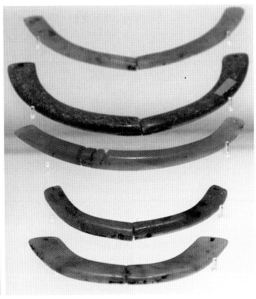

"长干古城"遗址出土陶器　　　　　　　　北阴阳营遗址出土玉璜

灵谷寺"灵谷深松"碑　　　　　　　　　　灵谷寺无梁殿

东南大学四牌楼校区内"六朝松"

南朝陈武帝陈霸先万安陵石刻

南朝陈文帝陈蒨永宁陵石刻

南京明城墙聚宝门(今中华门)城堡

国立中央博物院旧址

明孝陵文武方门

明孝陵神道石刻

阳山碑材

太平天国壁画"江天亭立图"

太平天国壁画"双鹿灵芝图"

国民政府外交部旧址

国民政府总统府大堂

国民政府临时政府参议院旧址

国民政府监察委员会旧址

国民政府考试院旧址

南京励志社旧址

中国第二历史档案馆(原国民党中央党史史料陈列馆旧址)

金陵大学旧址建筑

金陵大学礼堂

国民政府总统府大院内石舫（不系舟）

金陵中学校园内汇文书院钟楼

南京鼓楼

八路军南京办事处旧址

紫金山天文台

紫金山天文台浑仪

紫金山天文台简仪

序

　　大雪过后，气温骤降，老友束有春送来了他的书稿——《七朝古都南京》，嘱我作序。粗粗一读，便为他的渊博学识、执着的求真精神以及对南京文化深深热爱的拳拳之心而感佩，顿觉暖意融融。

　　我与有春相识于上世纪的 90 年代初，至今已有 30 余年了。当时他为南京博物院《东南文化》杂志的编辑，而我是他们的作者，只知道他是文学硕士，专攻古代文学，同时对传统文化和编辑学又比较熟悉。这些年来，他重视从理论到实践、再从实践到理论的反复探求，随着身份从教师到编辑、再到文化干部的变化，而他作为学者的本分却丝毫未变，并坚持不断地学习、思考、调研、写作，他的知识面越发深广。因此，在《七朝古都南京》这部书中，呈现出历史学、文学、文字学、逻辑学、文化学、考古学、哲学等学科交叉运用、综合论证的效果。

　　《七朝古都南京》这部书的主要成就在于，它纠正了南京是"六朝古都、十朝都会"这一伪命题的谬说，明确提出"南京是七朝古都"！他在论证明朝的南京是无可争议的古都时，曾自我评价说："这是对传统南京古都史研究的新的学术贡献。"此言并不为过，反映出作者的学术自信。《七朝古都南京》的另一个重要成就，就是论证了大明王朝的终结不是在崇祯十七年（1644），而是在弘光二年（1645），由福王朱由崧在陪都南京称帝的弘光朝其实是明朝的沿袭，而非所谓的"南明"。这一判断虽将明朝的历史仅延长了一年，但对史学的理论研究及对南京古都的实际认定，都具有重要的意义。

翻阅此书，可谓感触良多。

首先，这部近 20 万字的著作多学科、多角度地研究了南京古都的历史文化，成为这一领域最新的、最有价值的创新性成果，体现了作者的敏于思考、勇于挑战的学术勇气和精于治学的科学精神。

其次，该书文字简练，笔墨流畅，其举重若轻、深入浅出的行文，以及对理念、概念、典故、文献、传说等的精炼而平实的解读，适合社会全体成员阅读。

再次，该书以俗雅结合的风格特点、叙说与论证并用的手法、普及与提高兼顾的目标、还原历史与以服务当代为责任的追求，为古都南京的文化遗产研究与保护作出了可喜的探索，可成为一项标志性的成果。

最后，《七朝古都南京》所表现的治学严谨、孜孜以求的探索精神，敢于挑战、执着追求的学术勇气，以及对古都文化遗产的深深热爱和矢志保护与传承的热忱，表明了一个在新中国成长起来的学者的基本涵养与优良品质。

我祝贺有春友《七朝古都南京》一书的出版，并期望有更多类似的好书问世！

我相信，南京的广大市民和一切翻阅此书的读者朋友们都能读懂它，并支持"南京是七朝古都"的立论！

陶思炎　中央文史研究馆馆员

2023 年 12 月 24 日

【作者简介】陶思炎，文学博士。东南大学艺术学院教授，中央文史研究馆馆员，中国民间文艺家协会顾问（原副主席），江苏省炎黄文化研究会顾问。长江文化促进会原会长，江苏省文联原副主席，江苏省民间文艺家协会原主席。第十一届全国人大代表，政协江苏省第九届、第十届委员会常委、文史委副主任。

目　录

引　子

　　随着 1978 年我国改革开放大门的打开,在迎来社会经济快速发展新理念、新举措、新方法的大好形势下,我国文物资源的科学保护和合理利用也愈来愈受到各级政府的高度重视。受联合国《保护世界文化和自然遗产公约》的影响,人们又开始从更广阔的空间来思考如何保护利用好前人留下的文化遗产问题,继"文物"概念被广泛运用后,"历史文化名城"概念又被提出并得到普遍认可。

　　1982 年 2 月,国务院公布了第一批国家历史文化名城 24 座。同年年底,我国第一部文化大法《中华人民共和国文物保护法》出台,"历史文化名城"被正式写进法律文本中。强调被确定公布为国家历史文化名城的,均为保存文物特别丰富、具有重大历史价值和革命意义的城市,这些城市曾经是古代政治、经济、文化中心,或者是近代革命运动和重大历史事件发生地的重要城市。从此,"文物"和"历史文化名城"双管齐下,我国文化遗产保护迎来了春天。

　　从 1982 年至 2022 年的 40 年内,我国已有 141 座城市被国务院公布为国家历史文化名城,江苏已有 13 座城市进入国家历史文化名城行列,除 1982 年首批列入的南京市、苏州市、扬州市三市外,陆续被国务院公布为历史文化名城的还有镇江市、徐州市、常熟市、淮安市、无锡市、南通市、常州市、泰州市、宜兴市、高邮市。

　　正是在加强文物和历史文化名城保护的过程中,大约在 21 世纪初,人们的目光又进一步聚焦到那些曾经作为中国封建王朝都城的历史文化名城身上,先后出现了中国"四大古都""五大古都""六大古都"抑或"七大古都"之说。但无论是哪一种评定表述,南京都有一席地位,因为南京与洛阳、西安、北京是最早被公认的中国"四大古都"。

正是在这个基础上,人们又自然而然地要对这些城市究竟是几朝古都的问题作出追问,希望能得到一个明确的数字表达。遗憾的是,南京市当年在回答这个问题时,采取了双重标准,提出了"六朝古都、十朝都会"一说,从而造成长期误导。

本书将在历史唯物主义史学观引领下,坚持实事求是的学术研究态度,秉承学术乃天下之公器的中国传统学术遵循,从历史学、考古学、语言学、逻辑学等不同角度深入剖析梳理,以期确立"南京是七朝古都"全新形象,让广大读者,尤其是生活在南京这片土地上的人们,对古都南京历史尤其是都城史有一个更加全面正确、更加透彻深刻、更加科学合理的认知了解。

第一章 如何读懂南京

第一节 从一个古老的哲学范畴说起

如何读懂南京,我们还得从中国哲学的一个古老范畴"知行"说起,因为对于南京这座历史悠久的文化名城,如何读懂她、认识她,同样存在着一个"知"与"行"的认识与实践问题。我们先对这一古老哲学范畴进行简单梳理。

《尚书·商书·傅说之命》(亦作《说命》)篇中,记载有殷商时期卓越的政治家、军事家傅说辅佐殷商王朝高宗武丁的事迹。在一次与高宗武丁的对话中,傅说有这样一句话:"非知之艰,行之惟艰。"傅说认为,不是"知"艰难,而是"行"艰难,即"知易行难"。

与傅说观点接近的是春秋时期的郑国大夫子皮。在《左传·昭公十年》中,记载有子皮说的一句话:"非知之实难,将在行之。"意思是"知"其实不难,关键在"行"。傅说和子皮话语中的"知"是指认知或良知,"行"是指行为、行动、实践。"知"与"行",在中国上古时期就构成了一对古老的哲学范畴,对后世影响深远,不断引发人们的思考。

是"知难行易"还是"知易行难"?哲学家们在思考,政治家们也在思考,两种认识见解并存,共同活跃着中国人的哲学思维。

宋代哲学家朱熹认为:"论先后,知为先;论轻重,行为重。"朱熹还比喻说:"知行常相须,如目无足不行,足无目不见。"在这里,朱熹提出了一个重要主张：知行合一。但他认为，"知"是在"行"的前面，而"行"又更加重要，如果知道如何去做而不去践行，那就等于零，所以"知"要靠"行"去落地。

明代哲学家王守仁即王阳明在继承朱熹"知行合一"哲学观点基础上，进一步认为，"知是行的主意，行是知的功夫；知是行之始，行是知之成"，"只说一个知，已自有行在；只说一个行，已自有知在"。他认为"知"与"行"是一个功夫的两面，知中有行，行中有知，二者不能分离，也没有先后。应该说，朱、王的"知行合一"观在先秦哲人思考的基础上，哲学意味更加清晰明朗了。

《清史稿·叶方蔼列传》记载：叶方蔼是江苏昆山人，清顺治十六年（1659）进士，康熙十二年（1673）充日讲起居注官，康熙十六年充《孝经衍义》总裁。一次，他在讲《中庸》时，康熙皇帝问道："知行孰重？"叶方蔼对曰："宋臣朱熹之说，以次序言，则知先行后；以功夫言，则知轻行重。"康熙皇帝的回答是："毕竟行重，若不能行，知亦虚知耳。"康熙皇帝以他封建帝王的切身感悟，避免了"难易"问题的纠缠，用"轻重"来衡量，认为"行"的重要性要高于"知"，光"知"不"行"等于零。

国民革命先驱孙中山先生在探索推翻封建帝制后，在中国将建立什么样的国体问题上，因无先例可参照，所以他在苦苦寻求的过程中，切身体会到"知难行易"。1924年1月20日，孙中山在《欢宴国民党各省代表及蒙古代表的演说》中指出："古人所信仰的是'知之非难，行之惟艰'，我所信仰的是'知难行易'。"

现代中国进行的社会主义革命和社会主义建设发展，同样也存在着一个"知"与"行"的漫长探索过程。社会主义初级阶段、中国特色社会主义、改革开放、"三个代表"重要思想、科学发展观、实现中华民族伟大复兴的中国梦等等，这些语句经常呈现在人们面前，也许你已经习以为常了，但却反映了中国共产党领导的国家政权如何让人民富起来、让国家强大起来、让民族团结起来的思考探索过程。"知难行易"是符合我国国情发展的。

同理,我们对南京究竟是几朝古都的认知,也存在着"知"与"行"的问题。由于南京建城历史悠久,历史文化内容庞杂,如何从纷繁万象中寻绎到真正属于封建王朝都城的内容,就是一个艰难的"知"的过程。一旦我们树立起科学的、历史唯物主义的认知观,找准定位,就可以通过"行",即通过对历史文献、地下出土文物、地面文化遗存的"三重"挖掘研究,通过邃密的科学思考,去作出准确的判断和清晰的回答。

苏东坡《题西林壁》诗云:"横看成岭侧成峰,远近高低各不同。不识庐山真面目,只缘身在此山中。"人们身在南京,生活在南京,但要对南京历史文化的"庐山真面目"认识到位,必须得下一番"知"与"行"合一的真功夫,如此才能真正读懂南京这座国家级历史文化名城。

第二节　历史文献中的南京

历史文献是我们了解过往历史的最佳途径之一,对于南京的认知,我们仍可以通过阅读历史文献入手。与南京相关的历史文献很多,这里重点介绍几本。

第一本,唐代许嵩著《建康实录》。这是一部记载东吴、东晋、南朝宋齐梁陈六个朝代历史的编年体史书。因为这六个朝代均以建康为都城(东吴时名建业),故取此名。该书约成书于唐肃宗至德元年(756)。相传最早有北宋嘉祐四年(1059)的刻本,但失传已久。今国家图书馆藏有南宋绍兴十八年(1148)的刊本,海内仅此一部存世。清代曾两次刊刻此书,光绪年间金陵甘氏校刊本因讹误较少而通行。另外还有数种钞本传世。1987年,上海古籍出版社出版

〔唐〕许嵩著《建康实录》,上海古籍出版社 1987 年版书影

了孟昭庚、孙述圻、伍贻业的点校本,较为流行,笔者就是阅读的这个点校本。许嵩大约生活在唐玄宗、唐肃宗时期。《建康实录》共20卷,记事始于汉献帝兴平元年(194)孙吴起事,终于南朝陈祯明三年(589)陈后主亡国。六朝正史尽管成书于不同年代,然均为卷帙繁多的纪传体史书,许氏能独辟蹊径,撰成一部以建康为中心的六朝编年实录体史书,为我们认识唐以前的南京提供了极为重要的文献资料。

第二本,宋代周应合纂《景定建康志》。这是一部南宋时期的著名方志。宋理宗景定年间(1260—1264),由江南东路安抚司周应合撰写,计50卷。该书在体例上先分总类,后分细目,适合方志所记内容繁复的需要,在宋代方志中堪称佳著。原有景定刊本,今存有影宋抄本,另有清钱大昕抄本、《四库全书》本、清嘉庆六年金陵刻本等。1990年,中华书局《宋元方志丛刊》即据嘉庆本影印。

第三本,明代葛寅亮撰《金陵梵刹志》。这是一部明代南京佛寺通志,是研究金陵佛刹与佛教史的重要文献。明万历三十五年(1607)刊行。内容叙述金陵即南京诸佛寺的沿革、制度、诗颂等。建都金陵的封建帝王们多崇信佛法,广建寺刹,但在改朝换代时,寺庙多有毁坏。明代建都南京,寺庙逐渐恢复,共得大刹3所、次大刹5所、中刹32所、小刹120所。

第四本,明代礼部纂修《洪武京城图志》,共1卷。明太祖朱元璋为显示江山一统,命大臣刘基建筑京城,苦于无以周览形胜,敕礼部于洪武二十八年(1395)撰成此书。全书约六千字,以图文并茂的方式描述了明朝首都南京的恢宏气象,并附有多篇名家序、记、考、跋,是研究明代初年南京城市史的重要文献。

第五本,明朝陈沂撰《金陵古今图考》。该书于明正德十年(1515),由侍讲陈沂修编。以宋元方志为底本,专记金陵建置,记载了从先秦至明代的南京历代河山、都会街肆,有图15幅,每图并附文字说明。该书对研究南京历史地理有重要价值。

第六本,明代赵官等编纂《后湖志》。该书是辑录明代赋役黄册库史事的文献汇编,因黄册库坐落在后湖即今南京市玄武湖公园内,故名。初编于正德八年(1513),编者为南京户部给事中兼管后湖黄册库事务的赵官,共10卷,包括正文8卷、附录诗文2卷。嘉靖、万历、天启等朝陆续增订。现存11卷,分为事迹3卷、事例7卷、诗文1卷。内容依据《诸司职掌》《大明会典》黄册库奏录和存留案卷,以及编者当时之见闻,包括明神宗朱翊钧和明熹宗朱由校颁给黄册库的敕谕,对全国司、府、州、县衙门定期送交黄册到库的规定,黄册库的职责、规章、经费来源及查验黄册的范围和手续等,还收录有自明初洪武、永乐至明末天启年间历任经管黄册库官员就户口赋役和黄册制度事项所上的大量奏章。该书是研究明代黄册制度及户口、赋役、里甲、财政、官场纲纪等方面的重要文献。

第七至第九本,分别是明末清初余怀著《板桥杂记》、清代珠泉居士撰《续板桥杂记》、清末民初金嗣芬编《板桥杂记补》。这三本书均记载了明清之际南京市井文化以及士阶层的生活状态,从侧面揭示了南京社会的复杂现象。

第十本,清代甘熙著《白下琐言》。该书是清代文人甘熙撰写的关于南京的掌故笔记,共8卷。光绪十六年(1890)重刊时,甘氏后裔从残佚的15卷遗著《日下杂录》中另辑录26则,补编为续2卷,合为10卷。始撰于嘉庆中期,成书于道光二十七年(1847)。该书专记金陵山水、名人逸事等,内容包括名胜古迹、经济状况、文化生活、风俗人情等共570多则,是研究明清南京地方文化的重要参考文献。

第十一本,《首都计划》。首都

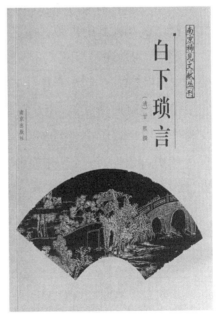

〔清〕甘熙撰《白下琐言》,南京出版社2007年版书影

是指中华民国首都南京。该书是由国都设计技术专员办事处于民国十八年（1929）编制的建设首都南京的计划大纲。该计划吸收了中国传统和国外先进理念，对抗日战争前的南京城市建设发挥了重要指导作用，对今天南京城市建设仍具有一定的参考价值。

第十二、十三本，《金陵岁时记》《岁华忆语》，分别由民国学者潘宗鼎、夏仁虎撰。这两本书是反映清末民初南京岁时习俗的重要书籍，可以帮助人们了解南京乃至中华民俗的源流和发展脉络。

另外还有清末民初张璜撰《梁代陵墓考》，民国中央古物保管委员会编辑委员会编《六朝陵墓调查报告》，民国夏仁虎撰《秦淮志》，民国王焕镳撰《明孝陵志》，民国蒋公穀撰《陷京三月记》等。其中《陷京三月记》作者是抗日战争中的南京守军军医，在南京遭日寇侵略沦陷之际，他因负责城防救护工作被围，陷于难民之中三个月，目睹日寇南京大屠杀犯下的滔天罪行。该书以日记体裁记述史实，为世人了解侵华日军南京大屠杀真相提供了真实可信的第一手资料。

南京出版社曾于2006年出版有"南京稀见文献丛刊"系列，上述书籍大都已被列入其中再版，为我们认识历史上的南京提供了方便。

当然，我们还可以从二十五史中的《后汉书》《三国志》《晋书》《南史》《宋书》《南齐书》《梁书》《陈书》《宋史》《元史》《明史》《清史稿》等正史中对南京有所认知，也可以从其他一些野史笔记及诗词小说戏曲等文学作品中了解历史上的南京。

读史可以明理，读与南京相关的史书文献，更可以知晓历史上的南京，从而更加热爱今天的南京。

第三节　考古中的南京

南京位于长江下游的长三角黄金地带，一年四季分明，雨量充沛，气候宜人。江河湖泊萦绕，山峦岗丘起伏，植被丰茂，尤其是东部紫金山郁郁葱葱，为这座城市增添了历史人文与自然山水相交融的独特优势。这里一直是人类栖息繁衍的理想王国,更是现代意义上的江南福地中的福地。

时至今日,南京仍有大量古村落保存并充满生机活力。而通过考古发掘发现,南京地下沉睡着200多处村落遗址,古墓葬亦不断有发现。这些古遗址、古墓葬分布在南京主城区,更多是分布在江宁、溧水、高淳、六合、江浦郊区。

我国考古事业虽只有百年多历史,但在探索中华文明、探索地域文明方面已取得重要成就。尤其是中华人民共和国成立后,考古工作更是在神州大地上普遍进行,并且重大考古成果不断涌现。就南京地区而言,考古让这片土地的文化发展史、文明发展史轮廓线更加廓大而清晰。我们可以通过考古成果来加深对南京这座历史文化名城过去的认知与了解。

(一)南京汤山葫芦洞猿人头骨化石发现地点

南京东部的汤山属于宁镇山脉西端,由小汤山、雷公山和团子尖等一系列山地组成,葫芦洞位于雷公山中。

1990年3月,南京地方政府在开山取石时,发现葫芦洞洞穴堆积物中有大量动物骨骼化石。1992年6月至1993年年初,中科院南京地质古生物研究所、中科院古脊椎动物与古人类研究所的专家在葫芦洞内采集动物骨骼化石,经鉴定,这些动物与北京直立人

南京汤山猿人头骨化石发现地点

伴生的周口店中更新世动物群颇为一致。这一推论引起了当地干部群众的高度重视,考古勘探工作也在抓紧进行。到了 1993 年 3 月 13 日,汤山镇民工刘连生等人在清理雷公山葫芦洞南侧小洞堆积物时,发现一具保存完好的头盖骨化石。经考古专家确定,是比较典型的直立人头骨化石标本,头骨的总体形状和著名的"北京直立人"头骨基本相似,被命名为"南京直立人 I 号头骨"化石,俗称"南京猿人头骨化石"。

随后,南京市博物馆与北京大学考古学系合作进行了考古发掘,考古专家又确定了早前发现的一块头骨化石,确定为"南京直立人 II 号头骨"。I 号头骨化石有颅骨和部分面骨,经中科院鉴定,是一位 21—35 岁女性头骨,距今约 35 万—30 万年;后通过最新的 TIMS 鉴定,I 号头骨的"年龄"又被确认为距今 60 万—50 万年。II 号头骨是生活在 10 多万年前的一位男性的头骨。此外,在溶洞中还发现有猿人牙齿化石,以及古脊椎动物化石标本 1325 件,包含了 10 多种动物化石,如鹿、牛、犀牛、中国鬣狗、野猪、亚洲黑熊、虎、豹、猪獾等。

早在五六十万年前,南京这方土地上就有猿人即直立人在此栖身繁衍,为进入"智人"阶段提供了可能。南京黎明前的文化曙光正在这里冉冉升起。

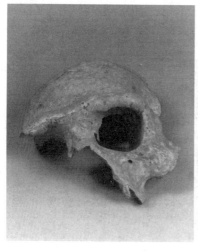

南京直立人 I 号颅骨化石

南京直立人 II 号颅骨化石

（二）北阴阳营遗址

北阴阳营遗址位于南京市鼓楼岗西侧的金川河上游东岸,在今南京市云南路与北京西路交叉口的北阴阳营 8 号大院内。该遗址于 1954 年被发现,1955 年至 1958 年,由南京博物院先后 4 次发掘,为目前南京市主城区内仅见的一处包含新石器时代文化遗存的原始居民遗址。其中有居住遗迹、墓葬等及大量遗迹遗物发现,时代为距今 6000 年至 5000 年。

该遗址第 2 层和第 3 层是商周青铜器时代的湖熟文化遗存,第 4 层为新石器时代遗存,1979 年被学术界定名为"北阴阳营文化",它以第 4 层西部墓地的 253 座墓葬和东部的居住遗址为典型文化遗存。

北阴阳营遗址的文化特征主要反映在陶器上。以夹砂红陶和泥质红陶为主,灰陶次之,三足器、圈足器较普遍。有富于特色的牛鼻式器、角状把手、弯曲的器足。部分陶器施加红衣,有少量彩陶,大都先抹橙色或白色陶衣,再以红彩或黑彩绘成宽带、网状、十字、圆圈等简单纹样,其中有少量的器物还在内壁画彩。代表性器型有罐式鼎、双耳罐、高柄豆、圜底钵、圈足碗等。陶器制作处于手制轮修阶段,胎壁较厚。

发现的石器大都磨制精细,多见舌形穿孔石斧,其他如环状大石斧、穿孔石锄、七孔石刀、长条拱背或带脊的石锛、楔形凿等,各具特点。石器的磨光和穿孔技术较高。石料多从附近的紫金山即钟山上取得。

从出土的兽骨得知,家畜有狗和猪。而骨镞、石球、陶弹丸等工具和鹿、水獭、鼋和龟类遗骸说明,当时以农业为主,渔猎是辅助性经济来源。

当时制玉工艺已经较为发达,使用蛇纹石、透闪石、阳起石、石英石和玛瑙石等,成品都是小件装饰品。玉石和玛瑙装饰品丰富,有玉璜、玉管、玉珠、坠饰等,其玛瑙石就是现代人们所说的雨花石。当时共发现了 76 枚"花石子"即雨花石,充分说明,在南京这方土地上,人们对雨花石的欣赏历史,至少有五六千年。

遗址中未发现成年男女合葬墓及随葬品数量有所差别等情况,说明北阴阳营文化大致处于母系氏族社会末期,父系氏族社会已开始萌芽。

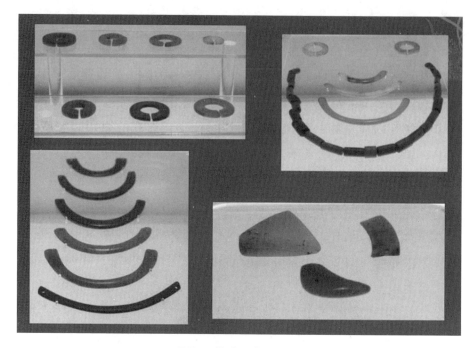

北阴阳营遗址出土玉器

北阴阳营遗址出土雨花石

(三)薛城遗址

该遗址位于南京市高淳区淳溪街道,于 1997 年 11 月被发现,为距今约 6300 年至 5500 年的新石器时代古村落遗址,是南京地区发现的面积最大、年代最早的史前古文化遗址,是继汤山南京猿人头骨化石发现之后,南京地区的又一重大考古发现。薛城遗址的发掘,填补了长江下游史前考古的多项空白,经考古专家论证,该遗址被确定为"南京原始人发源地"。

薛城遗址占地面积约 6 万平方米,出土了 115 具人骨架,以及玉器、陶器、磨制石器等 400 余件文物。同时还在遗址中发现了灰坑、窑坑、柱洞等,在坑中发现了鱼骨、贝壳动物骨骸等人类饮食所需遗存物。遗址中出土的彩陶豆为泥质红陶,腹部施红彩,红彩上绘白色几何纹,其制作技术和彩绘工艺都相当精湛,堪称原始艺术精品。2013 年 5 月,该遗址被国务院核定公布为第七批全国重点文物保护单位。

薛城遗址出土彩陶豆

薛城遗址蚬壳龙形遗迹

2021 年,薛城遗址考古又有新发现。考古队员经过几个月的田野发掘,发现距今 5000 多年的新石器时代墓葬 60 余座,出土陶器、玉石器和骨器 100 余件。其中一处由蚬壳堆塑的龙形遗迹,被专家誉为"江南第一龙"。

（四）营盘山遗址

该遗址位于南京浦口区营盘山，为距今约5000年的新石器时代遗址，于1982年底至1983年被发现并进行了考古发掘。

遗址共发掘出32座墓葬，出土随葬品600余件。除陶器、石器、玉器外，还出土了一件陶塑人面像，被称为"金陵先祖"。面像高9.8厘米，五官比例恰当，面部轮廓近似长方形，前额宽平，眼睛深凹，眼眶粗大，鼻梁挺直，鼻翼肥大，嘴巴张开，憨态可掬。与距今约6000年的辽宁牛河梁红山文化祭祀场所出土的女神面塑像具有同样重要的文化研究价值。

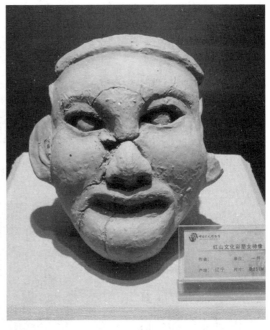

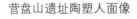
营盘山遗址陶塑人面像　　　　　牛河梁遗址红山文化彩塑女神面像

另外还有位于雨花台区西善桥镇东南的新石器时代太岗寺遗址，位于江宁区陶吴镇的新石器时代至西周时期的昝庙遗址，位于江宁区湖熟街道的殷商时期湖熟文化遗址，位于高淳区固城镇春秋时期吴国固城遗址等，也值得我们重视。

上述古遗址的发现表明，从新石器时代到春秋时期，南京地区人类活动的身影就没有断过，人们通过农业生产劳动、狩猎、采摘来养活自己,繁衍后代,人口愈来愈稠密,逐步形成聚落形态。人们围绕"大房子"居住,"大房子"里的长者随着母系社会向父系社会的过渡而由"老祖母"换成"老祖父"。聚落四周一般有人为的"大壕沟"或自然地形如水系等来进行分隔和自然防御。人们称这一时期为南京地区的"聚落时代"。在聚落基础上,开始出现因土而成的"城"的雏形,继而出现以物易物的"市"的交易现象,"城市"开始萌芽。

(五)石头城遗址

石头城遗址位于南京市清凉山西麓。该遗址始筑于战国时期楚威王七年(公元前333),时为"金陵邑",后成为东吴、东晋、南朝宋齐梁陈"六朝"时期的战略要地,也是南京作为六朝都城的开山之作。石头城以清凉山西坡天然峭壁为城基,环山筑城,距今约1800年。

东汉建安年间(196—220),地处江东即长江中下游的孙氏东吴国发展到孙权时代,已经变得更加强大了。公元220年,魏文帝曹丕代汉自立,建立曹魏政权,改元"黄初"。黄初二年(221),刘备在四川成都称帝,定年号"章武"。刘备以绍续刘姓汉家皇统血脉为己任,他建立的政权史称"季汉"政权。刘汉王朝实际分为三个阶段,即西汉、东汉、季汉,在西汉与东汉之间,还有一个王莽"新"政15年左右。笔者曾经撰写有《解密你所不知道的"季汉"与"三国"问题》一文,专门对这一问题进行了研究和解答。在《新唐书·刘蕡列传》中,记载了河南府参军事李郃的上疏,其中有:"自诏书下,万口籍籍,叹其诚鲠,至于垂泣,谓蕡指切左右,畏近臣衔怒,变兴非常,朝野惴息,诚恐忠良道穷,纲纪遂绝,季汉之乱复兴于今。"说明在唐代人们心目中,仍然有"季汉"历史概念存在。

当时,魏文帝曹丕为了笼络人心,稳住江东,派使者来到孙权的吴国都城武昌,传达曹丕旨意,册命孙权享受"九锡"最高礼遇,并任命孙权为"吴王"。在要不要接受曹丕册封问题上,孙吴集团有不同意见,加之与刘备、曹魏战事不断,一直到了第二年即公元222年的十一月,孙权才在武昌就"吴王"位,定年号为"黄武"。公元220年至222年这三年,伴随着东汉政权的消亡,真正意义上的魏、蜀、吴三分天下格局雏形已在华夏大地上形成。

黄武八年即黄龙元年（229）夏四月，孙权在武昌称帝，改年号为"黄龙"，与曹魏政权决裂。此时，季汉王朝已由刘备的儿子"阿斗"刘禅执政当皇帝。当年六月，季汉政权特意派卫尉陈震前来祝贺，双方立坛盟约。

也就在这一次盟会上，"权乃参（三）分天下，豫、青、徐、幽属吴，兖、冀、并、凉属蜀。其司州之土，以函谷关为界"，对曹魏政权所谓"九州"进行重新瓜分。双方还约定："若有害汉，则吴伐之；若有害吴，则汉伐之。各守分土，无相侵犯。"并发毒誓："有渝此盟，创祸先乱。"谁违背盟约，就让他的国家先遭受重创祸乱。由此可见，"三分天下"是由孙权于公元229年率先提出来的，真正意义上的魏、蜀、吴"三国"时代应该从此时算起。此时，曹操已于9年前的公元220年去世了，他生前一直是东汉王朝的丞相，还没有出现"三国"格局。"三国"概念不包括曹操时代，我们不能完全受明代小说《三国演义》及现代影视剧的影响。

再说当年武昌境内一直有童谣在流传："宁饮建业水，不食武昌鱼；宁就建业死，不就武昌居。"黄龙元年秋七月，孙权由武昌迁都至建业（今南京），驻扎于石头山上由金陵邑原址所筑的"石头城"。早在建安十七年（212），孙权就"城楚金陵邑地，号石头"。

石头城凭借长江天险，因山而建，其范围南抵秦淮河口，依山傍水，夹淮带江，地理位置险要。城内设置有石头库、石头仓，用以储军粮和兵械。在城墙的高处筑有报警的烽火台，可以随时发出预报敌军侵犯的信号。至南朝时，石头城作为保卫都城的军事要塞，地位依旧重要。唐代以后，长江日渐西移，自唐武德八年（625）后，石头城便开始废弃不用。明代朱元璋定都南京后，于洪武二年（1369）兴建城墙，此处石头城便成了南京城墙的一部分。2010—2020年，南京大学曾组织数次考古发掘，基本确定石头城遗址的核心位置在今清凉山公园、国防园、菠萝山和清凉门地区。

石头城"鬼脸照镜子"

　　地质学研究表明,石头城所依赖的岩层是距今大约 1 亿年到 7000 万年的晚白垩纪的浦口组地层。古代长江绕清凉山麓东去,巨浪时时拍击山崖,将山崖冲刷成峭壁。在今清凉门到草场门之间的城墙岩壁上,有一块突出的椭圆形岩石壁已经变成红色,长约 6 米,宽 3 米,因长年风化,砾石剥落,坑坑洼洼,斑斑点点,上面还夹杂有紫黑相间的岩块,显得怪石嶙峋,远看隐约可见耳目口鼻,酷似一副狰狞的鬼脸。故在今"石头城遗址"公园内,仍有"鬼脸城"遗迹存在,并与前面的水池形成"鬼脸照镜子"景观。

（六）六朝古遗址、古墓葬

　　唐代许嵩在《建康实录·序》中,将在南京定都的孙权东吴政权、司马睿始建的东晋政权,以及南朝的宋、齐、梁、陈合称为"六朝"或曰"六代"。除了石头城遗址外,南京还有大量六朝时期的古遗址、古墓葬存在。

　　首先是孙权墓。孙权墓又称"蒋陵""孙陵岗""吴王坟",它是南京地区最早的帝王陵墓,位于南京东郊梅花山上,与明孝陵神道毗邻。东吴神凤元年（252）,吴大帝孙权驾崩,时年 70 岁,葬于钟山之南的小山上,是山遂名"孙陵岗",即今之梅花山的墓葬地。孙陵岗还葬有孙权的夫人步氏和后妻潘氏,宣明太子孙登也葬在孙陵岗附近。现孙权墓遗址仅存一块石碑、一座石桥、一个注释牌、一座石像。

孙权是葬于南京的第一位帝王,同时也是葬于钟山的第一位帝王,他开启了此后历代定都南京的帝王或政治家倾情钟山、以此地作为陵寝选址的先河。当年朱元璋在营建明孝陵神道时,因为敬重孙权是一条好汉,所以就没有下令将孙权的墓迁移,而是留在原地,仅将孙权墓前的一对石麒麟迁移,迁往何处已无考。

孙权墓与南京梅花山

在六朝遗址遗迹中,考古发现的还有南朝宫城遗址及御道遗址等。现在的南京图书馆新馆负一楼及六朝博物馆内的东晋与南朝宫城及御道遗址,是我们认识那段历史的重要地下遗存。

六朝时期的大量帝王陵墓已经不见踪影,唯有六朝中的南朝宋、齐、梁、陈四个朝代尚有一大批陵墓石刻裸露在城乡原野,它们主要集中在南京的栖霞、江宁及镇江的丹阳和句容境内,统称之为"南朝陵墓石刻"。

它们包括:位于江宁区麒麟镇麒麟铺村的宋武帝刘裕初宁陵麒麟、天禄各一对,位于栖霞区栖霞街道张家库村西南的梁桂阳简王萧融墓辟

南朝梁吴平忠侯萧景墓石刻　　　　　　　侯村南朝失考墓石刻

邪石刻,位于江宁区淳化镇刘家边村的梁建安敏侯萧正立墓辟邪、神道望柱石刻,位于栖霞区栖霞街道甘家巷小学内的梁安成康王萧秀墓辟邪、龟趺石刻,位于栖霞区栖霞街道甘家巷西十月村的梁始兴忠王萧憺墓辟邪、石碑石刻,位于栖霞区栖霞街道甘家巷西十月村的梁吴平忠侯萧景墓辟邪、神道望柱石刻,位于栖霞区栖霞街道甘家巷萧景墓东的梁鄱阳忠烈王萧恢墓辟邪石刻,位于栖霞区仙鹤门外仙林农场张库村的梁临川靖惠王萧宏墓辟邪、神道望柱、石碑、龟趺石刻,位于栖霞区尧化门外周家山北家边村的梁南平王萧伟墓神道望柱石刻,位于栖霞区栖霞街道甘家巷北董家边的梁新渝宽侯萧暎墓神道望柱石刻,位于江宁区原上坊乡上坊中学的陈武帝陈霸先万安陵天禄、麒麟石刻,位于栖霞区甘家巷东北象山下狮子冲的陈文帝陈蒨永宁陵麒麟、天禄石刻,以及位于栖霞区燕子矶金陵石化工厂内的徐家村、位于江宁区原上坊乡侯村和耿岗村、位于江宁区原淳化乡宋墅村、位于江宁区江宁镇方旗庙村的失考墓石刻。此外,在镇江丹阳的陵口、荆林、建山、胡桥、埤城以及句容的石狮乡,也有大量南朝陵墓石刻存在。这些南朝陵墓石刻,均已被列为全国重点文物保护单位。

　　南朝陵墓虽然不见全貌痕迹,但南朝陵墓前的石刻却向人们昭示出当年南朝帝王陵墓的雄伟壮观。陵墓前的天禄、麒麟、辟邪等石刻及其艺术,为我们确定南朝帝王陵墓的方位提供了依据,也为我们领略南朝文化艺术提供了最佳实物读本。

（七）南唐二陵

隋唐时期是南京地位的低迷期，尤其是隋朝将南朝陈灭掉后，将建康城荡平为可以耕种的田地，使南京城元气大伤，风光不再。从此，"六朝"的南京，成了唐代人眼中凄惨的同情对象，唐代诗词歌赋中，对南京几乎是清一色的同情哀婉腔调，包括李白、杜牧等人的诗，真所谓南京之不幸，成了诗家之大幸。

一直到唐代以后的五代十国时期，南京这片土地上才迎来了一点生气，那就是南唐割据政权的建立。这一时期，南京最有代表性的古遗址、古墓葬只有"南唐二陵"了。

南唐是"五代十国"时期的"十国"之一。我国历史自唐代末年起，由于之前爆发的"安史之乱"，使李唐王朝元气大伤，逐渐走向衰落，最后被权臣朱温（朱全忠）篡夺，建立了"梁"政权，为了与南朝的梁区别，史称"后梁"。继而有"后唐""后晋""后汉""后周"四个王朝，与"后梁"并称"五代"。与"五代"并存的还有"十国"割据政权，它们分别是定都扬州的杨行密"吴国"（史称"杨吴"）、定都南京的"南唐"政权，以及"吴越""楚""闽""南汉""前蜀""后蜀""荆南""北汉"十个政权。

从公元 907 年至 979 年的 70 余年间，是我国历史上分裂最为严重、战乱最为频繁的混乱时期。后周大将赵匡胤虽然于公元 960 年在陈桥驿"黄袍加身"，建立了赵宋王朝，历史进入"宋朝"，但完成全国统一，彻底灭掉"十国"，一直到公元 979 年灭掉"北汉"政权后，才算实现了华夏民族的又一次真正统一。

南唐政权由徐知诰即李昪在今南京建立，先后只有"一帝二主"，一"帝"是指徐知诰即李昪，"二主"是指李璟、李煜。徐知诰本为杨吴政权杨行密的义子。公元 937 年，徐知诰在南京建立齐国，同年十月，徐知诰"受禅"称帝，定国号"齐"，改元"升元"。三年后，徐知诰在儿孙们的一致要求下，恢复李姓，改名为李昪。他自称是唐宪宗之子、建王李恪的四世孙，又将国号"齐"改为"唐"，史称"南唐"。

南唐二陵之钦陵墓门

后周世宗柴荣显德五年（958），在后周强大战争攻势面前，李璟不得不去掉帝号，称国主，并向后周称臣。赵匡胤取代后周建立宋政权后，宋开宝四年（971），李煜又去除"唐"国号，改称"江南国主"，宋廷可以直呼其名。到了开宝八年（975），宋兵攻占金陵，李煜奉表出降，江南国政权正式灭亡。李煜后来被俘虏至汴京（今开封），客死他乡，葬于洛阳北邙山。而李昪、李璟的陵墓就在今天南京江宁区的祖堂山南麓，世称"南唐二陵"，包括李昪及其皇后的钦陵、李璟及其皇后钟氏的顺陵。

南唐二陵是五代十国时期规模最大的帝王陵墓。1950年至1951年，由南京博物院组织考古发掘，1988年被列为全国重点文物保护单位。南唐二陵发掘出土有600多件文物，其中玉哀册、陶俑等尤为珍贵。玉哀册记录了封建帝后的祭文，也是判定墓主身份的主要依据，为研究五代十国时期的帝王丧葬制度提供了重要实物资料。

（八）明代古遗址、古墓葬

历史的车轮滚滚向前，历宋经元，南京在政治上处于被边缘化、过渡化的地位，在低调中缓慢发展。到了1368年，朱元璋在南京建立了大明王朝政权,华夏民族再次实现了由汉人建立的统一政权。明王朝留给南京的文化遗产极为丰富,我们这里仅就与考古相关的古遗址、古墓葬方面内容进行叙说。

第一,明孝陵。

明孝陵位于南京东郊紫金山南麓的独龙阜玩珠峰下,是明太祖朱元璋与其皇后的合葬陵寝,因皇后马氏谥号"孝慈高皇后",又因朱元璋奉行以孝治天下,故名"孝陵"。占地面积达170余万平方米,是目前中国规模最大的帝王陵寝之一,也是南京钟山风景名胜区的重要组成部分。

明孝陵始建于洪武十四年(1381),至永乐三年(1405)全部建成,历时25年,先后调用军工10万人。明孝陵继承唐宋帝陵"依山为陵"旧制,又创方坟为圜丘的新制,实现了人文与自然的和谐统一。作为中国明清皇陵之首,明孝陵代表了明初建筑和石刻艺术的最高成就,直接影响明清两代500余年20多座帝王陵寝的形制。依历史进程分布于北京、湖北、辽宁、河北等地的明清皇家陵寝,均按南京明孝陵的规制和模式营建,因

明孝陵下马坊

此可以说,明孝陵在中国帝陵发展史上有着特殊的地位,有"明清皇家第一陵"的美誉。1961年3月,明孝陵被国务院公布为首批全国重点文物保护单位;2003年7月,明孝陵作为"明清皇家陵寝"被增补列入世界文化遗产名录。

第二,阳山碑材。

阳山碑材又称"孝陵碑材",位于南京市江宁区汤山镇西北侧的阳山南坡,是明成祖朱棣为颂扬其父、明太祖朱元璋的功德而开凿的"神功圣德碑"碑材遗存。碑材利用阳山中完整性好,又十分巨大的栖霞灰岩,开凿出了碑座、碑额、碑身三部分,惜没有最终形成一块完整的石碑,只是作为碑材而沉睡在大地上,这一睡已有620多年了。

1368年,明太祖朱元璋在南京称帝后,曾立其长子朱标为太子,封其他25个儿子为王。本可继承皇位的朱标于1392年38岁时病逝,按照嫡长子嫡长孙继承制,朱标存活的二儿子朱允炆得到继位权。洪武三十一年(1398)朱元璋驾崩,朱允炆即位,史称建文帝。

由于建文帝朱允炆登基后即推行"削藩"政策,企图强化中央集权,最后激起了驻扎在北平的皇四叔、燕王朱棣的反对,朱棣遂打着"清君侧"即清除皇帝身边异己分子的旗号举兵南下。明王朝内战爆发,史称"靖难之变",亦称"靖难之役"。

三年后的1402年六月,朱棣攻下并占领南京,夺得帝位。建文帝朱允炆下落不明,一说被宫中大火烧死,一说从地下通道逃跑了。至今在云南、贵州一带,民间仍有建文帝朱允炆成为大德高僧及相关的民间传说。20世纪90年代,笔者曾到云南楚雄州的狮子山参加一场学术活动,亲身感受到那里有深厚的关于建文帝传说的民俗文化现象,撰写了《亦帝亦僧亦为仙 半史半野半相疑——明代建文帝的传说及其历史民俗》一文,发表在《东南文化》杂志上。

再说朱棣为了笼络人心,稳定政局,采取了一系列政治措施,想通过大张旗鼓地为朱元璋歌功颂德,以此来转移人们的视线,其中就有要为朱元璋立一块巨型"神功圣德碑"计划。当时朝廷征集了全国万余名工匠来到南京东郊、离明孝陵很近的阳山南麓开凿碑材。该处在明代以前就是采石场。

阳山碑材的碑额已与山体分开，碑身、碑座也仅有一端与山体相连着。碑材的碑座（亦称龟趺）高 13 米，宽 30.35 米，厚 16 米，重达 1.6 万吨；碑身高 49.4 米，宽 10.7 米，厚 4.4 米，重约 8799 吨；碑额（亦称碑帽）高 10.7 米，宽 20.3 米，厚 8.4 米，重约 6000 吨。若此碑真的竖立起来，总高度将达 73.1 米，有 25 层楼那么高，总重量可达 3 万余吨。其硕大无朋，至今仍是当之无愧的世界第一碑材。

古代运输大块石材，大都是趁冬季进行。事先沿途泼水，使之结冰，然后在上面置滚木，将石材置于滚木上，采用滚木轮番迭进的方法前行，最终将石材运到目的地。南京历代古墓前排列的形制较大的石兽、石翁仲和碑刻，一般都采用这种方法。这也是古代劳动人民在生产实践中探索出来的一种成功经验。

由于阳山碑材体积过大，加之沿途多丘陵，道路起伏坎坷较大，采用滚木与冰运的方法根本行不通，故碑材虽好，也只好弃置不用。朱棣一

阳山碑材·碑额

直到永乐十九年（1421）才从南京正式迁都北京，这期间，如果当时的技术水平与运输能力可以满足要求，他肯定是要把这件歌功颂德的大事做成的。

清代著名诗人袁枚在《洪武大石碑歌》中曾惊叹："碑如长剑青天倚，十万骆驼拉不起。"1982年，阳山碑材被江苏省人民政府公布为文物保护单位，2013年被国务院公布为第七批全国重点文物保护单位。

但朱棣后来还是圆了这桩心愿，他通过缩小版，把歌颂朱元璋的"神功圣德碑"建成了。在现在的明孝陵神道上，有一块"大明孝陵神功圣德碑"矗立在神道沿线的大金门正北70米处的四方亭内，尽管它与大金门曾经被后起之中山陵陵园路分隔，现又通过空中绿色通道实

明孝陵四方城神功圣德碑

现了连接贯通。这块缩小版石碑是朱棣于永乐十一年（1413）建成的，当时有碑和碑亭，因碑亭建筑平面为正四方形，故俗称"四方亭"。这块碑是阳山碑材的替身，碑高8.87米，碑文2746字，是南京地区目前最大最完整的石碑。但此碑虽大，最多也只有阳山碑材的九分之一。

第三，大报恩寺遗址。

大报恩寺遗址位于南京中华门外的护城河南岸。其前身是东吴赤乌年间（238—251）建造的建初寺及阿育王塔。大报恩寺是明成祖朱棣为纪念自己的父母明太祖朱元璋和马皇后，于永乐十年（1412）在东吴建初寺原址上建造的寺院，历时达19年，耗费248.5万两白银，动用了10万军役、民夫。大报恩寺施工完全按照皇宫标准来营建，整组建筑金碧辉煌，昼夜灯火通明。整个寺院规模宏大，有殿阁30多座、僧院148间、廊房118间、经房38间，是中国历史上规模最大、规格最高的寺院。

大报恩寺琉璃宝塔高达78.2米，通体用琉璃烧制，塔内外置长明灯146盏，自建成至衰毁，一直是中国古代最高的建筑，也是世界建筑史上的奇迹。该塔曾位列中世纪世界七大奇迹之一，被当时西方人视为代表

大报恩寺遗址之排水暗渠

中国的标志性建筑,有"中国之大古董,永乐之大窑器"之誉,被称为"天下第一塔"。

大报恩寺与灵谷寺、天界寺并称古金陵三大寺院,惜大报恩寺寺庙及琉璃塔以及天界寺均毁于太平天国战火,灵谷寺亦遭毁坏。

赤乌十年(247),东吴大帝孙权为西域康居国大丞相的大儿子、单名"会"的僧人"康僧会"在长干里修建建初寺和阿育王塔,成为江南塔寺之始。晋太康年间(280—289)复建,名"长干寺"。后来名称迭变,南朝陈改为"报恩寺",宋代改"天禧寺"并建圣感塔,元代改"慈恩旌忠教寺"。历代寺庙坚持在原址修建、复建或重建,体现了一种佛家衣钵相传沿袭的理念,同时也是对一方风水的最好认可。

2008年8月7日,南京市考古工作者从大报恩寺前身的长干寺地宫,发掘了震惊世界佛教界的七宝阿育王塔等一系列佛教文物及圣物,其中内藏"佛顶真骨"一枚,以及"感应舍利""诸圣舍利"等。2010年、2012年,南京市政府、香港特别行政区政府及佛教部门曾在南京栖霞寺及香港地区,先后两次举行佛顶真骨舍利、感应舍利、诸圣舍利"盛世重光"大典。2011年,南京大报恩寺遗址被评为"2010年度全国十大考古新发现"之一。2012年,作为中国海上丝绸之路项目的遗产点,南京大报恩寺遗址被列入中国

牛首山佛顶塔

大报恩寺遗址出土七宝阿育王塔

大报恩寺遗址出土鎏金银椁

牛首山佛顶宫

世界文化遗产预备名单。2013年，遗址被国务院核定公布为全国重点文物保护单位。

2015年底，南京市建成大报恩寺遗址公园并对外开放，成为南京夫子庙秦淮风光带的重要组成部分。遗址公园包括遗址保护区、大报恩寺遗址博物馆、大报恩塔等，保护性展示了大报恩寺遗址中的千年地宫以及从地宫中出土的感应舍利、石函、铁函、七宝阿育王塔、金棺银椁等佛教文物。遗址公园中备受瞩目的琉璃宝塔并未按照历史原样复建，而是以轻质钢架玻璃塔的形式重现，在完整保护遗址的前提下，赋予其象征意义与文化内涵。

为做好对遗址出土的佛顶真骨舍利供奉，南京市于2012年至2015年，在江宁区牛首山将原来因开山取矿石形成的废弃矿坑进行合理利用，专门建造了一座"释迦牟尼真身佛顶骨舍利佛顶宫"（简称"佛顶宫"）来进行供奉。佛顶宫内，供奉佛祖顶骨舍利的仿制圣塔由鎏金、水晶、琉璃、宝石等佛教"七宝"镶嵌，集青铜、鎏金、掐丝珐琅、雕塑、錾刻等数十种传统工艺于一身，再辅以激光投影，给人以精美绝伦的感觉。由佛顶宫、佛顶塔为主体形成的佛顶寺,已经成为牛首山风景名胜区最大亮点,每天吸引无数游人前往参观瞻仰。

第四,龙江宝船厂遗址。

明代"郑和下西洋"壮举的号令是从首都南京发出的,郑和船队的船只绝大多数是在南京龙江宝船厂制造完成的。《明会典》记载:"改造海运船二百四十九只,备使西洋诸国。"永乐三年(1405),三宝太监郑和奉明成祖朱棣之命,"通使西洋"。郑和率领士卒27800余人,多赍金币。造大舶,修长44丈,广宽18丈,计有62艘。"自苏州刘家河泛海至福建,复自福建五虎门扬帆,首达占城(今越南中南部),以次遍历诸番国,宣天子诏,因给赐其君长,不服者则以武慑之。"

龙江宝船厂遗址位于南京市雨花台区江东乡中保村。此处因离长江较近,且有夹江有利地形,在明洪武初年就成为造船厂所在。原址南北长1180米,东西宽433米,当年有工匠400余户,遗址附近至今仍有"上

龙江宝船厂遗址

四坞""下四坞"等与船坞相关的地名。

1953年以来,当地居民多次在周边发现船体构件和造船材料。为配合城市建设,南京市组织考古力量对宝船厂遗址进行发掘,发现造船的"作塘"均有规则分布,呈东西方向。发现的七个"作塘"平均长约500米,宽约40米,与长江的夹江相通。其中第六作塘发现有造船设施遗迹34处,出土船用构件、造船工具文物约1500件,为研究中国造船业和造船技术发展提供了重要依据。2005年,为纪念郑和下西洋600周年,这里被打造成龙江宝船厂遗址公园。2006年5月25日,龙江宝船厂遗址被国务院核定公布为第六批全国重点文物保护单位。

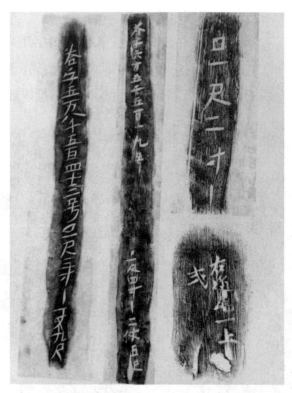

龙江宝船厂遗址出土木质文物拓片

综上可见,从石器时代到明代,通过考古发掘,在南京地域内发现有大量的古遗址、古墓葬存在,这让我们对南京这座国家历史文化名城的悠久历史有一种厚实的、沉甸甸的优越感和自豪感。

第四节　建筑中的南京

南京历史悠久，又是中华民国首都所在地，所以成全了这座城市是一个古建筑及近现代优秀建筑资源都十分丰富的区域。这些丰富的"凝固的音乐"遍布城乡，是我们了解认识南京的又一重要切入点。我们可以从六个方面来认识。

（一）寺庙、道观、塔类宗教建筑

南朝时的南京可以称得上是中国佛都。唐代诗人杜牧那首著名诗篇《江南春》常为人们所吟诵："千里莺啼绿映红，水村山郭酒旗风。南朝四百八十寺，多少楼台烟雨中。"该诗已经把南朝时南京及周边佛教建

牛首山弘觉寺塔

筑从量上作了描绘,实际数量比这要多得多。时间已越千年,人们仍然在现在的南京城乡发现有大量宗教古建筑存在,尽管它们没有几个是当年"南朝"原始模样。诸如灵谷寺及无梁殿、鸡鸣寺、牛首山弘觉寺塔、方山定林寺塔、毗卢寺、香林寺、鹫峰寺、长芦寺、天界寺、净觉寺、石鼓路天主堂、南京天后宫、静海寺、天妃宫、冶山道院等,它们都在赓续着南京宗教文化的香火。

方山定林寺残塔　　　　　　　　　栖霞寺舍利塔

这里我们重点说一说位于南京东部栖霞山的栖霞寺及千佛崖石窟。

在栖霞山纱帽峰下,在南朝名刹栖霞寺以上大片重叠的山崖上,布满了千姿百态的摩崖石窟和佛教造像,号称"千佛",这一片岩石被称为"千佛崖"。历经风雨沧桑,虽然现存佛龛仅有294座,摩崖造像仅有515尊,但其神圣阔大场面,无疑给人以"千佛"的庄严气场。

南朝佛教盛行,有许多皇室、大族、官僚"舍宅为寺"。梁武帝时,江南佛寺数量比唐代诗人杜牧的"南朝四百八十寺"表述还要多得多。据唐代法琳《辩正论》记载,南朝萧齐时期,江南有寺院2015座,萧梁时达2846座,其中,萧梁时期仅建康地区就有佛寺700余座。

南齐永明七年(489),隐士明僧绍为答谢法度禅师,舍宅为"栖霞精舍",请法度禅师居之,讲经布道,这是栖霞寺的开始。其子明仲璋后来又开凿出第一个大石窟"三圣殿",又称"大佛阁"。

到了梁武帝大同六年(540)的一天,佛龛上骤然出现佛光,惊动齐梁贵族,京城一片哗然。于是,王公贵族纷纷前来凿石造像,修心念佛。整个山崖,上下呈五级,佛像高大者达数丈,小者不足一尺,形成壮观的南传佛教造像石窟群。

南朝之后,历代对此处佛教造像艺术珍品进行了修葺增补。明代重新修复了无量寿佛及两菩萨,千佛崖因此留下了不少明代造像石窟和题刻。可惜的是,千佛崖佛教造像、题刻多毁于太平天国战火。

南京千佛崖石窟

（二）桥梁、水闸类建筑

南京主城区地处长江南岸,十里内秦淮河穿城而过,市区内更是水网密布,桥梁众多。从一些道路名称和桥名如"进香河""清溪路""内桥""大中桥""五龙桥"等可知,历史上的南京城是一座水系发达的城市。境内河湖最有名的有外秦淮河及新秦淮河水系,直接与长江贯通,另外还有玄武湖、紫霞湖、莫愁湖、百家湖、胭脂河等,使古城桥梁水闸普遍存在。仅内秦淮河而言,东水关、西水关成了调节城区水情的重要水工设施。十里内秦淮从东水关开始,水系穿过夫子庙景区的白鹭洲公园,流经文德桥、朱雀桥、中华门城堡,直至水西门出西水关,直奔长江而去。

有水就有桥,就有防水调水的水闸。南京的七桥瓮、四象桥、玄津桥、逸仙桥、淮清桥、长乐桥、胭脂河天生桥、玄武湖武庙闸,以及上面提到的东水关、西水关等,都在叙说着这座城市与水的关系。这里我们重点说一下七桥瓮。

七桥瓮位于南京市秦淮区光华门外,是当时拱卫京城的门户,为历代兵家必争之地。明正统五年(1440)始建,称"上坊桥",清代改称"七桥瓮"并沿用至今,是目前国内唯一用"瓮"而不用"桥"来命名的古桥梁,也是南京地区现存规模最大的砖石构筑的石拱桥,堪称中国古代拱桥杰作。

七桥瓮为一座不等跨半圆石拱桥,共有7个桥孔,全长约100米,宽13米,矢高最高有25米。桥身酷似弯弓,全部用青石花岗岩掺和灰浆、秫米、桐油叠砌而成,桥身质地坚固。中间桥瓮为最大,其余两两相对,依次缩小。桥墩巨石上雕有6只人面兽头形状的分水兽头,向前凸出约3米,可减少水流对桥墩的冲击。桥上方两侧还有16只精雕的螭首,造型也十分精致,它们与桥下的分水兽共同起着镇水作用。七桥瓮保留着明代古桥原貌,桥墩、桥瓮和分水兽等均是原物。1982年,七桥瓮被列为江苏省文物保护单位,2013年被列为全国重点文物保护单位。近年来,围绕桥梁保护及水系治理,南京市已经开辟出七桥瓮生态湿地公园,并且将原先在夫子庙白鹭洲公园内的花鸟虫鱼市场也搬迁到了湿地公园旁。

南京七桥瓮

（三）名人故居、旧居、古民居类建筑

南京是人杰地灵、物华天宝之地,解读这座城市厚重的历史密码,少不了对名人故居、旧居及古民居的关注。一般而言,已逝之人的出生居所称为故居,其行旅仕途中的居所称为旧居,一个人的故居只有一处,但旧居则可有多个。

在南京,著名的有宋代王安石旧居,位于今天的南京海军指挥学院内;有清代的甘熙故居,即位于城南的南捕厅古民居建筑群;魏源旧居,位于南京市乌龙潭公园内;李香君旧居、秦大士故居及秦淮古民居建筑群,位于夫子庙景区内;民国时期建筑大师杨廷宝、童寯的住宅,位于南京主城区内。其中,位于江宁区湖熟街道的杨柳村古民居建筑群、甘熙故居及秦淮古民居建筑群,是人们了解南京民居建筑和南京民俗风情的最佳去处。

甘熙故居又称甘家大院,2006年被国务院公布为全国重点文物保护单位时,更名为"甘熙宅第"。主人甘熙就是那位著述《白下琐言》的清代光绪年间文人。故居位于秦淮区中山南路南捕厅15号、17号、19号和大板巷42号,坐南朝北,占地面积9500多平方米,建筑面积5400多平方米。始建于清朝嘉庆年间(1796—1820),俗称"九十九间半",是中国城市中现存规模最大、形制最完整的古民居建筑群之一。它由相毗邻的四组多进穿堂式古建筑构成,院落为典型的南方"四水归堂"形制,院落轴线上依次有门厅、轿厅、大厅、响厅、内厅等建筑,还有主人房、佣人房、厨房、备弄及其他服务用房等。建筑群虽有"九十九间半",但却只设一个主入口,进入宅内,必须通过主入口,体现了中国封建家庭"不另立门户"的传统观念。几组房屋最终均通向宅第东南角落的花园。花园中临水叠山,架桥辟径,种植花木,体现了"前实后虚"的大府邸建造理念。故居建筑特色为南北交融,既有"青砖小瓦马头墙,回廊挂落花格窗"的江南民居娟秀雅致特点,又有北方"跑马楼"的浑厚大气,被我国著名建筑大师吴良镛称为"民俗瑰宝"。现已辟为南京市民俗博物馆。

甘熙故居俯瞰图

（四）公用、公益类建筑

南京号称"博爱之都"，我们可通过大量公用、公益类文化遗产来对"博爱"二字找到注脚。前文的道路、桥梁建筑类遗产已经包含有这种特性，我们还可从一些大型的文化设施中得到理解。

公用、公益类建筑主要是指那些由政府出面建设、面向社会、为大众服务的各类建筑样式和形态，当然亦包含由个人慷慨解囊襄助、用于公益的建筑事项，诸如医院、图书馆、博物馆、美术馆、学校、会堂、剧院、书场、文庙、武庙、银行、邮局等，都可归入公益类建筑遗产。南京明城墙及其护城河，以及供大众洗澡用的明代瓮堂、供市民饮水用的无数历代古井，都是历史上留下来的具有公用、公益性质的文化遗产。

南京历史上留下来的著名公用、公益类建筑遗产有南京夫子庙建筑群、南京武庙、六合文庙；有国立中央博物院旧址（今南京博物院）、国立中央图书馆旧址（今南京图书馆老馆）、国立美术陈列馆旧址（今江苏省美术馆）；有金陵大学旧址（今南京大学鼓楼校区）、金陵女子大学旧址

江苏省美术馆（原国立中央美术馆）

国立中央大学旧址建筑

（今南京师范大学随园校区）、国立中央大学旧址（今东南大学四牌楼校区）、汇文书院钟楼（金陵中学旧址遗存）、崇文学堂（今南京市第一中学）；有国民大会堂旧址、大华大戏院旧址、中山陵音乐台旧址；有马林医院旧址、中央医院旧址；有中国国货银行旧址、交通银行南京分行旧

金陵女子大学旧址建筑

址;有国立紫金山天文台旧址、北极阁气象台旧址;有浦口火车站旧址、中山码头旧址等等。大量宗教类建筑也具有公用、公益遗产性质。

南京人民大会堂,原名"国民大会堂",位于南京市长江路(原国府路)264号,是当年国民政府进行大选及召开国民大会的重要场所。始建于民国二十一年(1932),民国二十五年(1936)5月5日建成。坐北朝南,整体为中西合璧式建筑风格,是中国当时最大的会堂之一。1949年中华人民共和国成立后,更名为"人民大会堂",成为江苏省及南京市开展政治文化活动的重要场所。

南京人民大会堂又名"国立戏剧音乐院",因此在设计时,充分考虑到了作为戏剧音乐院的功能使用需求,同时辅助毗邻的国立美术陈列馆使用。建筑立面采用了西方近代建筑常用的勒脚、墙身、榴部三段划分方法,但在外观、窗花、雨棚和门扇等方面均作简化的中国图案处理。正面呈凸形,内厅走廊宽敞,内厅顶部呈拱形。其作为戏剧音乐院的功能,要求其具备近代剧场形式,因此舞台设计为前凸半月弧形,乐池呈月牙形,内部结构合理,音响效果甚佳。

南京人民大会堂

南京人民大会堂现有建筑面积 6600 平方米。会堂内设备齐全,现有沙发软座 3072 张,全部是丝绒弹簧座椅,有自动表决器和译音装置,有一面积 800 平方米的舞台,此外还配套有大、中、小各类会议室、休息室。建筑全部为钢筋水泥结构,连屋面平顶及地下室共 5 层,内设冷暖空调、消防、通风、水电、卫生等设备。大会堂门楼上方镶嵌有"人民大会堂" 5 个鎏金大字,加之与朱红漆框玻璃大门相映,整座建筑显得喜庆大气、金碧辉煌。现已被列为全国重点文物保护单位。

(五)官衙类建筑

南京是六朝及南唐、明朝、太平天国、中华民国的都城所在,官衙类建筑较多是这个城市的特点。由于中国传统建筑以砖木结构为主,加之历代战火毁坏,保存下来的官衙类建筑以民国时期建筑居多,六朝官衙类建筑已荡然无存,只有地下遗存可以遥想。在明朝皇宫遗址即明故宫遗址上,至今尚保存有午朝门、西华门、东华门等皇城城门遗迹,似乎在向人们继续炫耀着大明王朝昔日的辉煌。

南京主城区西部的朝天宫建筑群位于冶山一侧,依山顺势而建,是江南地区规模最大、保存最为完好的一组古建筑群。在南朝时,这里曾

南京朝天宫

作为"总明观"的太学所在。"总明观"是南朝宋时的官署名,总管儒、玄、文、史四学,属国家层面的官学。明朝时,这里是朝廷举行盛典前练习礼仪的场所,也是官僚子弟袭封和文武官员学习朝见天子礼仪的地方。清代以前建造的朝天宫毁于太平天国战火,今天的朝天宫古建筑群为清同治五年至九年间(1866—1870),在原址上改建而成。抗日战争胜利后,国民政府曾将朝天宫古建筑群辟为首都高等法院使用。现已辟为南京市博物馆。

南京是见证中华民国诞生的城市,长江路上的总统府就是纪录民国岁月的重要遗存。1912年1月1日,孙中山在南京宣誓就职中华民国临时大总统;1927年,蒋介石的国民政府在南京成立,其总统府办公地点与孙中山临时大总统府同处一域。正因为南京在推翻封建帝制的近现代历史发展中有着特殊地位,所以这座城市中留下了大量官衙类建筑。

南京总统府旧址的建设可以追溯到明初的归德侯府和汉王府,清代被辟为江宁织造署、两江总督署,清康熙皇帝、乾隆皇帝南巡时,均以此为行宫。太平天国占领南京后,在此基础上扩建为天王府。清朝政府军

孙中山临时大总统府原址

孙中山临时大总统办公室前纪念广场孙中山铜像

在剿灭太平天国时,这里的宫殿建筑焚毁殆尽。清同治九年(1870),重建两江总督署。林则徐、曾国藩、李鸿章、刘坤一、沈葆桢、左宗棠、张之洞、端方等清代官员均在此就任过两江总督。屡废屡建之地,上演了一幕幕风云变幻的历史故事,如今的总统府旧址已经成为南京网红打卡地之一,成为重要的文化旅游景点。

此外,国民政府主席官邸旧址美龄宫、国民政府考试院旧址、国民政府行政院旧址、国民政府交通部旧址、国民政府外交部旧址、国民党中央党史史料陈列馆旧址、国民党中央监察委员会旧址、国民政府最高法院旧址,以及美国、英国、法国等国

南京国民政府总统府旧址

国民政府行政院旧址

驻中华民国的使馆旧址等,构成了南京这座城市的独特建筑风景,它们大多已被作为近现代优秀建筑而被公布为全国重点文物保护单位。这些近现代优秀建筑,既吸收了西方建筑文化的元素,又保留和传承了中华民族优秀传统建筑的主要样式,体现了人与自然、人与居住环境和谐共处的理念,是近现代中西方文化在建筑领域碰撞的最佳读本。

第二章　南京古城范围

南京地域可以写进历史的,如果追溯到西周时期吴侯仲雍的曾孙周章的封地,至今已有 3100 多年了。春秋时期,南京在隶属吴时,在长江以南建有固城(又名濑渚邑)和冶城,楚国在江北设棠邑,标志着南京进入具有行政建制的时代。从城市发展史角度看,如果从公元前 472 年越国灭吴后,范蠡在今南京中华门外的长干里一带筑"越城"开始,南京的建城史到 2023 年也有 2495 年了。2023 年 12 月 19 日,南京市召开专家论证会,确认从 2017 年开始考古发掘的南京西街地块"长干古城"为距今约 3100 年的南京古城遗址,使南京建城史向前提了约 600 年。

第一节　六朝与南唐时期的南京城

六朝时期的南京都城范围没有太多变化。根据许嵩《建康实录》记载,东吴时都城"周二十里一十九步"。根据孟凡人《明朝都城》一书研究,其具体位置约在今南京市的鼓楼、玄武、秦淮地区,北依覆舟山、鸡笼山和玄武湖,东以青溪为限,西临石头,南面大抵在今新街口淮海路一带。都城南门外有五里长的御路直达秦淮河边的大航(后称朱雀门,今夫子庙镇淮桥附近),这条御路就是当时的建业(建康)城的南北中轴线。此外,东晋在冶城之西建"西州城",为扬州刺史治所;在丹阳郡城之北建"东府城",作为东晋宰相办公之地。

南唐国都金陵城在六朝建康城之南,将"十里秦淮"包括在内。根据《景定建康志》记载,其四至范围:南到今中华门(当时的南门),北抵今珠江路估衣廊北的北门桥(当时的北门)、干河沿一带,东至今大中桥(当时称白下桥,是东门所在),西以今水西门(当时的龙光西门)和汉西门(当时的西门)为界。城"周二十五里四十步",相当于明朝南京城的中部和南部。

南唐宫城位于都城中北部。据朱偰《金陵古迹图考》引《方舆纪要》注,南唐宫城"周四里有奇"。其四至范围是:南在今内桥(南唐宫城南门的虹桥),北至小虹桥(约在今淮海路以南),东至升平桥(在白下路第三中学门前,已被拆),西至张府园。宫城南门虹桥(今内桥)至都城南门的御路,即今中华路,这条都城中轴线与六朝建康城中轴线相同。

南宋建炎四年(1130),金兵火烧建康城,全城几乎化为灰烬。南宋绍兴五年至三十二年(1135—1162)曾四次重修建康城,大体恢复了南唐时国都金陵城的规模。

第二节　明代南京城

明代南京城有多大?回答这个问题,需要我们抽丝剥茧,追本溯源。

作为都城的南京,当时由内到外,分别有宫城、皇城、京城、外郭四部分。以城墙作为空间分隔,城中居民的生活当然只能在京城及外郭范围内进行。现如今,人们习惯所称的明城墙,一般就是指的京城范围。依据杨新华主编《南京明城墙》一书,我们可以对明代

台城段明城墙

南京古城范围作由内到外的梳理。

宫城又称紫禁城，位于京城东部，平面呈正方形。共辟有6门，其中南面有3门，即左掖门、午门、右掖门，其余三面各辟一门，东有东华门，西有西华门，北有玄武门。在宫城的东、北两面，以古青溪为护城河；西面和南面，以新开辟的御河为护城河。今存午朝门已辟为公园，即为当年宫城南门所在。

皇城有城垣环护，东西宽2千米，南北长2.5千米，周长约9千米。平面呈"凸"字形。辟有7门：南为洪武门、承天门、长安左门、长安右门，东为东安门，西为西安门，北为北安门。它们分别与宫城的四座主城门相对应。

京城又称内郭，城墙全长33.676（一作35.267）千米，将六朝时期的建康城和南唐时期的城池全部包含在内，这应是明代南京古城的核心区域，是明代的主城区。

京城共开13个城门，由于城池形状不规整，所以城门朝向也就各异了。从东按顺时针方向依次为：朝阳门、正阳门、通济门、聚宝门、三山门、石城门、清凉门、定淮门、仪凤门、钟阜门、金川门、神策门、太平门。各门皆设有城楼，称"镝楼"，亦称"敌楼"，主要是面向城外，便于用箭镝防御敌人进攻。

为维持城内水系与城外水系的连接流通，在城墙东西两侧各设一道水关，并派军卒守卫，以保安全。神策门筑有凸出城外的外瓮城，通济门、聚宝门、三山门、石城门筑有引入城内的内瓮城，其他各门虽未建瓮城，但可利用城门附近的弯曲城墙和地形组织防卫，保护城门，保卫城市。现南京城南的中华门在明代称为聚宝门，其瓮城规模庞大，由一道主城墙和三道横向城墙连结而成，设有四道城门。在墙体和登城马道基座内，建有可以埋伏兵士的藏兵洞。城墙和瓮城顶部分别建有镝楼和闸楼。城墙上有垛口13616个，用于对外作战。类似这样的藏兵设置，在城墙上有200座，称之为"窝铺"，可以掩护上万兵士，以及储藏兵器、粮草等。

京城的城墙最高处达 26 米之多,顶宽 2.6 米—19.75 米。城墙下部用条石砌基,上部用巨砖垒筑,砖缝用糯米汁拌石灰灌浆黏合。每块城砖长 40 厘米、宽 20 厘米、厚 10 厘米,上面印有制造地名、官吏名、窑匠姓名及烧制年月,以作质量检验和追究责任的凭据。

明代南京城的外郭俗称"土城头"。它是利用京城外围的岗垄夯筑而成,平面略呈菱形,周长超过 60 千米。除了在险要地段利用城砖来砌墙开门,其余大都是用土筑成的。辟有 16 座城门,在南边的分别是上坊门、夹岗门、凤台门、安德门、小安德门、驯象门、小驯象门,在东边的有姚坊门、仙鹤门、麒麟门、沧波门、高桥门,在西边的有江东门,在北边的有上元门、佛宁门、观音门。明王朝晚期,又在北边、西边分别增辟了外金川门和栅栏门,组成外郭 18 座城门。

由明城墙的研究,我们同样可以得出结论:明代南京古城,最大范围应该是周长 60 千米了。核心主城区就是京城所在,周长是 33.676 千米。今天的南京城中,被称为"城里人"的,主要应是指京城范围以内的那些人了。

虽然南京市在行政区划调整中,已经将江宁、高淳、溧水、六合等地戴上"区"的桂冠,但它们永远不可能与秦淮区、鼓楼区、玄武区、建邺区这些主城区在城市发展史方面画上等号。在这些被冠名为"区"的老百姓心目中,南京是有所指的,最起码是指明城墙以内的地方,所以他们还是习惯地对别人说"我上南京去了""我到南京上班了",或者呼朋唤友地喊道:"走哟,上南京去玩玩,夫子庙、老门东蛮好玩的。"古都古城古城墙,那一道道深刻的印记,是岁月沧桑也无法抹去的永恒。

第三节　民国南京城

1927 年 4 月 18 日,国民政府定都南京后,即着手谋划首都未来之发展。1928 年,国民政府定南京为特别市,由孙科负责成立首都建设委员会,下设"国都设计技术专员办事处",以林逸民为主任,推动首都规划的起草编制工作。

1929年12月31日,《首都计划》编制完成,由国民政府正式公布。孙科在《首都计划·序》中指出:"良以首都之于一国,固不唯发号施令之中枢,实亦文化精华之所荟萃。"他又指出:"南京襟江为城,湖山之美,城郭之大,气候之适,以之建为首都,其前途发展,殆不可限。"当时参与规划的除中国专家外,国民政府为使规划"远大而完善",以与南京自然形胜的宏伟气象相符契,还特聘了美国规划专家茂菲、古力治两人为顾问,"使主其事"。林逸民在《呈首都建设委员会文》中也强调:"我国实行都市设计,实始于职处之成立,此次设计不仅关系首都一地,且为国内各市进行设计之倡。影响所及,至为远大。"

按照计划,南京的新定面积为855平方千米,其中紫金山陵园约31平方千米,长江、夹江等水面约90平方千米,旧城所占面积约40.9平方千米,都城核心区域约7.758平方千米。全城周线长117.2千米。

在《首都界线》章节中,从首都发展和安全角度考虑,对南京城的四至界线进行了划定。在计划文本中,通过"由牛首山最高点起,循北偏西三十五度之方向,经六百公尺之直线,而至牛首山之西北峰"等36个线段的连接,勾勒出南京作为都市所必须具有的空间范围,形成了闭环的天然界线。其中最大特点是从首都"易与防守"角度考虑,将牛首山、王山、大山、小山、顶山、大头山、南象山、横山、灵山、马鞍山等最高点、军事重要地点,均划入都城界内。同时规定,"扬子江经过之处,其两岸地段,均划入界内"。可见今日江北地区的部分地域,在民国时就被划进都城范围了。

南京美龄宫

为了便于南京市民出行

游览,《首都计划》将雨花台、牛首山、燕子矶、三台洞、玄武湖、莫愁湖、幕府山、紫金山等,均作为市民闲暇时的游玩之地,也全部划入首都界域内。

《首都计划》出台后,南京从此兴起了持续10余年的营造建设高潮,一批富有民国风味的新建筑如雨后春笋般涌现。惜1937年抗日战争全面爆发,原规划中的许多内容未能实施。但现代南京的城市格局、功能分区、道路系统、一大批公共建筑等,都是由这一规划奠定的基础。当时的南京,是中国第一个按照国际标准、采用综合分区规划建设的现代城市,从那时起,南京已经开始展现她那国际化大都市的现代形象。

第四节　现代南京古城

1949年4月23日,南京解放;10月1日,正式回到中国共产党领导的中华人民共和国怀抱。经过70多年的发展,南京早已成为江苏省省会、副省级城市。截至2022年底,南京下辖11个区,行政管辖范围总面积达6587.04平方千米,常住人口949.11万人,城镇人口825.8万人,城镇化率达87%。

在《中华人民共和国文物保护法》和《历史文化名城名镇名村保护条例》等法律法规引导下,长期以来,南京市在城市建设发展中十分重视对历史文化名城资源和古城历史风貌的保护,尤其是对老城实施整体保护。根据新一轮城市规划,南京的老城主要是指明代都城即京城范围,以护城河(湖)对岸为界,总面积约50平方千米,这里是南京历史文化保护的核心区域。同时重点保护古城外围的古镇、古村和风景名胜等资源。根据南京市规划设计研究院最新一轮规划设想,在下一步的历史文化名城保护工作中,主要将做好四方面的工作。

一是划定历史城区,进行更加严格的保护。

共划分三大片历史城区:

第一片区为城南历史城区。主要指中华门东、中华门西及周边地区,北至秦淮河中支(运渎),东、西分别至外秦淮河,南至应天大街。总面积约 6.9 平方千米。

第二片区为明故宫历史城区。主要指明故宫遗址及周边地区,东、北、南至明城墙、护城河,西至龙蟠中路、珠江路、黄埔路和解放路。总面积约 6.5 平方千米。

第三片区为鼓楼—清凉山历史城区。主要指鼓楼以西至石头城一线及周边地区,西至外秦淮河,北至模范西路、宁夏路、南秀村、北京西路,东至天津路,南至永庆巷、广州路、乌龙潭公园南侧围墙。总面积约 6.2 平方千米。

二是划定历史文化街区,进行更加深入的保护。

街区是历史文化名城的躯干骨骼,是构成历史文化名城的第一要素。一个城市纵然文物遗迹再多,但没有一定规模和数量的历史街区,仍然无缘历史文化名城称号。一个城市要想申报成为国家历史文化名城,必须要有 2 条以上历史文化街区,街区的风貌必须要有 60% 以上的原有建筑。

南京市已划定对 9 片历史文化街区进行保护,分别是:(1)颐和路历史文化街区;(2)梅园新村历史文化街区;(3)南捕厅历史文化街区;(4)中华门门西荷花塘历史文化街区;(5)中华门门东三条营历史文化街区;(6)总统府历史文化街区;(7)朝天宫历史文化街区;(8)金陵机器制造局历史文化街区;(9)夫子庙历史文化街区。

另外,高淳老街历史文化街区、七家村历史文化街区也被纳入历史文化名城街区保护范围。

高淳老街位于南京高淳区的淳溪镇,又称"淳溪老街",是高淳的商品贸易交流中心。老街有保存完好的古建筑群,被誉为"金陵第二夫子庙"。老街自宋朝正式建立街市,至今已有 900 余年历史。老街现存明清建筑群为砖木结构,上下二层,造型既具皖南徽派风貌,又有鲜明地方传统风格。粉墙青瓦,飞檐翘角,配以精美的砖木石雕和传统的书法牌匾,使老街显得古朴典雅,成了一座展示古典建筑艺术的巨型活态博物馆。2012 年,高淳老街入选"中国历史文化名街",同时入选"新金陵四十八景"。

三是划定历史风貌区,进行更大范围的宏观控制保护。

南京市将历史建筑相对集中、能够体现南京某一历史时期风貌特点,但未达到历史文化街区标准的历史地段,确定为历史风貌区,实行登记保护。目前已划定 22 片历史风貌区,分别为:(1)天目路历史风貌区;(2)下关滨江历史风貌区;(3)百子亭历史风貌区;(4)复成新村历史风貌区;(5)慧园里历史风貌区;(6)西白菜园历史风貌区;(7)宁中里历史风貌区;(8)江南水泥厂历史风貌区;(9)评事街历史风貌区;(10)内秦淮河两岸历史风貌区;(11)花露岗历史风貌区;(12)钓鱼台历史风貌区;(13)大油坊巷历史风貌区;(14)双塘园历史风貌区;(15)龙虎巷历史风貌区;(16)左所大街历史风貌区;(17)金陵大学历史风貌区;(18)金陵女子大学历史风貌区;(19)中央大学历史风貌区;(20)浦口火车站历史风貌区;(21)浦镇机厂历史风貌区;(22)六合文庙历史风貌区。对这 22 片风貌区进行宏观控制,既有利于城市发展,又能够使城市在发展中不丧失城市长期积淀的底色,从而保持好城市的个性,保护好城市的视线走廊,使历史文化名城在社会经济发展中,既有空间又有约束,既有保护传承又有创新发展,使城市在永葆个性中成长。

四是划定地下文物重点保护区,使沉睡地下的文物资源不被轻易扰动。

根据南京历史发展沿革及地下文物分布状况,南京市划定了 15 片地下文物重点保护区,为地下古遗址、古墓葬保护在地面撑起保护伞。这 15 片地下文物重点保护区分别为:(1)江宁汤山史前遗址区;(2)高淳薛城史前遗址区;(3)清凉山石头城遗址区;(4)六朝宫城及御道遗址区;(5)南唐宫城及御道遗址区;(6)明代宫城及御道遗址区;(7)内秦淮河两岸十朝遗存区;(8)六朝陵墓区;(9)幕府山古墓葬群区;(10)雨花台古墓葬群区;(11)铁心桥古墓葬群区;(12)西善桥古墓葬群区;(13)板仓街明代开国功臣墓葬区;(14)长干里古居民区及越城遗址区;(15)江宁将军山明代沐英家族墓地区。

渡江胜利纪念碑

南京市同时加强对溧水区、高淳区、浦口区等地的土墩墓群考古调查与研究,按照《南京市地下文物保护管理规定》《南京市地下文物保护条例》等要求,将这些土墩墓群也划定为地下文物重点保护区进行控制保护。

第五节　南京古城保护更新措施

如何做好南京历史文化名城保护与发展双不误?南京市本着在保护中传承、在传承中创新发展的理念,采取科学措施,使老城在保护传承过程中不断焕发出新的生命力。

第一是疏散老城功能。在老城内主要发展文化、商业、旅游、居住等功能。除文化展览和旅游设施外,其他大规模的公共服务设施逐步向老城外转移。老城内现有工业仓储等用地的更新改造,应优先用于文化旅游、公共服务、绿地广场的建设,以进一步改善提升南京人民的居住环境品质。

第二是控制老城容量。控制老城人口容量和居住人口密度,适度疏散现有居住人口拥挤的区域。控制新建住宅及开发强度,严格控制高层住宅,力争将老城居住人口逐步缩减到 100 万人以内。

第三是优化老城交通系统。严格控制新建高架等大流量机动车通行道路。限制老城机动车总量,强化公交优先,优化出行结构。挖掘路网潜力,发挥地铁快速准时高效运转效能,不断提升通行效率。改善步行和自行车交通,发挥共享单车作用,实施好停车调控。

第四是改善老城市政设施。完善老城市政管线和设施,不宜设置大型市政基础设施,老城市政管线宜采取地下敷设方式。当市政管线和设施按常规设置与文物古迹、历史建筑及历史环境要素的保护发生矛盾时,应当在满足保护要求的前提下采取工程技术措施加以解决。加强水环境的综合整治,逐步建立雨污分流系统,完善污水管网系统和相关处理设施建设,改善水环境品质,为沿线环境景观改造创造条件。结合建筑与环境整治,建设垃圾收集站、变电箱、公共厕所等设施,设施的外观和色彩应与老城历史风貌相协调。

第五是健全老城防灾体系。推广使用安全、清洁能源,尽可能减少火源。建立由城市消防站、社区消防队、家庭消防员等构成的多层次消防安全体系。消防车辆不能到达的地段,应建立消防栓系统,同时配备手抬式或推车式消防泵、家庭灭火器、消防水池和水缸、沙池和沙桶等消防设备。结合主次干道,设置疏散通道,并结合现有的停车场、展览馆、绿地广场等空旷地区,设置避难场所。

在科学规划、有序进行城市改造更新的前提下,南京历史文化名城将因古老而令人向往,将因现代化建设发展而不断焕发生机,成为真正宜业、宜居、宜游、宜养、古今文化交相辉映的现代化国际大都市。

第三章 "东夏"六朝

与很多历史文化名城不同的是,历史上的南京曾经几番断断续续地扮演过都城角色,除了东晋与南朝在时间上相连外,其他出现的都城在时间上都存在很大的跨度。那么,当人们在回答南京究竟是"共和制"之前几朝古都问题时,目前仍然存在口径不一的现象。长此以往,不仅会把人们对南京这座国家历史文化名城的认识搞乱了,而且对南京的城市形象也会有负面影响。

早在 2019 年 1 月 19 日,我就在"中国江苏网"发布了《南京,你是"七朝"古都》一文;一周年之后,我又在"中国江苏网"上发表了纪念文章,重申我的学术观点;《炎黄文化》杂志 2020 年第 1 期刊登了我的《南京"七朝古都"辨析》一文。我的这一学术观点已被收入 2021 年由南京出版社出版的自著《金陵四合斋诗文(不惑集)》一书中。我也曾在南京国际展览中心、南京中国科举博物馆、金陵图书馆等公开场合进行过宣讲,我的学术观点及对南京是七朝古都的准确定位,得到了包括学界、政界、民间等社会多方人士的关注认可,更得到了省及南京市许多专家的认可,可以说早已不是一家之言了。

必须指出的是,在南京生活的人们,包括知识分子、领导干部、广大市民,他们总以为在称南京是"六朝古都"时,这"六朝"中肯定包含明朝了。但当我告诉他们"没有"时,他们无不带着惊讶与不解地说:"那怎么能行呢?"南京市民到六朝博物馆去参观时,经常有人在参观结束后很不解地问："为什么你们六朝博物馆中没有明朝的内容？"弄得经常需要馆长出来一次次地解答。由此可见，南京人对大明王朝的感受是多么的深，对大明王朝当年定都南京、自己现在是南京人感到多么的自豪。

自从南京是"六朝古都、十朝都会"的观点被提出以来，绝大多数人也只知道人云亦云，却不知道这两句话的具体内容所指。在我们对南京历史文化名城丰厚资源有了一定认识基础上，从本章开始，我们将从源头对有关问题进行梳理甄别，同时结合南京都城史中一些不为常人关注的历史事件和历史人物研究，以期达到科学确定南京"七朝古都"形象之旨归。

第一节 "六朝"概念属性

我们已经知道，唐代人许嵩将唐代以前在南京建都的东吴、东晋和南朝的宋、齐、梁、陈六个政权的相关历史文献收集整理后，著成《建康实录》一书，在该书的序中提出了"六朝"（一曰"六代"）概念。他指出："南朝六代，四十帝，三百三十一年。通西晋革吴之年，并吴首事之年，总四百年间，著东夏之事，勒成二十卷，名曰《建康实录》，具六朝君臣行事。"这里出现了"六朝"和"南朝六代""东夏"等概念。

许嵩将以南京为中心的江南地区称为"东夏"，认为"六朝"四百年的历史就是发生在"东夏"土地上的事情，这是史学界对在南京这方土地上建立的六个政权的高度认可，更是文化上的一次破天荒般的认同，从此，在南京这片土地上建立的六个政权终于进入到"华夏"大家庭了。我们在唐代及后来的诗词歌赋中经常见到"六朝"身影，与这六个政权被长期以北方为中心的中原华夏集团所认可有关。"六朝"属"东夏"范畴，"六朝"是"东夏"的"六朝"，更是"华夏"的"六朝"。许嵩的史家之高论，再次说明了大唐文化的开放性、包容性不仅体现在政治上，体现在诗词歌赋绘画舞蹈中，更体现在了史学研究领域。

许嵩距离我们有一千多年了，他将"六朝"纳入"东夏"进行观照，从此确立了南京这方土地在华夏文明谱系中的突出地位,南京人民永远不要忘记这位伟大的历史学家。

一千多年后直至今日,华夏大地风云变幻,王朝兴亡更迭频繁发生,以南京这片土地为中心,也上演了一幕幕历史剧。因此,在唐人"六朝""六代"基础上,如何对南京古都史重新进行准确定位,跟上历史发展的节拍,应该是现代学人所要谨慎思考的问题。

随着历史的沉淀,"六朝"成了一个约定俗成的历史概念,但它与"三国""五代""十六国"等概念不同,它是专指隋唐以前在南京这座城市建立的六个政权。从逻辑学来讲,"六朝"已经成了一个离我们有一千多年的"集合概念"了。

概念通过语词来表达。集合概念的特征是:只反映集合体,不反映构成集合体的个体。以"六朝"概念为例,我们不能讲东吴就是"六朝",也不能讲东晋就是"六朝",更不能讲南朝的宋、齐、梁、陈就是"六朝",它们六家是抱成一团、不能打散、更不可以砸烂的"这一个",故虽"六"犹"一"。"六朝"与东吴、东晋及南朝的宋齐梁陈之间不是逻辑学上的属种关系,而是整体与局部的关系。

举个例子,"六朝"犹如一枚"集束炸弹",由"六"个"子炸弹"固定成为"一"个"子母炸弹",一旦拆散,就不是"集束炸弹"了。由此可知,我们今天在审视南京究竟是几朝古都时,如果还是用唐代人制造的这枚"集束炸弹",用"六朝"这一个"集合概念"来回答南京是几朝古都问题时,极易犯逻辑学上的以局部代替整体的以偏概全错误。

我们在谈一个城市是几朝古都时,被列入的政权是否具备朝代资格,必须具备三个条件:第一,必须属于华夏正朔;第二,必须是有独立的历史纪年;第三,必须是在共和制出现之前的封建王朝,因为实行共和制之后就根本不存在世袭制的封建王朝了。这三个条件缺一不可,是逻辑学上的必要条件。

我们审视隋唐以后,尤其是许嵩《建康实录》一千多年后在南京这方土地上建立的政权,唯有朱元璋在南京建立的大明王朝符合条件、具备资格,可以与"东夏"的"六朝"并驾同列。南京是在"六朝"基础上,再加上"明朝"的"七朝古都"。

第二节　破解一个伪命题

南京市当初在确定南京是几朝古都时,大费周章地用两组词来表达:"南京是六朝古都、十朝都会。"这种表达既冗长又累赘,看似周全,实则两误,并且是一个地地道道的伪命题。

先说这句话中的"六朝"。

前文已知,"六朝"是一个特定历史时空所指,专指隋唐以前在南京这座城市建立的六个政权。从语言学角度来审视,这里存在着"名词"与"数量词"的重大区别,通俗地讲,这里存在着"脑筋急转弯"问题,我们必须思维敏捷,擦亮眼睛,十分谨慎小心地予以辨别。

许嵩在《建康实录·序》中提出"六朝"概念时,这里的"六朝"是一个数量词,是掰着指头数出来的。但后人在使用过程中,当初的数量词已经蜕变为名词了,是对那个特定历史时空所指。唐诗宋词及后人的诗词歌赋中出现的"六朝",都已经作为名词来使用。如唐代韦庄《台城》:"江雨霏霏江草齐,六朝如梦鸟空啼。无情最是台城柳,依旧烟笼十里堤。"刘禹锡的《台城》:"台城六代竞豪华,结绮临春事最奢。万户千门成野草,只缘一曲后庭花。"杜牧的《题宣州开元寺水阁阁下宛溪夹溪居人》:"六朝文物草连空,天淡云闲今古同。鸟去鸟来山色里,人歌人哭水声中。深秋帘幕千家雨,落日楼台一笛风。惆怅无因见范蠡,参差烟树五湖东。"等等,这些诗词里出现的"六朝""六代",不仅是作为一个逻辑学上的"集合概念",更是被当成语言学上的"名词"来使用了。

我们可以说"南京是六朝都城所在地""南京是明朝都城所在地",可以说"六朝都城南京""明朝都城南京",这里的"六朝"或"明朝"是一个名词,"都城"也是一个名词,它们虽以"复合词"的形式来呈现,但语词的重心仍然是在"都城"上,"六朝"或"明朝"是用于修饰限定"都城"的。

我们也可以说"南京是六朝故都""南京是明朝故都",因为这里只是强调了两者之间的时空关系,表达的是"南京是六朝原来的都城""南京是明朝原来的都城"含义。依此类推,我们也可以将南唐与南京的关系、太平天国与南京的关系、中华民国与南京的关系都表述为南京是这几个政权的"故都",是它们原来的都城所在地。这在逻辑学、语言学和历史学上都是没有任何瑕疵的。

但是,当我们在回答南京是几朝古都的数字提问时,如果用"南京是六朝古都"来表述,这里的"六朝"又变回到当年许嵩使用的数量词了,语句的重心又已经转移到了朝代的数量上,误导人们以为在南京定都的就只有六个朝代。

现代人经常搞"脑筋急转弯"游戏,在回答南京是几朝古都问题时,也存在着"脑筋急转弯"式的设问。我们如果将历史上词性已经改变的名词"六朝"不假思索地直接拿过来,变成回答南京是几朝古都的数量词,如同是在"脑筋急转弯"时被"顺溜"了一下,将此"六朝"混淆为彼"六朝"了,从而产生严重的误判。从逻辑学上来讲,又是犯了偷换概念、移花接木的常识性错误。殊不知,这种误判如同施了"障眼法",很容易把人们在不知不觉中带到沟里去。因此,我们必须注意"六朝"词性的变化,不能因为一个"六"字的存在,就把数量词与名词混为一谈。

再说"十朝都会"中的"都会"一词。

从古至今,"都会"一词是用于对一个经济发达、市场繁荣、街市繁华、商贾云集之地的嘉许,其商品经济属性非常明显,而不是用来对古代封建王朝都城的定性。《辞海》对"都会"一词的解释是:"都市,人众及货物汇集之地。"其摩肩接踵、熙熙攘攘的商贸市场交易景象一目了然。

"都会"一词源自《史记·货殖列传》,其云:"然邯郸亦漳、河之间一都会也。……夫燕亦勃、碣之间一都会也。"是说历史上的河北邯郸这地方,是漳河、黄河之间的商贸集散地;燕地也是渤海、碣石两地之间的商贸繁华之地。北宋柳永《望海潮》词中有云:"东南形胜,三吴都会,钱塘自古繁华。烟柳画桥,风帘翠幕,参差十万人家。"这首词是描绘古代杭州繁华富庶与风景秀丽的。"三吴"是指吴郡、吴兴、会稽,是今日长三角地带的江南吴地指称,包括今天的苏州、无锡、常州、湖州、杭州、上海和绍兴等地,这首词的"都会"一词就是形容当时的杭州是三吴地区经济最繁荣、景色最秀丽的重镇所在。由古汉语可知,"都会"一词与封建王朝的都城无必然关系。

时至今日,"都会"一词依然被广泛运用于形容商贸经济发达地区,古汉语的词义仍然被保留着,如称"上海大都会""香港大都会""纽约大都会"等即是如此。当我们在回答南京历史文化名城是封建王朝的几朝都城时,用"都会"来定性,显然是戴错了帽子。用"都会"来定性南京的所谓"十朝",既不符合都城的国家政治、经济、军事、文化中心特征,更不符合经济贸易繁荣富庶的历史呈现。退一万步讲,在"十朝"表述中,把"太平天国"也拉进"十朝都会"之列,不仅对太平天国政权的属性问题欠慎重思考,更不符合太平天国时期南京经济倒退、城市一派萧条的历史现象。

关于封建王朝都城所在地,在汉语词汇中有许多专门表达,如"京师""京城""京都""都城""皇都""皇城""帝都""帝京"等,唯独"都会"不适合使用。

"六朝古都、十朝都会"中的"六朝"是一明一暗,重复计算,显得极不公允,也极不合规。

说它"明"的一面,是第一句话无疑;说它"暗"的一面,是第二句话的"十朝"中又一次包含了"六朝",外加上南唐、明朝、太平天国、民国,计为"十朝"。给人的感觉是,南京这座历史文化资源厚重的国家历史文化名城,"六朝"成了宠儿,明里暗里都少不了它。岂不知,这种开小灶式的表达,已经使南京都城形象支离破碎,叠影模糊了,同时也把"六朝"本身的定位给搞乱了:"六朝"究竟是"古都"还是"都会"?二者的历史文化内涵是大相径庭的。

我们在回答南京这座国家历史文化名城是几朝古都问题时,思维必须清晰,文字必须凝练准确。似"六朝古都、十朝都会"这种双语式二元组合结构,显然是叠床架屋,拖泥带水,不合逻辑,不符合对历史文化名城定位必须言简意赅而又准确无误的基本要求。

　　以上三点已足以让我们得出结论:"南京是六朝古都、十朝都会"是一个彻头彻尾的伪命题。这个伪命题长期误导南京人民乃至全省全国人民的认知,让生活在南京这座城市和关心南京历史文化研究的人们在历史认识方面处于混沌混乱之中;这个伪命题长期误伤南京的对外城市形象,使南京这座国家历史文化名城在不知不觉中自摆"乌龙",甚至导致有些人的感觉已经到了麻木冥顽的程度;这个伪命题产生的不良后果,足以令人瞠目结舌,已经到了必须大声棒喝的时候了。我们唯有以科学严谨的学术态度去伪存真,以历史唯物主义史学观还南京以"六朝"加上"明朝"的"七朝古都"身份。我们再也不能做那种站在明城墙脚下大谈南京是"六朝古都"的事了,如果朱元璋九泉之下有知,也会生气不同意的。

　　为了使读者尤其是生活在南京的人们进一步加深对"六朝"尤其是东晋南朝历史的印象,突破传统教科书藩篱式束缚,本章将通过大量史料的细绎,通过对历史关键时刻、关键人物、关键事件的研究介绍,带领读者重读那遥远的岁月,感受"六朝"前后的历史时空。

第三节　江东孙氏前仆后继建伟业

　　东汉末年,汉灵帝刘宏驾崩,董卓成了东汉末年少帝、献帝时期的重要权臣,官至太师,封郿侯。董卓原本屯兵凉州,是凉州地方军阀,汉灵帝末年"十常侍之乱"时,应大将军何进所召,率军进京,铲除宦官势力,旋即赖在京城不走了,掌控着朝中大权。其专横跋扈、残忍嗜杀、倒行逆施的行为,最后招致群雄联合讨伐,诸州郡并兴义兵,历史再次进入军阀混战、天下大乱时期。

汉献帝初平元年（190），冀州牧韩馥、兖州刺史刘岱、豫州刺史孔伷、南阳太守张咨和渤海太守袁绍、长沙太守孙坚等 10 余人，纷纷率部起兵反对董卓，从此掀起了大规模的持续反抗董卓的斗争浪潮。

孙坚是东汉末吴郡富春（今浙江杭州境内）人，是孙武的后裔。东汉末年黄巾军起义时，孙坚随朱儁镇压黄巾军，又参与平定西北边乱，因军功积累，一直做到长沙太守，后又封乌程侯，转战于江南诸郡，威震江南。

公元 190 年夏天，孙坚率兵继续北上，当部队行军到南阳时，军队已经达到数万人马，可以说是兵强马壮、人多势众。但随之而来的是一个非常棘手的问题——军队粮草严重不足。

孙坚心想，当今天下，人人痛恨董卓，讨伐董卓也可以说是整个国家的大事，于是就派人送公文给南阳太守张咨，请他帮忙筹集军粮物需，帮助他的部队渡过眼下难关，让士兵有力气去讨伐董卓。

张咨听说孙坚的部队到了自己的境地，"晏然自若"，一点也没有显示出友好的迹象。在接到孙坚特使送来的公文，要求给予粮草支援后，断然拒绝了孙坚的要求。

孙坚没想到张咨会不顾社稷江山大计，不补台帮衬，而是要看他出洋相，心里一股怒火涌上心头。但他又强按下心头怒火，冷静思考对策。孙坚想见见张咨，要当面与张咨进行交谈，就又派人送信给张咨。偏偏这张咨就是不给面子，不肯与孙坚见面。孙坚听了，怒上加怒，恨得咬牙切齿，但他左思右想，觉得光发火生气是一点用也没有的。情急之下，他计上心来，决定来个装病示弱，以兵相赠，引蛇出洞。他对外宣称要将自己的军队交给张咨接管，诓他走进孙坚的军营，好见机行事。

第二天，在孙坚的军营大帐中，正当孙坚与张咨宾主之间酒酣畅快之时，只见长沙主簿走进来向孙坚汇报说：我们的军队为讨伐董卓而聚集在孙将军麾下，千里迢迢，长途跋涉，克服山高路远，从长沙来到南阳，眼看就要到达京城擒拿董卓老贼了。谁知前行到南阳这个地方，道路没有修好，军队所需物资粮食又不给准备，这明显是张太守在有意阻碍我军去讨伐董卓。请孙将军听取我的意见，问一问张咨张太守为什么要这样做。

刚才还是宾主之间觥筹交错,彬彬有礼,氛围融洽,转瞬间就变成了"鸿门宴"。张咨见状,十分恐惧,连呼上当,酒也早已醒了一半,起身想逃跑,但见四周早已有士兵把守,自己已经陷入虎口,根本无法脱身,自己带来的 500 来名步兵骑兵也早已让孙坚的部队缴了械。

这时,长沙主簿又跑进来对孙坚说:南阳太守张咨有意阻止讨伐董卓的义军前进步伐,使义军不能及时前往讨贼,贻误了战机,请依军法处置。张咨只好束手就擒。孙坚立即下令,将张咨绑赴辕门外,斩首示众。

这一下,南阳城内外炸开了锅,舆论大哗,十里八乡都传开了,一郡为之震栗,产生了非常强烈的社会反响。孙坚的部队从此是"无求不获",有求必应,大军所过郡县,地方长官都事先准备好了粮食物资,等待着孙坚军队的到来。

孙坚后来因袁术推荐,被朝廷任命为破虏将军,领豫州刺史。并以鲁阳城为根据地,训练士兵。孙坚的军队开始与董卓军队交战时,战事不利,吃了败仗,在危急关头,孙坚让部将祖茂戴上自己的"赤罽帻",即红色头巾,把董卓的追兵吸引开,才得以脱离危险。

第二年,即汉献帝初平二年(191),孙坚重新收拢流散部属,进驻梁县,准备再度讨伐董卓。董卓派胡轸、吕布迎击孙坚。由于胡、吕二人心存芥蒂,不能相处,还没交战,士兵就涣散逃离。孙坚趁机出击,胡轸、吕布大败而逃。

之后,孙坚的军队更加勇猛善战,董卓见势不妙,不得不派部将李傕向孙坚求和,并许诺要给孙坚的"列疏子弟"家人们封官。孙坚不理,大骂道:董卓逆天无道,荡覆王室,今不夷汝三族,悬示四海,则吾死不瞑目。还奢望什么与你和亲?于是继续发兵,进攻距离洛阳只有九十里的大谷。董卓被迫率军出战,被孙坚击败,在逃跑退驻到渑池之前,对洛阳放火焚烧。孙坚乘胜追击,大败吕布后,出兵函谷关,分兵两路,直取新安和渑池。

在打败了横行一时的董卓后,孙坚又率部进驻都城洛阳。

初平三年（192），孙坚奉袁术之命讨伐荆州刺史刘表。刘表派黄祖出兵迎击，很快被孙坚军队打败。孙坚的军队追赶到汉水，很快将襄阳城拿下了，黄祖的残余逃窜至岘山中。夜间，孙坚的军队追赶至山上，孙坚单枪匹马在岘山上观察敌情，被躲藏在草木间的黄祖士兵用暗箭射杀身亡，时年 37 岁。

孙坚的军队虽然一下子失去了领头羊，但并没有乱，而是在孙坚的侄子孙贲带领下，全部人马投奔依附到袁术的麾下。袁术又很快上奏朝廷，任命孙贲为豫州刺史。

孙坚的长子孙策因随同母亲一直徙居在舒州（今安徽庐江县西），结交了周瑜等一帮好友，江淮间人士"咸向之"。在安葬了父亲孙坚后，孙策决定要以父亲为榜样，在江东干一番事业。

汉兴平元年（194），孙策来到今天的安徽寿春，要面见袁术。

孙策见到袁术，流着泪说：亡父以前从长沙出发，讨伐董卓，与明使君您会于南阳，结下同盟友好。不幸家父中途遇难，勋业不终，未能完成大业。作为晚辈，孙策我深深感受到您与我父亲之间的深厚友谊。现在想投靠您，希望您能给我机会，考察我的忠诚与能力。

袁术见孙策长得是一表人才，"美姿颜"，性格又豁达，"甚奇之"，一说"甚贵异之"，总之是一见面就喜欢上了孙策。在孙策的几番请求下，袁术将孙坚旧部千余人还给了孙策。这支队伍在袁术的统一指挥下，具体由孙策负责指挥。从此，孙策正式开始了他继承父亲遗志的伟大事业。

兴平二年，孙策以帮助舅舅吴景对抗刘繇为由，开始向江东发展，实力不断增强。他争取到朱治、周瑜、张昭、张纮等人的帮助，击败了刘繇、严白虎、许贡，迫使会稽太守王朗投降，占领了会稽、吴郡、丹杨的广大地区。孙策领导的军队，所向披靡，无人能够阻挡，其"军令整肃，百姓怀之"。

孙策为人，"好笑语，性阔达听受，善于用人，是以士民见者，莫不尽心，乐为致死"。袁术也常常慨叹：我要是有个儿子能像孙郎一样能干，纵然死了，也没有遗憾。后来，因为袁术要自立为皇帝，孙策与袁术之间产生矛盾，并且孙策还通过书信谴责袁术，与他绝交。

建安元年（196），汉献帝刘协不得不听从曹操的意见，迁都许昌。

建安四年，袁术病死。是年，孙策征伐庐江，兼并了袁术余部，击走刘勋，继续征伐江夏，大败黄祖，劝降豫章太守华歆，实力迅速壮大。曹操向汉家朝廷奏请，表孙策为讨逆将军，封孙策为"吴侯"；同时对孙策的弟弟孙权、孙翊"皆礼辟"之，点名让扬州刺史严象举孙权为"茂才"。

建安五年，曹操与袁绍在官渡开战，双方战事呈胶着状。孙策想利用这个机会偷袭许昌，从曹操手中救出汉献帝。正当他秘密部署、调兵遣将之际，孙策被他当年在吴郡的仇人许贡派人行刺。

在受伤严重的情况下，孙策把张昭等老臣心腹招到身边，对他们说：目前中原大乱，以吴越之众，三江之固，足以观其成败。公等善待吾弟。孙策又将弟弟孙权叫到身边，让他佩上印绶，语重心长地对他说："举江东之众，决机于两阵之间，与天下争衡，卿不如我；举贤任能，各尽其心，以保江东，我不如卿。"当天半夜时分，孙策带着无限遗憾离开了人间，时年26岁。

再说孙权出生时，长得"方颐大口，目有精光"，父亲孙坚感到很兴奋，觉得这个孩子有贵人之相。孙坚不幸遭到暗杀后，孙策在江东起兵时，孙权就经常跟随在孙策左右，兄弟二人关系很好。在讨论一些重大问题时，孙策让弟弟孙权一道参加，每次孙策都会让孙权畅谈自己的想法，孙策觉得这个弟弟不简单，自己有些方面不如他，所以每次会宴宾客时，孙策会半开玩笑地对孙权说：在座的各位，将来都是你的部将。

孙权在哥哥孙策从事安邦定国伟业时，自己进步也很快，15岁就当上了阳羡县（今江苏宜兴）县令，在郡里的举孝廉、州里的举茂才等人才推举活动中，孙权都受到重视，官至奉义校尉。后来又跟随孙策，参与讨伐庐江刘勋及江夏黄祖的战斗。孙权平素为人，"性度弘朗，仁而多断，好侠养士"，在没有挑起江东重担时，就已经在社会上具备相当高的知名度和广泛的人缘。

孙策不幸遇害后，年仅18岁的孙权擦干了眼泪，继续带着父兄的团队前仆后继,驰骋在既要斗智又要斗勇、既是战场又是官场的人生大舞台上。

建安十三年(208),在周瑜、鲁肃的支持下,孙权果断决定与刘备联手,共同对付已经占领荆州的曹操大军。孙刘联军在赤壁与曹操军队展开激战,大破曹军,最后取得"赤壁之战"重大胜利。

建安十六年,有探子来报,说曹操要起40万大军,直指江东,欲报赤壁之仇。孙权大惊,与众将领商议拒敌之策。这时,又有人说,长史张纮虽然病故了,但有哀书,劝孙权迁居到秣陵(今南京),称那里有帝王之气。之前,东吴的政治经济军事中心在吴地(今江苏苏州),后来移到了京口(今江苏镇江)。孙权在镇江建筑铁瓮城,作为东吴的指挥中心。现在听说曹操大军要来报复,既然秣陵更具备战略地位,孙权遂下达命令,将自己的指挥中心从镇江迁到了秣陵。

建安十七年,孙权将"秣陵"县改名为"建业"县,开始营建"石头城"。

这时,大将军吕蒙又建议于濡须水口筑坞以阻挡曹操兵马。濡须口是指濡须山和七宝山之间的水口。濡须山在今安徽含山县东关镇境内,临河设关谓"东关"。七宝山在今安徽无为市境内,临河设关谓"西关"。两山对峙,形势险要,为巢湖的出口。

孙权觉得这是个重要的战略位置,可以扼守要津,防御曹军来犯,当即同意了吕蒙的建议,派军数万筑濡须坞。从此,濡须口成了东吴与曹操军队相争的战场。

建安十八年,曹操因害怕长江沿岸都被孙权、刘备占有,先下令将沿岸的老百姓进行"内移",即向北方迁徙,庐江、九江、蕲春、广陵一带的10余万户人家,皆东渡长江。长江以西、合肥以南地区几乎成了无人区。

在完成了"内移"任务后,曹操亲自率军,来到了濡须口,要与孙权的军队展开水上激战。

曹操的军队乘油船,想利用夜色将部分队伍摆渡到一个洲岛上。孙权以水军进行围攻,俘虏曹军三千多人,曹军因多北方人,不习水性,被淹死的有数千人。孙权的水军数次前来挑战,曹操坚守不出。孙权又乘着轻舟,从濡须口直接进入曹操的水上军营中。

曹营将领以为是孙权的军队又来挑衅,准备还击,被曹操制止了。曹操说:此舟上必定有孙权,他是要现身我们的队伍面前,以激怒我们。曹操传令下去,保持高度警惕,密切注意敌船动向,弓弩不得妄发。孙权的船只在靠近曹军的水面行驶了五六里,开始返回,并且船上还吹吹打打,搞起了水上舞台表演。

曹操见孙权的船上器仗军伍齐整严肃,井然有序,更加坚定了不能轻举妄动的指挥决策。他联想到当年率军攻打荆州时,没费吹灰之力,刘表的儿子刘琮就主动向他投降,献出了荆州,现在攻打吴军,想夺取建业,同样是在长江边,同样是江南人,怎么差距就那么大呢?于是感慨地说道:"生子当如孙仲谋,刘景升儿子若豚犬耳!"孙权,字仲谋;刘表,字景升。曹操讽刺刘表的儿子像猪狗一样蠢。

关于孙权此次勇闯曹营,《魏略》的记载与《三国志》有所不同,说孙权是乘了一艘大船来察看曹军布阵情况。曹操命令弓弩手万箭齐发,箭全部射在了船帮上,船开始向一边倾斜,眼看就要倾覆。孙权指挥船只回转,又将船的另一侧让曹军射箭,一直到两边箭射得差不多了,船身又平稳了,孙权才回还。这种说法与诸葛亮"草船借箭"情节大致相同。

但无论是哪一种说法,抑或是孙权两次来察看水上曹营,有一个细节是一致的,就是孙权派人给曹操送去一封信,上面写道:"春水方生,公宜速去。"同时又在另一张纸上写道:"足下不死,孤不得安。"

曹操拿着孙权派人送来的信,想到北方将士大都不谙水战,不习水性,再也不能重蹈"赤壁"覆辙了,就对众将领说:"孙权不欺孤。"下令撤军北还。曹操此次南征东吴,损兵折将,无功而返。

更为有趣的是,后来在民间还留下传说,将当年曹操军队在濡须口的情景描绘得有声有色。说在濡须口,有一条大船沉没在水中,每当水浅的时候,船身就露出水面来,老人们就说:"这是当年曹操的战船啊。"

如果是行船的,就得赶紧绕着离开。曾经有一个渔夫,夜里停宿在沉船的旁边,把自己的船缚在这条大船上,奇怪的事情发生了:只听见那条沉船上传来吹奏竽笛、弹拨丝弦以及歌唱的声音,同时还有非同寻常的香气从船上飘出来。渔夫刚入睡,便梦见有人驱赶他说:别靠近官家的歌妓。吓得那人再也不敢靠近这只沉船,赶快起身走人。消息一传十,十传百,人们进一步断定,这条沉船就是当年曹操承载歌妓的船。

建安二十五年(220)春正月,曹操去世,曹丕袭汉丞相及魏王。三月,改年号为"延康"。同年冬天,曹丕代汉自立,改元"黄初",史称"魏文帝"。

公元221年,刘备在四川成都称帝,史称"季汉",亦因地名,人们俗称"蜀汉"。孙权于同一年,将自己的政治经济军事中心由湖北公安迁至鄂州,并将鄂州更名为"武昌"。

曹丕称帝后,孙权"使命称藩",示拥戴之诚。公元222年,曹丕降旨,大大地褒奖了孙权一番,并封孙权为"吴王"。从此,孙权建立起了由官方认可的吴国,拥有了整个长江中下游以南的地区。

公元229年夏四月,夏口、武昌都说见到了黄龙与凤凰,这是好兆头,公卿百司都劝孙权称帝,以正尊号。丙申日,孙权在武昌(今湖北鄂州)南郊称帝,继续以"吴"为国号,正式建立"吴国",年号"黄龙"。到了秋天,孙权又由武昌再次回迁并正式定都建业。孙权建国,史学界称之为"孙吴",又因其所统治的区域居于长江下游、华夏东部,故亦称"东吴"。

孙权建立的孙吴帝国,正是在父亲孙坚、哥哥孙策创业的基础上,父子三人,同气连枝,前仆后继,历经数十载,用鲜血与生命换来的。孙氏家族,靠着自身的力量与魅力,靠着团结大批异姓贤能之士,靠着身先士卒、不畏艰险的精神,一步一步地做强做大,直至迎来一个拥有一方疆土的帝国诞生。

孙坚只活到37岁,孙策只活到26岁,他们二人均遭人暗算,死于非命,过早地结束了自己年轻的生命,可谓英年早逝。父兄的鲜血为孙权创立吴国谱写了史诗般的悲歌。18岁的孙权继承父兄事业,转战千里,尽有江南之地。《三国志》史家评价其为："屈身忍辱,任才尚计,有勾践之奇,英人之杰矣。"

孙权于神凤元年(252)去世,享年71岁。《三国志》用"薨"来表达,而没有用"驾崩"一词,说明在当时人们的眼中,孙权仍然是一位"诸侯"而已。但孙权去世后,东吴政权给他上的谥号是"大皇帝",所以后世称孙权为"东吴大帝"。

孙吴政权,从黄龙元年(229)算起,共经历了孙权、孙亮(会稽王)、孙休、孙皓"三帝一王"52年时间。公元280年,孙吴末帝孙皓向司马氏建立的西晋王朝投降,标志着东汉末年以来分裂局面的结束,国家获得了再度统一。

孙权定都南京,南京的都城史正式开始了。此后,东晋、南朝的宋齐梁陈以及明朝均相继在南京建都,使南京享有"七朝古都"的盛誉。

南京的钟山又名紫金山。汉末,有秣陵尉蒋子文逐盗死于此,孙权曾为之立庙于钟山,因改称"蒋山"。孙权去世后,葬在蒋山的一块高地上,位于现在南京的梅花山中。朱元璋在营建明孝陵时,因敬重孙权而将自己的陵墓神道避开孙权墓,所以现在人们看到的明孝陵神道,从下马坊开始到金水桥,其神道是弯的。

孙权为人节俭。虽然称帝迁都建业,但不建新宫殿,因陋就简地沿用旧将军府寺为皇宫,至赤乌十年(247)腐朽损坏后,仍然以武昌宫加以改建,可见其爱惜民力。

孙权在经营江左政治、经济、文化、军事的同时,开辟了江左直通辽东地区的海上交通航线,对长三角及渤海湾地带的经济文化发展都作出了重要贡献。

南京梅花山孙权雕像

东吴都城建业原名"秣陵",最初是一个小县,孙权定都推动了城市建设的发展,开启了南京都城史第一篇华章。

第四节 "牛继马后"说东晋

这里所说的"牛"和"马"都是指人的姓氏。"牛"指"牛金"这个人,"马"指魏晋时期司马懿家族之"司马"复姓。我们可以通过一则千年前的无头案来轻松一下心情,看东晋王朝在南京这片土地上的诞生。

《晋书·元帝纪》有这样一段描写:"初,《玄石图》有'牛继马后',故宣帝深忌牛氏,遂为二樽共一口,以贮酒焉,帝先饮佳者,而以毒酒鸩其将牛金。而恭王妃夏侯氏竟通小吏牛氏而生元帝,亦有符云。"这里的"宣帝"就是指司马懿。

司马懿生前没有当过皇帝,公元265年晋武帝司马炎建立晋朝政权后,将爷爷司马懿追尊为"宣皇帝"。司马炎当上皇帝后,曾一口气追尊了三位皇帝,除爷爷司马懿外,还追尊自己的伯父司马师为景皇帝、父亲司马昭为文皇帝。这就像曹操,生前根本没有当过皇帝,一直是汉朝的曹丞相,直到公元220年曹丕建立魏朝当皇帝后,才追尊父亲为"武皇帝"。《晋书》此段话中的"元帝"指的是东晋开国皇帝"晋元帝"司马睿,而"牛金"则有两个,一个是战将牛金,另一个是小吏牛金。

战将牛金开始是大将军曹仁的部将,曹魏政权建立后,又成为司马懿的部将。

汉建安十四年(209),周瑜率军数万来攻打曹军,其前锋数千人已经到达江陵城下。曹仁登城远望,募得300人,令牛金率队迎击挑战。由于吴军兵力强盛,牛金人少力寡,很快被周瑜的军队围困在战阵中,情况十分危急。曹仁与长史陈矫俱在城上观战,发现牛金等300人已经垂危频没,左右众等皆惊惧失色,唯独曹仁意气奋怒,呼左右取马来。

陈矫等人知道曹仁欲下城救牛金,于是一起拉住曹仁说:贼众强盛,势不可当,将军何不放弃这数百众人,却要亲自出城参战?曹仁不应,披甲上马,带领麾下壮士数十骑出城,与吴军相距仅百步之远,已经逼近城沟了。大家以为曹仁只是在城沟边上挡住东吴军队,为支持牛金造声势,谁知曹仁竟渡沟直前,亲自冲入敌围,左拼右杀,这才使牛金等人很快得救。

必须注意的是,这时的战将牛金与其他曹军将士一样,都属于汉献帝刘协的汉朝廷政府军,因为一直到10多年后的公元220年,曹丕才代汉称帝,建立魏朝。

到了曹魏明帝曹叡的太和五年(231),以四川蜀地为主要地盘的刘备"季汉"政权继续同曹魏政权展开争夺,季汉丞相诸葛亮率军北伐。已经官至曹魏政权抚军大将军、太尉要职的司马懿命牛金率轻骑作钓饵来诱惑季汉军。刚交战,诸葛亮就退兵,魏军一直追到祁山脚下才作罢。到了青龙三年(235),季汉将领马岱来犯,司马懿又命牛金击破季汉军队,斩首千余级。景初二年(238),辽东公孙渊反叛曹魏,司马懿率牛金、胡遵等步骑4万,兵发洛阳,后平定辽东、带方、乐浪、玄菟四郡。根据《魏将相大臣年表》,平定辽东的这一年,牛金已经被提拔至"后将军",职位仅次于相当于宰相的"上卿"。

当时,社会上有一本流传很广的谶纬书叫《玄石图》,上面记有"牛继马后"的预言。司马懿曾请星象家管辂占卜子孙运势,管辂占卜的结果与《玄石图》不差毫厘,但司马懿不解何意。后来,司马懿位居太傅之职,权倾天下,一天,他忽然有所触悟,想起了"牛继马后"的预言,心想这"牛"是不是就是指自己身边的爱将牛金,"马"是不是就是指我们"司马氏"家族? 不想则已,一琢磨,心里倒十分忌讳和害怕起来:莫非这牛金将来会对我的子孙不利? 老辣阴毒的司马懿为绝后患,宁可信其有,不可信其无,决定要除掉战将牛金。

经过精心准备,司马懿制作了一款由两个盛酒器连体、但只有一个流口的酒壶,通过内设机巧,一个酒器里盛放好酒,一个酒器里盛放毒酒,也就是上文所说的"二槛共一口",只有知道内情的人才会使用这个机巧。

安排妥当后,司马懿派人去请牛金来赴宴喝酒。双方开饮,司马懿拿起酒壶先饮一口好酒后,牛金接过司马懿的酒壶接着喝。一口毒酒下肚,还没来得及吃菜,牛金是"饮之即毙"。可怜战将牛金,一直到死也不知道自己在哪里做了对不起司马懿的事。

当时司马师很不理解父亲的做法,就问司马懿:牛金对父亲忠心耿耿,奈何杀之?司马懿训斥道:谶书有预言,马后有牛,不毒死牛金,子孙将有后患啊!

战将牛金被毒死,司马懿自以为他的子孙后患已除,将来可以高枕无忧了。殊不知世事难以预料,命运有时会捉弄人的!

司马懿一生娶了4位妻妾,共生了9个儿子。其中张春华为他生了3个儿子,即晋景帝司马师、晋文帝司马昭、平原王司马干;伏夫人为他生了4个儿子,即汝南文成王司马亮、琅邪武王司马伷、清惠亭侯司马京、扶风武王司马骏;张夫人为他生了1个儿子,即梁孝王司马肜;柏夫人为他生了1个儿子,即赵王司马伦。其中,琅邪武王司马伷之子为司马觐,官至冗从仆射、琅邪恭王,其妻子夏侯氏被封为王妃。

《晋书》记载,夏侯氏与恭王府内另一个名叫"牛金"的小吏私通生子,其子便是后来东晋的开国皇帝晋元帝司马睿,司马家族的皇族血脉就这样神不知鬼不觉地被"小吏牛金"改变了基因。因此,后人戏谑称司马睿为"牛睿",明朝思想家李贽直接称东晋王朝为"南朝晋牛氏",而不称"司马氏"。当初谶纬之书《玄石图》"牛继马后"的预言最终还是得到了应验。

《魏书》在记载这件事时,说法与《晋书》不完全相同。《魏书·僭晋司马睿列传》称:"僭晋司马睿,字景文,晋将牛金子也。初,晋宣帝生大将军、琅邪武王(司马)伷,伷生冗从仆射、琅邪恭王(司马)觐。觐妃谯国夏侯氏,字铜环,与(牛)金奸通,遂生睿,因冒姓司马,仍为觐子。"这里明确认定,司马睿就是"晋将牛金"的儿子,根本没有后来的"小吏牛金"一说。

《魏书》的编撰者是北齐的魏收,对南方政权存在偏激看法,以北方政权为正宗，所以称司马睿的东晋政权为"僭"，即冒牌货、伪政权。在《魏书》中，他将后来出现的南朝宋、齐、梁、陈四个政权均鄙称为"岛夷"，如称桓玄为"岛夷桓玄"，称刘裕为"岛夷刘裕"，称萧道成为"岛夷萧道成"、萧衍为"岛夷萧衍"等。我们对魏收是否知道"牛金"还另有其人不得而知，但这并不影响结论，即后来的东晋政权已经在司马氏政权的大旗下，潜滋暗长地出现"牛继马后"现象了。

除了《晋书》和《魏书》两大正史外，《鹤林玉露》《容斋随笔》《宾退录》等笔记类书中也有"牛继马后"的相关描述。宋代的洪迈在《容斋随笔·晋之亡与秦隋异》中指出："秦、晋、隋皆相似，然秦、隋一亡即扫地，晋之东虽曰'牛继马后'，终为守司马氏之祀，亦百有余年。"同是宋代的赵与时在《宾退录》卷二中又指出："晋明帝（司马绍）问王导晋所以得天下，（王）导陈司马懿创业之始，及司马昭弑高贵乡公事。明帝以面覆床曰：'若如公言，晋祚复安得长远！'殊不思'牛继马后'，晋已绝矣。"

再说这司马睿是"牛"种也好，是"马"种也罢，却并非等闲之辈，还是有一番作为的，直至最后当上了东晋王朝的开国皇帝。

司马睿于晋武帝咸宁二年（276）出生于洛阳。太熙元年（290）司马觐去世，15岁的司马睿依例嗣袭"琅邪恭王"位。同年四月，晋武帝司马炎去世，继位的晋惠帝司马衷难以驾驭政局，朝廷动荡不安，直至出现"八王之乱"。

在险恶的政治环境下，司马睿无兵无权，为避杀身之祸，采取恭俭退让的态度，低调做人，尽量避免卷入朝廷政治斗争的漩涡中，这一点，在当时就曾获得嵇康之子、侍中嵇绍的高度评价。但在洛阳，司马睿结交最密切的只有王导一人。王导出身于北方士族琅琊王氏家族，而琅琊郡又正好是司马睿的封国所在，所以二人关系密切，也纯属正常。

永兴元年（304）七月，西晋皇室干戈时起，"八王之乱"进入高潮。东海王司马越挟持晋惠帝司马衷亲征邺城，讨伐成都王司马颖，时任左将军的司马睿奉命参加了战斗。后因作战失利，司马睿携家眷离开了洛阳,来到了封地琅琊郡(今山东胶南一带),逃离政治中心,去过地方诸侯的安稳日子。

永嘉元年(307),晋怀帝司马炽即位,司马睿被封为安东将军、都督扬州诸军事。"八王之乱"后期,司马睿依附于东海王司马越,司马越任命他为平东将军、监徐州诸军事,留守下邳。

司马睿受命后,请求能够将此时在东海王司马越那里参与军事谋划的王导调到他的身边来工作,司马越当然同意。两位关系密切的人走到了一起,行事更加安全,司马睿委任王导为军中司马要职。

当时,北方已进入"十六国"混战割据时期,匈奴人刘渊率先建立了"汉"政权,并举兵侵犯中原,中原局势极度恶化,晋朝江山面临不保险境。

司马睿采纳王导计谋,移镇建邺(今南京),做好退守准备。事后证明,这一着棋下得非常高明,体现了司马睿高瞻远瞩的战略眼光。永嘉元年九月,司马睿偕王导渡江南下至建邺。晋室政治中心,自此逐渐南移江东,"永嘉南渡"开始。

据《晋书·元帝纪》,早在晋惠帝太安年间,就有童谣传出:"五马浮渡江,一马化为龙。"到了永嘉元年,在晋王室沦陷倾覆之际,琅邪王司马睿与西阳王、汝南王、南顿王、彭城王五王"获济"过江,史称"五马渡江"。后来,司马睿是"一马化为龙",登上皇帝大位。童谣也完全应验了。

永嘉南渡后,司马睿在王导、王敦等人的辅助下,努力结交优礼江东大族世家,平压叛乱,惨淡经营,逐步在江南立足站稳。

建兴元年(313),晋愍帝即位,封司马睿为侍中、左丞相、大都督、都督陕东诸军事,持节、王如故。司马睿于这一年改"建邺"为"建康"。这就是南京称"建康"一名的由来。

同年七月,司马睿分析判断认为,远在千里之外的洛阳晋室已难逃灭亡的厄运,他暗中思考周详,积极做好在建康城重树晋室大旗的准备。司马睿的这种做法,与当年刘备在蜀地成都时的想法是一致的。

建兴四年,十六国的"汉"政权刘曜攻陷长安,晋愍帝无奈出降,西晋王朝宣告灭亡。

到了次年三月，司马睿在南京这片土地上已经做大做强了，于是开始称"晋王"，始建国，改元"建武"，立宗庙、社稷，置百官，广辟掾属以为辅佐，当时号称有"百六掾"，即任命160多人作为佐治官吏，为建立属于自己的政权壮大干部队伍。他又立儿子司马绍为太子，向世人宣告，晋王朝的皇家血脉在南方的建康城又得以复活，在中原几近熄灭了的香火在江左建康得以复燃。

同年六月，孤悬在北方洛阳的原晋朝朝廷官员们，如刘琨、段匹磾、刘翰等180人上书劝进，请求司马睿当皇帝。

公元318年，晋愍帝司马邺死于汉国的讣告传到了江东，司马睿这才正式在建康——今日之南京登基即皇帝位，改元"太兴"，是为"晋元帝"。因其拥有长江中下游以及淮河、珠江流域，史称司马睿建立的晋朝政权为"东晋"政权。

东晋初年，司马睿因为在皇族中声望不够，一时得不到南北士族的大力支持，皇位不稳。但他重用王导，称王导为"仲父"，把自己反而比作"萧何"。王导运用策略，使南方士族支持司马睿，使北方南迁的士族也开始诚意拥护司马睿，东晋政权得以稳定，偏安局面得以维持。

司马睿十分感激王导，任命他为宰相，执掌朝政。当时，东晋政权政治上是王导居机枢之地，军事上依靠王敦征讨于长江上游。王氏家族近属居内外之要任，布列显要者人数甚多，四分之三的朝野官员是王家人或者是与王家相关的人，时人谓之"王与马，共天下"。

但是，时间一长，司马睿对大权旁落开始愈来愈不满了。大将军王敦的权力与皇上"迭为上下"，两人之间"了无君臣之分"。他就引进任用侍中刘隗、刁协、戴渊等为心腹，企图排压王氏权势。谁知，又引来了新的动乱。

王敦于永昌元年（322）以诛刘隗为名，在武昌起兵，直扑石头城建康。在发兵过程中，王敦还上表给司马睿，说："刘隗前在门下，遂秉权宠。今趣进军，指讨奸孽，宜速斩隗首，以谢远近。朝枭隗首，诸军夕退。昔太甲不能遵明汤典,颠覆厥度,幸纳伊尹之训,殷道复昌,贤智故有先失后得者矣。"王敦同时把他的上表内容"移告州郡"。

司马睿向境内发出檄书,指出"王敦恃宠,敢肆狂逆,方朕于太甲,欲见因于桐宫。是可忍也,孰不可忍也! 今当亲帅六军,以诛大逆"。一场君臣大战在即。

王导为保全王氏家族利益,作为内应,暗助王敦。王敦攻入建康城后,杀戴渊等,刘隗投奔石勒。司马睿一败涂地,无奈之下,"脱戎衣,着朝服",对王敦说:"欲得我处,但当早道,我自还琅琊,何至困百姓如此?"司马睿近似哀求的话并没有平息王敦的野心,不久,王敦便为自己加官晋爵,自封为丞相、都督中外诸军、录尚书事。永昌元年四月,王敦还师武昌,遥控朝政。

司马睿见自己已经无法动摇王导、王敦势力,虽贵为天子,却号令不出宫门,渐渐忧愤成病,卧床不起。永昌元年闰十一月(即公元 323 年 1 月 3 日),司马睿在忧愤中病逝,终年 47 岁,遗诏由太子司马绍继位,即后来的晋明帝。

司马睿在皇位虽然只有 6 年,但作为东晋王朝的开国皇帝,对延续中原华夏文明起到了重要作用,为江南地区社会稳定与经济繁荣发展带来了新生面。对于南京这片土地而言,东晋王朝是继孙权"东吴"政权后,使南京再次成为都城的王朝,对南京的城市建设与文化建设作出了不可磨灭的贡献。

东晋王朝从公元 317 年司马睿始建国开始至公元 420 年结束,有 104 年的历史,继孙权的东吴政权在南京建都 50 多年后,又为南京增加了 104 年的都城史。紧接东晋政权的是南朝的宋、齐、梁、陈四朝,其都城也是在南京,前后又有近 170 年的历史,意味着又为南京增加了 170 年的都城史。南京从东晋到南朝 270 多年的都城史,是由司马睿以南京作为都城、建立东晋政权而起的,今天研究南京都城史,理应重视这位对南京建城有重要贡献的"司马牛"皇帝。

第五节 崇尚节俭的南朝开国皇帝们

我国自古帝王中就有崇尚节俭者。"土阶三尺,茅茨不剪,采橡不斫",那是歌颂唐尧之德的;"卑宫室,菲饮食,尽力于沟洫",那是歌颂大禹的。

据《资治通鉴》记载,汉文帝刘恒在位 23 年,宫室、苑囿、车骑、服御,无所增益;有不便,辄弛以利民。朝廷曾经准备建造一座露台,召来匠人合计后,得知要花费百金,汉文帝就对大家说:"百金,中人十家之产也。吾奉先帝宫室,常恐羞之,何以台为!"遂罢露台之制。汉文帝平时"身衣弋绨",穿的衣服是黑色粗厚的丝织物,"足履革舄",脚上穿的是生皮制的鞋子,可见其平时穿着十分简洁朴素。其所幸慎夫人亦是"衣不曳地",他们的帷帐也是"无文绣"。因为皇帝、皇后为天下人作出"敦朴"表率,致使"天下富安,四夷咸服"。汉文帝驾崩前,在丧葬上也提倡节俭,要求随葬品"皆瓦器,不得以金、银、铜、锡为饰,因其山,不起坟"。正是因为汉文帝"专务以德化民",所以出现了"海内安宁,家给人足"的盛世景象,与后世的汉景帝之治合称为"文景之治"。

魏晋时期,皇室、官府有崇尚奢华现象,但到了南朝,在南京这片土地上诞生的宋、齐、梁、陈四个政权,其开国皇帝们做得又如何呢?

(一)用土墙做屏风的"田舍公"宋武帝刘裕

刘裕祖籍彭城(今徐州),出生于晋陵郡丹徒县京口里(今镇江),是汉代楚元王刘交的后裔。刘裕身长七尺六寸,风骨奇特,虽然家贫,但有大志向,办事不拘小节。晋安帝司马德宗隆安三年(399),在参加讨伐"孙恩之乱"中,因作战勇猛而有谋略,为平息"孙恩之乱"作出贡献,深得东晋卫将军谢琰、前将军刘牢之的信任,被封为建武将军、下邳太守,从此踏上了仕途。

到了元兴二年(403)十二月,东晋又出现了桓玄"篡帝位,迁天子于寻阳",建立"桓楚"政权,改年号为"永始"一事。晋安帝被桓玄赶到位于今天湖北的寻阳郡,被桓玄封了一个"平固王"的官职。桓玄同时追尊他的父亲桓温为宣武皇帝,东晋司马氏的皇族历史被迫中断。

元兴三年(404),刘裕"收集义徒",联络驻扎在扬州一带的"北府兵"将领刘毅等共同起兵,讨伐桓玄。他们先占领京口,最后占领了石头城南京,焚烧了桓温"神主"牌位,"造晋新主,立于太庙",让晋安帝司马德宗重新当上晋朝皇帝。

义熙二年(406),刘裕官至侍中,进号车骑将军,开府仪同三司。到了晋恭帝元熙元年(419),刘裕已经晋爵为王,建立"宋国"了。

元熙二年(420)六月,晋恭帝司马德文"禅让"皇位给刘裕。刘裕改元"永初",建立"宋朝",东晋宣告结束,历史上的"南朝"就从这一年开始。

刘裕当了皇帝后,一直保持节俭朴素好习惯,平时穿着连齿木屐、普通裙帽,财帛皆在外府,内无私藏。有司曾奏请东西堂"施局脚床、金涂钉",刘裕不许,只同意使用直脚床,"钉用铁",即床脚不要有弯曲造型,也不要在钉子上涂金抹粉,用铁钉即可。

据《宋书·武帝本纪》及《南史·宋本纪》记载:"上清简寡欲,严整有法度,未尝视珠玉舆马之饰,后庭无纨绮丝竹之音。"刚建立政权时,长史殷仲文提出朝廷应备音乐,刘裕说:"日不暇给,且所不解。"意思是说,我既没时间,又不懂音乐。殷仲文又说:"屡听自然解之。"刘裕说:"政以解则好之,故不习耳。"意思是说,正因为听懂了就会喜欢上它,那样会浪费时间,消磨意志,所以不要去学习这类东西。

刘裕素有"热病",并患金创,晚年尤剧,坐卧常须冷物冷敷。后有人献石床,寝之,极以为佳,乃叹曰:"木床且费,而况石邪?"即令毁之。

云南宁州曾经献虎魄枕,光色甚丽,价盈百金。当时将北征,以虎魄治金创枪伤最灵,刘裕"大悦",忙命部下将虎魄枕捣碎成粉,分赐诸将,让他们拿到战场上用。

广州地区曾经向朝廷贡献一种"筒细布",一端八丈。刘裕"恶其精丽劳人",即付有司,弹劾那里的太守,并且把那段布退还给当地,并下旨岭南地区"禁作此布"。

刘裕性情喜欢简易,经常穿"连齿木屐"到神武门内"逍遥"溜达,左右随从也只有 10 来人。有一次,刘裕突然想见见开国功臣徐羡之,而徐羡之此时还住在西州城(古扬州城别称,今南京朝天宫附近),刘裕没多考虑,便步出了西掖门。等到"羽仪"保安人员络绎追赶到位时,他已经出了西明门了。

刘裕除了自己带头节俭,还要求儿女们也如此,不搞特殊化,"诸子旦问起居,入阁脱公服,止着裙帽,如家人之礼"。他还给儿女们规定:凡是外出,所花费用不得超过 20 万,不得穿锦绣金玉之衣。皇室带头做节俭的表率,当时出现了"内外奉禁,莫不节俭"的好现象。

刘裕微贱时,曾躬耕于丹徒,等到受命为宋王直至当上皇帝时,"耨耜之具颇有存者,皆命藏之,以留于后"。在他的故居旧宫中,收藏了早年曾使用过的农具和补缀多层的破棉袄。刘裕去世后,有一次,宋文帝刘义隆来到父皇的旧宫,见到农具和棉袄后询问身边的人,左右以实相对。谁知宋文帝面露惭愧之色,好像丢脸似的。有一位近侍上前进言道:"大舜躬耕历山,伯禹亲事土木。陛下不睹列圣之遗物,何以知稼穑之艰难,何以知先帝之至德乎?"宋文帝听大臣这么一说,立马对父皇肃然起敬。

到了孙子辈的孝武帝刘骏时,他于大明年间(457—464)干了一件事:要毁坏祖父刘裕所居的"阴室"(生前卧室),在这块地皮上兴建"玉烛殿"。这天,他与群臣一道来考察,准备拆除。只见刘裕当年睡觉的床头前,有一道"土障",类似于屏风;墙壁上挂的是葛布做的灯笼、麻丝制作的"绳拂",即拂尘。随同侍中袁顗盛赞老皇帝刘裕有"俭素之德"。刘骏却不回答,只是自言自语地说:"田舍公得此,以为过矣。"讥诮祖父是个"乡巴佬",意思是说:老农夫有这些东西,已经够富裕的了。

刘裕正是因为崇尚节俭、不爱珍玩、艰苦朴素,所以能够"光有天下,克成大业",兴盛发达。

刘裕崇尚节俭的家风在子女身上开始还是得到了很好传承的。《南史·宋本纪》记载,宋文帝刘义隆元嘉二十一年(444)春正月己亥,下令南徐州、南兖州、南豫州、扬州之浙江西，"并禁酒"。刘义隆"性存俭约，不好奢侈"，车府令曾经以皇辇顶篷太旧，请求改易，又因皇辇的座席是用旧的乌黑皮做的，请求用紫皮来代替，刘义隆"以竹篷未至于坏，紫色贵，并不听改"，传承了父辈艰苦朴素的作风。

那位曾讥讽刘裕是"田舍公"的孙子、宋孝武帝刘骏，也曾于元嘉三十年秋七月即位后，下诏要求"崇俭约，禁淫侈"。

但是，到了刘骏大明年间（457—464）至刘彧泰始年间（465—471），刘裕的子孙们开始了竞相奢侈的生活。尤其是"废帝"刘子业和宋明帝刘彧，以及"苍梧王"刘昱时期，因朝廷执政无道，造成社会动荡，四方反叛，最后出现 274 个郡中，拥护朝廷的只有丹杨一郡，会稽太守、寻阳王刘子房及东边几个郡都起兵造反了。

到了刘昱元徽二年（474）五月，桂阳王刘休范反叛朝廷。幸得右卫将军萧道成带兵平叛，取得胜利，萧道成被晋爵为"公"，升任中领军将军，掌握禁卫军，督五州军事。此时的刘宋政权，实际上已经形成萧道成独掌朝政的局面。

到了昇明二年（478），萧道成"辅政"；昇明三年夏四月，萧道成接受"宋帝禅位"，在"齐国""齐王"基础上建立起了"萧齐"政权。南朝宋政权自永初元年（420）始，至昇明三年（479）终结，历时 60 年。

（二）立志要让"黄金与土同价"的齐高帝萧道成

由于南朝刘宋时刘昱残暴成性，以杀人取乐，不断迫害有功大臣，朝廷百官人人自危，朝不保夕，刘昱对萧道成更是"深相猜忌"。

元徽五年（477）六月，刘昱带领数十人突击萧道成居所。当时天气炎热，萧道成在家赤膊卧睡，刘昱看他肚脐大，就硬把萧道成唤醒，然后把萧道成的肚脐当箭靶，拉弓就要射。萧道成吓得汗流浃背，抓起上朝用的手板护住肚脐，连声求饶。萧道成的左右侍卫急中生智，跪在刘昱面前奏请，希望皇上改用圆骨箭来射，一来不致受伤，二来日后还可再射。刘昱觉得有道理，便换了箭头，接弓射去，一箭正中萧道成的肚脐，乐得哈哈大笑，扬长而去。而萧道成早已是吓得魂丢了一大半。

刘昱的莽撞做法遭到了生母陈太妃的痛骂,她说:"萧道成有功于国,今若害之,后谁复为汝着力者?"

刘昱虽然停止了谋害萧道成的行为,但萧道成经过这次惊吓及后来刘昱继续想加害于他的做法,十分伤心无奈,知道再也不能辅佐这样的昏君了,于是就采取措施,让人收买了皇帝侍从杨玉夫等25人,伺机废掉刘昱。

当时的刘昱是"杀害无常,人怀危惧"。这一年的七月七日,刘昱微服外出,晚上喝得酩酊大醉才回仁寿殿就寝。睡前命令侍从杨玉夫说:今天是七月七,你看见织女渡河时就来向我报告,看不见就把你杀掉。杨玉夫知道大祸将临,于是决定先下手将其杀死。待皇帝睡熟后,杨玉夫用"千牛刀"一刀将刘昱的头砍下,结束了这位只有14岁的暴君的性命。

当晚,刘昱的头颅被王敬则送给了萧道成,萧道成在确认后,快速骑赤马入宫,拥戴安成王刘准为帝,史称宋顺帝,改元"昇明"。

萧道成进位侍中、司空、录尚书事、骠骑大将军,持节、都督、刺史如故,总掌军政大权,直至取代刘宋王朝,建立"萧齐"政权。

据《南齐书·高帝本纪》记载,萧道成是汉代相国萧何的二十四世孙,出生在南兰陵(今常州境内)。公元478年,萧道成以太尉、都督南徐州等十六州诸军事的身份"辅政",实际掌控朝政。在辅政时,他就对刘宋政权末期存在的奢侈之风进行革除,"罢御府,省二尚方诸饰玩",并下达了"禁民间华伪杂物"17条。具体内容是:不得以金银为箔,马乘具不得金银度,不得织成绣裙,道路不得着锦履,不得用红色为幡盖衣服,不得剪彩帛为杂花,不得以绫作杂服饰,不得作鹿行锦及局脚柽柏床、牙箱笼杂物、彩帛作屏障、锦缘荐席,不得私作器仗,不得以七宝饰乐器又诸杂漆物,不得以金银为花兽,不得辄铸金铜为像。

历史从公元479年进入南朝的第二个王朝"齐朝",萧道成于这一年的四月,怀揣"天下惟公,命不于常"的法则,完成了政权由刘姓变为萧姓的所有交接仪式,改元"建元"。萧道成封宋顺帝刘准为汝阴王,同意他继续"行宋正朔,车旗服色,一如故事,上书不为表,答表不称诏",

并特意为这位前朝末帝在丹阳县建宫。

萧道成登基后，采取的第一项节约爱民廉政措施就是"断四方上庆礼"，即不允许各地到京城向皇上送庆贺礼。针对"庐井毁制，农桑易业，盐铁妨民"等社会弊端，提出"革末返本"政治主张，"使公不专利，氓无失业"，还利于庶民百姓。同时对自己的子女提出不得搞特殊化、不得增加老百姓负担的明确要求："二宫诸王，悉不得营立屯邸，封略山湖。"

萧道成虽然当了皇帝，但"身不御精细之物"，并且教育中书舍人桓景真：帝王衣服中装饰玉器来发出声响，这是从前朝的孝武帝刘骏大明末年出现的奢侈现象，到了明帝刘彧泰始年间，更加华丽竞奢。将玉佩件置于帝王服饰中，是助长浪费的根源，以后朕的服饰中再有玉饰品，"可即时打碎"。他要求，如果后宫器物栏杆以铜为装饰的，"皆改用铁"；如果内殿施黄纱帐，宫人着紫皮履鞋，一律不准；如果华盖上安装了"金花爪"，一律改用"铁回钉"即铁做的回形钉。

萧道成经常对身边的人说："使我治天下十年，当使黄金与土同价。"他要以身作则，给天下人做表率，勤俭节约，移变风俗。

建元四年（482）二月，萧道成龙体"不豫"。三月，在弥留之际，他将司徒褚渊、左仆射王俭召来，交待他们"奉太子如事吾，柔远能迩，缉和内外"，同时希望他们能让太子"委任贤才，崇尚节俭，弘宣简惠"。萧道成前后只当了4年皇帝，驾崩时年仅56岁。

接替萧道成皇位的是太子萧赜，是为齐武帝，改年号为"永明"。萧赜牢记父皇教导，崇尚节俭，除了在处理日常事务方面外，在丧葬问题上更是充分发扬了萧道成勤俭节约的精神。萧赜料理父皇萧道成后事时，在丧礼上就开始"简约"，他要求内官三天来吊唁一次，外地官员利用闲日，当天来回一次就可以了，并要求以后有大丧都这样做。

萧赜在临终前也下诏，要求对自己的丧事从简。据《南史·齐本纪》载，永明十一年（493）秋七月，"上不豫，徙御延昌殿，乘舆始登阶，而殿屋鸣咤，上恶之"。诏曰："我识灭后，身上着夏衣画天衣，纯乌犀导，绁诸器服，悉不得用宝物及织成等，唯装复夹衣各一通，常所服刀长短二口铁环者,随入梓宫。"他提出:"祭敬之典,本在因心,东邻杀牛不如西家礿祭。我灵上慎勿以牲为祭。祭唯设饼、茶饮、干饭、酒脯而已。天下贵贱,咸同此制。""丧礼每存省约,不须烦民,百官停六时入临,朔望祖日可依旧。诸主六宫,并不须从山陵。"临崩前又下诏:"凡诸游费,宜从休息。自今远近荐献,务存节俭,不得出界营求,相高奢丽。金粟缯纩,弊民已多,珠玉玩好,伤工尤重,严加禁绝。"

这些记载,昭示了萧赜继承父志、崇尚节俭、以身作则、丧事从简的优良品德,至今读来,仍有一股淡然、坦然、荡然、豁然之气。

但是,齐朝开国皇帝开创的勤俭尚简传统还是没能坚持到底。到了第六代"东昏侯"萧宝卷时,其枉杀大臣、奢靡享乐之风泛滥成灾,可谓重蹈前朝覆辙。正是"东昏侯"萧宝卷的出现,使齐朝政权过早结束,只存在了 23 年。齐朝政权被另一位萧姓人氏萧衍建立的"梁朝"政权所取代。

(三)"一冠三载,一被二年"的梁武帝萧衍

萧衍与萧赜都是萧何的后裔,也是南兰陵人,其父亲是齐高帝萧道成的族弟,论辈分,萧衍比萧道成晚一辈。

还是在齐朝明帝萧鸾时代,萧衍即因军功而官至辅国将军、雍州刺史。齐明帝去世后,16 岁的"东昏侯"萧宝卷接班。他生活奢靡,枉杀军功大臣,其中被枉杀的大臣中就有萧衍的兄长萧懿,这激起了萧衍的愤怒。

萧衍召集部下商议,决定废掉萧宝卷,众人非常赞同,于是大力招兵买马,准备和萧宝卷决战。他很快招募到了甲士万余人,马千余匹,战船三千艘。为了增加号召力,萧衍联合了只有 12 岁的南康王萧宝融一起举兵,同时奉萧宝融为皇帝,让他在江陵即位,是为"齐和帝"。这样一来,萧衍就师出有名,与被他拥戴的齐和帝共同开展与萧宝卷的皇位之争。

萧衍领兵到达建康城下,同守军激战,攻下了外城,将齐朝宫城团团围住。在国难之际,齐朝内部仍有奸臣进谗言,说事到如此,完全是文武大臣的过错,怂恿萧宝卷继续大开杀戒。这种做法无异火上浇油,致使

君臣矛盾更加尖锐,尤其使征虏将军、北徐州刺史王珍国异常愤恨,他暗中派心腹给萧衍送去一个明镜,以表明心迹。永元三年(501)十二月一天的深夜,19岁的萧宝卷被征虏将军王珍国、侍中兼卫尉张稷率兵入殿斩首,其头颅被献给了萧衍。萧衍在攻占都城建康后,一面派兵"封府库及图籍",一面派兵四处征讨,各地官员纷纷投降归顺。

萧衍拥戴萧宝融为帝,消灭了东昏侯萧宝卷,立下了赫赫战功,他也因此升任中书监,都督扬、南徐二州诸军事,大司马,录尚书,骠骑大将军,扬州刺史,封建安郡公,食邑万户,掌管军国大事;还享有剑履上殿、入朝不趋、赞拜不名的特殊权力。

据《梁书·武帝本纪》记载,在宣德皇后临时主政下,萧衍于中兴二年(502)二月辛酉"始受相国梁公之命"。此时,作为相国的萧衍,当天做的第一件大事就是"焚东昏淫奢异服六十二种于都街",将东昏侯萧宝卷当年"淫奢异服"在国都大街上当众烧毁。萧衍此时虽然还不是皇帝,但作为相国,已向国人表露了他推行新政、崇尚节俭的治国理念。

同年夏四月,萧衍在819名齐朝官员和117名梁公萧衍自己的台侍中臣共同"劝进"下,仍不愿意接受皇帝位置,最后还是太史令蒋道秀拿出"天文符谶"64条来说明天象也是如此,在天人同愿的情况下,加之"群臣重表固请",萧衍才同意接过齐朝皇帝位子,自己来当皇帝,建立了"梁朝"政权。

今日试想,只有十几岁的萧宝融,怎么能够敌得过年近四十的梁王萧衍,只有"被迫"禅让一条路。好在这个政权的主角还姓"萧"。

萧衍在当皇帝的当天,颁布了一系列诏书,其中就有"凡后宫乐府,西解暴室,诸如此例,一皆放遣",即解散皇宫的娱乐人员,关闭娱乐场所。同时下诏:"断远近上庆礼。"不准各地至京城向皇帝送贺礼,其做法与当年萧道成一样。天监十四年(515),举行皇太子加冠礼时,也是"停远近上庆礼",充分体现了萧衍不贪、不腐、不敛财的为政品德。

萧衍崇尚节俭,自己带头,有时到了常人难以企及的地步。据《梁书·武帝本纪》记载,萧衍"日止一食,膳无鲜腴,惟豆羹粝食而已。庶事繁拥,日倦移中,便嗽口以过。身衣布衣,木棉皂帐,一冠三载,一被二年。常克俭于身,凡皆此类","不饮酒,不听音乐,非宗庙祭祀、大会飨宴及诸法事,未尝作乐"。《南史·梁本纪》亦有同样记载。他不讲究吃穿,衣服可以是洗过好几次的,一顶帽子要戴三年,一床被子要盖两年;吃饭也是蔬菜和豆类,而且每天只吃一顿饭,太忙的时候,就喝点粥充饥。历观古昔帝王人君,萧衍恭俭朴素如此,并且达到如此程度,十分罕见。

萧衍生前不事铺张,节约清贫,每天坚持只吃一顿饭,但就是这位如此省吃俭用的皇帝,最后还是给饿死了。太清三年(549)五月,"侯景之乱"爆发,萧梁王朝遭到了灭顶之灾。战乱期间,萧衍被关在台城皇宫净居殿无人问津,最后被活活饿死了,终年86岁。

萧衍在位达48年,在古代帝王中也十分罕见。在他去世7年后的公元557年,萧梁王朝在平叛"侯景之乱"过程中已经元气丧尽,紧接着就是从战争中走出的军阀们内战不断,各立山头,最终使这个王朝走到了尽头,被陈霸先所建立的"陈朝"取代。萧梁王朝,连头带尾,只存在了56年。

(四)坚持用"瓦器蚌盘"吃饭的陈武帝陈霸先

陈霸先是吴兴(今浙江长兴)人,出生于梁天监二年(503)。他年少时就风流倜傥而有大志向,不治生产,长大后喜欢读兵书,习文练武。他身高七尺五寸,日角龙颜,垂手过膝,有过人之处,加之办事聪明果断,为当时人所推崇。

据《陈书·高祖本纪》记载,梁朝大同初年,新喻侯萧暎做吴兴太守时,就与陈霸先相识了。萧暎很赏识陈霸先,认为陈霸先"方将远大"。后来萧暎到广州当刺史,将陈霸先也带去,让他任广州府的中直兵参军。因讨伐南方不宾从郡县有功,陈霸先很快就出任西江督护、高要郡太守。

这一年,南方交州、广州一带土人造反,进寇广州,形势危急。陈霸先奉命率精兵三千,卷甲兼行以救之,屡战屡捷,最终平定了暴乱。梁武帝萧衍对陈霸先深叹赞异,授直阁将军,封新安子,邑三百户。萧衍很想知道陈霸先长得什么模样,就派遣画工,专门去画一张陈霸先的画像给他看。陈霸先的名字和形象已经被当时皇帝记住了,其前途不可估量。

梁武帝太清二年(548)冬天,朔州(今山西朔州市)出生的羯族人、南豫州刺史侯景,利用梁朝社会矛盾,趁机侵犯京师建康,梁武帝萧衍被困台城。身处南方边陲地带的陈霸先见"京都覆没,主上蒙尘",抱着"君辱臣死,谁敢爱命"的决心,克服一切阻碍,积极组织召集"义军"要去救皇上。一直到大宝元年(550)正月,才组建成队伍,从广东的始兴县出发,开始北上。而此时,萧衍已经饿死在台城,简文帝萧纲在侯景的胁迫下继承了皇位。

正是通过平定"侯景之乱",陈霸先渐渐控制了梁朝政权。到了梁敬帝萧方智太平二年(557)冬,已经晋爵为"陈王"、有了20个郡的封国"陈国"的陈霸先,废除了梁敬帝,自立为帝,是为陈武帝。陈霸先改元"永定",建立陈朝,史称"南朝陈"。

永定三年(559)六月十二日,陈霸先一病不起,于六月二十一日驾崩,年仅56岁。遗诏临川王陈蒨入纂大统。

《陈书·高祖本纪》称赞陈霸先:"俭素自率,常膳不过数品,私飨曲宴,皆瓦器蚌盘,肴核庶羞,裁令充足而已,不为虚费。……其充闺房者,衣不重彩,饰无金翠,哥钟女乐,不列于前。及乎践祚,弥厉恭俭。故隆功茂德,光有天下焉。"《南史·陈本纪》亦有类似说法,称其"雅尚俭素",正因如此,故能"隆功茂德,光于江左"。可见陈朝的开国君主陈霸先也是个勤俭节约、不尚奢华、艰苦朴素的政治人物。

陈朝的第四位皇帝陈宣帝陈顼生前是否勤俭节约,史书记载不详,但他对自己后事的处理,也体现了节俭办丧事的思想。据《南史·陈本纪》记载,陈宣帝于太建十四年(582)驾崩,遗诏:"凡厥终制,事从省约,金银之饰,不以入圹,明器皆用瓦。"要求"在位百司,三日一临;四方州镇,五等诸侯,各守所职,并停奔赴"。作为皇帝,他要求自己的丧事要节简,不要兴师动众、有劳基层,随葬品皆用瓦器。这种移风易俗的尚俭做法,有祖辈陈霸先的遗风。

但是,作为陈宣帝的儿子陈叔宝陈后主,他却并没有继承祖、父辈崇尚节俭的好传统,在荒淫奢华中生活,最后竟成了隋王朝的阶下囚。公元 589 年,陈朝被隋灭亡,前后享国仅 33 年。

从刘裕建立南朝宋开始,到陈叔宝的陈朝政权被隋灭亡,整个南朝从公元 420 年开始,到公元 589 年结束,连头带尾仅存在 170 年。我们通过崇尚节俭这个视角,对南朝帝王进行审视,发现开国君主都具备崇尚节俭、艰苦奋斗的优良品质,但在每一个朝代的后来帝王中,能继承发扬这种优良品质就显得十分难得了。在南朝四个朝代前后承接、不断变换"大王旗"的过程中,只有梁朝到陈朝是否因奢靡而导致江山易帜不是太明显,其他都存在因为丢掉了崇尚节俭的优良品质,最后给王朝带来终结的灾难。

《诗》云:"靡不有初,鲜克有终。"170 年的南朝历史也没有逃出这个"怪圈",历史的警钟必须长鸣!我们通过南朝开国皇帝艰苦创业、崇尚节俭的视角,可以加深对南朝历史演变过程的了解,产生不一样的感悟。

第六节　六朝时空下的两个僭伪政权

六朝时期,尤其是东晋至南朝期间,除了大家熟知的政权更迭现象存在,也曾出现过两个短暂的僭伪政权。对这两个政权进行了解,将有助于我们深入认识六朝历史,有助于我们知晓更多六朝历史的风云变幻。

(一)桓玄"桓楚"政权

支撑司马氏东晋政权"衣冠南渡"者中,有以王导、王敦兄弟为代表的王氏家族,有以谢安、谢玄为代表的谢氏家族,人称"王谢",另外就是以桓温、桓玄为代表的桓氏家族了。南渡后的司马氏皇家政权较弱,权臣过于强势,导致东晋王朝早期出现"王敦之乱",中晚期出现"桓玄之乱",使这个政权从内部一次次严重受伤。"王敦之乱"后来虽被平息,但"桓玄之乱"却导致了取代司马氏东晋政权的"桓楚"政权问世。

向上推三代,桓玄的祖父桓彝是汉朝经学大师桓荣的九世孙,在西晋惠帝时期,就官拜州主簿、骑都尉;到了东晋时,历任安东将军、丞相府中兵参军、中书侍郎、尚书吏部郎、散骑常侍,因平息"王敦之乱"有功,被封万宁县男,进入封建王朝"公侯伯子男"五爵行列。桓玄的父亲桓温是桓彝长子,也是东晋明帝司马绍的女婿,东晋重要权臣,曾被授予安西将军、护南蛮校尉、荆州都督,手握长江中上游的军事大权。桓温曾奢求朝廷加九锡,有取代司马氏政权的野心,但因身体欠佳,被王导等人采取故意拖延计策,使其生前未能如愿,但其葬礼规格却如同西汉大司马霍光一般风光。

桓玄虽是庶出,却是桓温最喜欢的小儿子。据《晋书·桓玄列传》记载,桓玄母亲怀他,是奇异现象所致:桓玄母亲马氏曾与同辈赏月,突然发现一颗流星坠落到旁边的铜盆水中,如二寸大小的火珠,冏然明净,马氏就用瓢舀出火珠吞下,身体一下子便有了妊娠反应。等到临盆生产时,又出现"有光照室"的奇异现象。桓温对这个出生神奇的小儿子很是爱怜,临终时,命以为嗣,袭爵南郡公。

桓玄在政治背景如此雄厚的世家大族中长大,在司马氏皇族暗弱少能的情况下,对司马氏政权造成威胁是可能的。但桓玄曾为自己长期不长进、不能像父亲桓温那样功业显著而感到憋屈纳闷,恨自己不争气。东晋孝武帝太元末年,桓玄被派往义兴(今宜兴)任太守,郁郁不得志。这天,他登高眺望震泽,慨叹道:"父为九州伯,儿为五湖长!"一气之下,"弃官归国",到自己的封国荆楚大地去发展了。

又因为出生"元勋之门",桓玄常被世人诽谤为纨绔子弟。他曾大胆向皇帝上疏,希望能够得到皇上"恺悌覆盖之恩",即得到朝廷重用,但没有被理睬。桓玄只好沉下心来,以荆州为基地,凭借自己豪纵的性格,又多才多艺"善属文"的才能,加之有一副"形貌瑰奇,风神疏朗"的帅气形象,竟使他在荆楚士庶中威望日升,甚至超过了州牧。

晋安帝隆安初年,朝廷下诏,任命桓玄"督交、广二州,建威将军,平越中郎将,广州刺史,假节"。桓玄依然任性,嫌交、广蛮荒偏远,工作生活条件差,虽受命而不行,对朝廷命令软抵抗。也正是在这一年,桓玄参加了讨伐江州刺史王愉的行动,从荆州刺史殷仲堪手中获得了五千人的指挥权,并活捉了王愉,从此名声大噪。战斗结束回到寻阳后,桓玄与殷仲堪等人"共相结约",桓玄被推为"盟主",从此开始了人生事业快速发展期。

隆安中期,桓玄被朝廷任命都督荆州四郡,他的哥哥桓伟被任命为辅国将军、南蛮校尉。由于当时社会动荡,平民起义造反事件不断发生,尤其是"孙恩之乱",直接威胁到京城建康的安全。桓玄趁势"建牙聚众",打着"勤王"旗号,行壮大自己势力之事。

地方州牧因势力分配不均,又出现严重火拼现象。桓玄与荆、雍二州刺史殷仲堪、杨佺期反目成仇,最后将其消灭,迫使皇帝下诏,任命桓玄都督荆、司、雍、秦、梁、益、宁、江八州,为后将军、荆州刺史、江州刺史,并且"假节",可以代表皇上在地方发号施令。另外,夏口、襄阳、溢口等军事重镇都由桓玄的哥哥或属下掌控。桓玄觉得自己的势力已经拥有了国家的"三分有二"地盘,可以向着更高目标挺进了。

眼看桓玄势力做大做强,另一股势力打着保护皇权的旗帜出来制衡了,这就是发生在元兴初年(402),以后将军司马元显为首的"称诏伐玄"军事行动。谁知消息被事先泄漏,桓玄终于有了借口,要先发制人,开始军事反制。

桓玄的根据地在荆州江陵一带,他的军队沿长江而下,很快进入京师建康地盘,他派人向朝廷送去声讨司马元显的檄文。当军队打到"新亭"这个地方时,司马元显的军队早已吓得四处溃散奔逃。桓玄趁势率军进驻京师,控制了东晋王朝的政治、经济、军事核心建康城。桓玄离皇帝金銮殿只有一步之遥。

桓玄开始仗势矫诏,以天子名义发号施令,称自己的军事行动是"义旗云集",如果说有什么不对,罪过全在司马元显身上。司马元显最后被杀,朝野也没有觉得桓玄有什么不妥。这样,桓玄就继续矫诏,给自己加官晋爵:总百揆,侍中、都督中外诸军事、丞相、录尚书事、扬州牧,领徐州刺史,又加假黄钺、羽葆鼓吹、班剑20人,置左右长史、司马、从事中郎4人,甲仗200人上殿,直接入居太傅府。

在桓玄主持下,大赦天下,改元"大亨"。历史上的公元 402 年,东晋王朝就有"元兴""大亨"两个年号,"乱世"现象由此可见。

桓玄虽不愿意当丞相,但却给自己不断封官加爵:太尉、平西将军,领豫州刺史;加衮冕之服,佩戴苍绿色、只有丞相以上官吏才可享用的印绶"绿綟绶";增班剑为 60 人,剑履上殿,入朝不趋,赞奏不名。桓玄成了实实在在的一人之下、万人之上的人物。

桓玄在建康城中为自己"大筑城府,台馆山池,莫不壮丽"。又矫诏要求天下人避他父亲桓温的讳,"有姓名同者,一皆改之"。加大对家族成员封赐力度,以哥哥桓伟出任荆州刺史,桓修为徐、兖二州刺史,桓石生为江州刺史,桓谦为尚书左仆射。桓氏宗族成员占据了朝野要职。

桓玄后来出镇姑孰(今安徽马鞍山当涂),遥控朝廷,国家"大政"都要咨询他,"小事"由他的心腹桓谦、卞范之处理。

由于国家"祸难屡构,干戈不戢",百姓恐慌,鸡犬不灵,"思归一统"成了社会主流。桓玄开始还能够做一些得民心、有利于国家稳定发展的事,如对官吏中的庸碌之辈、谗佞小人进行清除,擢拔俊贤之士,一时间,"君子之道"基本具备,百姓有望,"京师欣然"。尽管如此,桓玄"陵侮朝廷",对一些与自己意见不合的宰辅人物直接摒弃不用,甚至予以幽禁;生活腐化堕落,豪奢纵欲;又好为大言,政策经常是朝令夕改。于是朝野失望,人不安业。三吴大地因饥荒而饿殍遍野,户口减半,会稽地区人口是十成减至三四成,临海、永嘉地区人口殆尽,富裕人家"皆衣罗纨,怀金玉,闭门相守饿死"。

纵然如此,桓玄并没有放慢登上皇帝大宝的脚步,"不臣之迹"十分明显。在兄长桓伟病逝后,他再次加大对桓石康、桓谦、桓修、桓胤"桓家军"以及殷仲文、卞范之、王谧等心腹的封赏力度。元兴二年(403)九月,矫诏加封自己为相国,"总百揆",即总理国家一切事务,并将南郡、南平、宜都、天门、零陵、营阳、桂阳、衡阳、义阳、建平"十郡"封为"楚国"。他先矫诏,让自己已经去世的父亲桓温当上"楚王",这样就使自己自然成为楚王了。同时规定,在他新设的楚国,可以设置丞相以下官职,当时就设了楚国官员队伍 60 余人,为建立自己的政权做铺垫。除了"楚国"属于他的地盘,原来的扬州牧、领平西将军、豫州刺史依然如故,还加"九锡"礼仪规格。

为抬高名望身价,加大正面形象宣传力度,桓玄经常自导自演,故作谦逊忸怩。他一方面讽喻皇上司马德宗,要求皇上在御前殿为他策授加封,但他又要"伪让"假辞一番,然后再由皇上诏示"百僚"们去"劝进";明明想留在京城建康不走,却又要假装"上表"皇上,说自己想"归藩"到封地去履职,接着又自己作诏来挽留自己,并且还煞有介事地派人来"宣旨",接着再"上表固请",表示自己要回地方履职的决心,同时又讽喻皇上,要皇上"手诏固留"他。桓玄"好逞伪辞",玩弄皇帝于掌股之间,玩弄权术于光天化日之下,已经到了荒诞不经、猖狂至极的程度。

桓玄觉得这还不够,还要在"天意""民心"上做文章。元兴二年(403)冬十月,他让人制造"灵瑞""祯祥"假象,声称在江州有"甘露"降临。又诈言:钱塘江的"临平湖"(又曰"钱塘湖")因长期淤塞而突然开通了,湖水满满的了。当时民间有"临平湖塞,天下大乱;临平湖开,天下太平"的说法。桓玄宣称这是他要当天子的天意出现了,这些都是他的受天命之瑞符。

桓玄又认为,历代都有"肥遁之士"即隐士出现,而他掌控的时代还没有,于是就暗中征召东汉文史大家皇甫谧的六世孙皇甫希之,通过自编自导,让他隐居山林之中,拒绝接受官家给的著作郎官位与所有资用,然后再由桓玄下诏旌礼,予以其"高士"名号。他的这种做法,被世人讥讽为"充隐"。

到了元兴二年的十一月,桓玄直接将自己头上戴的冠冕变成了"十二旒",成了地地道道的皇冠。又建天子旌旗,行天子礼仪乐舞,享受最高的"八佾"规格。又将自己的妃子升格为王后,将世子升格为太子。但他害怕皇上司马德宗不肯交出国玺,不肯下禅让诏书,就事先让卞范之写好,威迫临川王司马宝去完成让皇帝照抄、交出国玺的任务。

当看到国玺、看到司马德宗同意将皇位"禅让"给他的"楚国"后，桓玄喜不自胜。在百官劝进后，桓玄迫不及待地在姑孰城南七里的九井山筑坛祭祀，由百僚陪列，以玄牡祭告天地，正式宣告登基当皇帝，大赦天下，改元"永始"，桓姓"楚"政权诞生了。

被迫交出皇权的司马德宗被赶出皇宫，先是被安排在永安宫居住，后又被迫迁徙到寻阳，彻底被赶出京城建康。司马氏皇家神主牌位被从国家太庙移出，迁到"琅邪庙"，太庙要让位给桓氏家族使用了。

桓玄从姑孰回到京城建康，登上金銮殿，召集文武百官上朝。但当天出现了两个奇异现象：一是逆风迅急，把皇宫前面的旗旗仪饰等都给刮倒了；二是当桓玄登上御座时，御床忽然下陷，吓得群臣面无血色。幸亏大臣殷仲文急中生智，化解为是"圣德深厚，地不能载"，现场氛围才得到缓和。

永始二年即元兴三年（404），当上皇帝的桓玄"心常不自安"。但既然是皇帝了，就得享受皇帝待遇，于是追尊其父桓温为宣武皇帝，其庙称"太庙"，其墓称"永崇陵"，特批 40 人专门守护桓温陵墓。对家族成员及其亲信大肆加官晋爵封赏，造金根车，游猎无度，经常以夜继昼。

正在桓玄得意忘形之际，一股打倒桓玄、兴复晋室的势力正在暗流汹涌，一触即发。驻守京口（今镇江）和广陵（今扬州）的刘裕（后来成为南朝宋开国皇帝）、刘毅等开始了率领义军斩杀桓氏及其同党、推翻桓氏伪政权、匡复司马氏政权的军事行动。镇守京口、广陵两地的桓修和桓弘首先被义军斩杀。

当刘裕义军到达京城蒋山（今紫金山）附近时，本来就心神不宁的桓玄竟然惊恐万状，在派桓谦等率军抵抗刘裕失败后，不听左右劝阻，决意离开京城建康，向西南方向仓惶逃窜。

几乎一天没有吃饭了，随从找来粗饭给桓玄吃，桓玄"咽不能下"。吃惯了山珍海味的嗓子眼已经变得细嫩了，从金銮殿御座跌落下来，落荒而逃，心理落差太大，食不下咽是可以想见的。桓玄的儿子、太子桓昇虽年龄不大，但懂事孝顺，搂抱住桓玄，为父皇抚胸。见此情景，桓玄这个不可一世的"桓楚"皇帝更是悲不自胜。想想当皇帝的瘾还没过上几天,就如丧家之犬,能不心酸落泪?

桓玄一队人马一直逃到寻阳,那里是桓玄的老根据地,并且被桓玄赶走的司马德宗皇帝还软禁在那里,他要用好这张王牌。必须说明的是,桓玄虽然处于"播越"流离之中,一路流亡,但途中仍然以皇帝身份行事,皇帝的"起居注"没有人来写,桓玄就自己动手写。在臣下进表文字中,他不允许出现"匪宁"即平息土匪之类的措辞,把自己逃窜行为说成是"迁都"。其自欺欺人已经到了麻木无耻的地步。

刘裕虽然占领了京城建康,但不敢造次,让武陵王司马遵来"摄政",立行台,总百官,权力交给司马家族。他们将桓温神主牌位拿到宣阳门外焚烧,重新制造司马氏晋主牌位入太庙供奉。但是,由于国玺和司马德宗还在桓玄手中,这时国家政权的掌门人仍然是桓玄。

刘裕义军继续追剿桓玄及其军队,双方交战,死伤无算。桓玄逃到寻阳后,得到江州刺史郭昶之的拥护和兵力器械资助,又挟持晋安帝司马德宗西上至江陵。在江陵,桓玄署置百官,大练水军,不足一个月就有了两万兵力,楼船和兵器都显得很强盛。但他担心威令不行,竟增加严刑峻法,滥杀无辜,结果很快又人心离异,怨声四起。

刘裕义军逼近,江陵待不下去了,桓玄就挟持着晋安帝司马德宗乘单舸西走。到了汉中,竟听从益州刺史毛璩弟弟、屯骑校尉毛修之建议,糊里糊涂被诱以入蜀。在逃亡蜀地途中,他们被矢如雨下的追兵追杀,桓玄的两个嬖人以身体保护桓玄,身中数十箭而亡。桓玄也身中数箭,儿子桓昇帮他一支一支轻轻地拔去。

正当桓玄坐在船上感到痛苦之际,只见一个军汉跳上船来,抽刀向前,面露凶色。他是要取桓玄的身家性命来了! 这个人就是益州督护冯迁。

桓玄见冯迁来者不善,赶紧把头上戴的"玉导"拔下来想送给冯迁,还故作镇静地问道:你是什么人? 胆敢杀天子!

冯迁回答:我要杀的是天子之贼! 说时迟,那时快,手起刀落,将桓玄斩杀。桓玄时年 36 岁,他的儿子桓昇也被活捉,后被送至江陵斩杀。

桓玄自当皇帝到失败被杀,"时凡八旬",只有 80 天。"桓楚"僭伪政权寿命之短,前所未有。

桓玄刚入宫当皇帝时,总感觉心神不安,整个人好像被鬼神纠缠干扰一般。他曾对家人说:"恐已当死,故与时竞。"谁知真的是一语成谶。

当时也有异象出现:元兴中,衡阳地区曾出现一只母鸡变性成公鸡,80 天后,公鸡的鸡冠又萎缩下去了。桓玄建立的"楚"政权势力范围包含衡阳,桓玄的皇位寿命也刚好是 80 天。人们认为,母鸡变公鸡的奇异现象,正是桓玄短命政权的自然预兆。当时民间还有童谣传唱:"长干巷,巷长干,今年杀郎君,后年斩诸桓。"郎君指的是司马元显,他是会稽王司马道子的儿子,司马道子与司马元显父子都被桓玄杀害了,而现在,当上皇帝的桓玄又被义军杀害了。凶兆符会应验了。

桓玄被斩杀,桓玄之"桓楚"僭伪政权宣告结束,但伪尚书令、吏部尚书桓谦等人仍然聚众为桓玄举行丧礼,给他上伪谥号"武悼皇帝"。

桓玄的头颅被传到建康城后,悬挂在大桁(即朱雀桥)上示众,百姓观者莫不欣幸。

义熙元年(405)正月,被桓玄赶下台的晋安帝司马德宗重返皇位,大赦天下,大肆杀戮逆党,桓氏一门,遭殃尤烈。晋安帝开始仅特赦了桓氏家族的桓胤一人,后桓胤又因图谋造反,被刘裕义军斩杀,家属并被株连。桓谦逃亡到后秦,没站稳脚跟就又逃跑到蜀地,最后亦因图谋造反,被荆州刺史刘道规斩杀。至此,"桓氏遂灭"。桓玄 80 天的皇帝梦,最后换来的是满门罹难的灭绝之灾。

经过"桓玄之乱"折腾后的司马氏东晋政权,也到了日薄西山的地步。那位打败桓玄的义军首领刘裕,最后成了埋葬东晋王朝的真正掘墓人。公元 420 年,刘裕取代了司马氏王朝,建立了新政权"宋",历史开启了与北朝对峙的"南朝"时期。

(二)侯景"侯汉"政权

到了南朝梁时,发生了"侯景之乱",在建康南京这片土地上,又一个僭伪政权出现了,这就是侯景的"汉"政权,我们姑且称之为"侯汉"政权。

根据《梁书·侯景列传》及《南史·贼臣列传》记载,侯景是南北朝时期的北朝人,北朝由北魏、东魏、西魏、北齐、北周五个政权组成,侯景为北魏怀朔镇人。

北魏末年,北方大乱。在魏明帝元诩被胡太后毒杀、胡氏临朝时,天柱将军尔朱荣起兵讨伐。在这一重大军事行动中,侯景因战功而得到尔朱荣赏识,被委以军事。侯景从此开始拥有军队,便一发不可收拾,很快就被委任为定州刺史。侯景虽然性格残忍酷虐,驭军严整,但在战斗中所得财物会全部颁赐将士,所以将士们都愿意为他打仗卖命。

北魏后来分裂为东魏、西魏,侯景成了东魏人。在东魏时,侯景的为人早已被当时的东魏丞相、后来被追封为北齐神武皇帝的高欢看透。高欢在病危时,对儿子高澄说:"侯景狡猾多计,反覆难知,我死后,必不为汝用。"当时侯景已官至司徒,拥有十万兵力,控制了整个河南地区,为河南道大行台,其总揽军事的能力和数量,仅比高欢的"高家军"稍次一点而已。

侯景镇守河南,深知自己握有重兵权力会引起奸人诈伪之事发生,因此与高欢相约:"大王若赐以书,请异于他者。"即高欢给侯景书信时,要有特殊暗号标记,以区别于一般的信函。高欢答应了,所以每次给侯景去书信时,都有特别记号,"别加微点",没有第三人知道他们双方的暗语。当高欢病情严重时,高欢的儿子、世子高澄"矫书召之",侯景接信后,一下子看出了破绽,知道这是高澄的主意,想利用他进朝禀报时对其进行加害,心中更加防备三分。

侯景惧怕祸害临身,就于梁太清元年(547)二月,在高欢病逝后,派行台郎中丁和向南朝梁武帝萧衍上表求降。侯景同时答应,将东魏大半领土"河南十三州内属",作为"远归圣朝"梁朝的见面礼。

说也奇怪,梁武帝萧衍之前曾做过一个梦,梦境中出现"中原平,举朝称庆"吉象;加之中书通事舍人、中领军朱异在暗中接受了侯景派人送来的贿赂,所以就一个劲地说服梁武帝同意。梁武帝最后接受了侯景的投诚请求,并封侯景为大将军、河南王、都督河南南北诸军、大行台、使持节,还特意安排人员去接应侯景。

这时的梁武帝萧衍早已是一位痴迷佛教的大法师了,他一边当皇帝,一边当法师,开坛讲经,僧俗听众有时竟达四五万人之多,其声音洪亮,非常人所能及。太清元年三月,梁武帝又脱下皇帝服装,穿上法衣,在同泰寺"舍身"出家,睡素木床,用葛帐、土瓦器,当上了"皇帝菩萨"。朝廷只好从国库里拿出一亿万钱给寺院将他赎回,国不可一日无君啊。这种事,梁武帝在位时前后至少干了三回。由此可见,南朝梁时佞佛现象是多么严重,因为皇帝带头疯狂了。

梁朝与前来投诚的侯景后来为什么又闹翻脸,招降侯景变成了引狼入室?问题出在太清二年的六、七月间。

当时东魏丞相高澄派兵追杀叛逃的侯景,经过几场战斗,侯景的叛军被东魏军队杀得只剩"马步八百人"。侯景死里逃生,进入寿阳(今安徽寿县)苟延残喘,重整旗鼓,同时派人向大梁皇帝禀报自己败绩,要求贬削官职。梁武帝萧衍大仁大义,"优诏不许",还增授侯景南豫州刺史一职。

也就在这个节骨眼上,东魏派使者来向梁朝"更申和睦",要求重新和亲修好,以强化双边友好关系。梁武帝萧衍竟然也听信了朱异等人的话,加之他又有信佛"息兵"的想法,就又接受了高澄的外交示好,派建康令谢挺、通直郎徐陵北上,与东魏结和通好。侯景对此十分不满,致书朱异,辞意恳切,希望大梁不要与东魏结盟。但朱异不予理睬,只说是皇帝萧衍的敕旨。朱异自己捞好处,却把皇帝给出卖了。

侯景不信梁武帝萧衍会办这样的糊涂事,就又伪造一份东魏书信,谎称用被东魏俘虏的贞阳侯萧明来换侯景。由此可见,侯景这个人是何等狡诈,同时也可称得上是足智多谋,他再次玩弄起了书信把戏。梁武帝又听信朱异等人的建议,同意了侯景假信中提出的要求,还回信说:"贞阳侯旦至,侯景夕返。"意思是说,梁朝同意用侯景来换回萧明,如同双方交换战俘一般。

侯景终于通过书信欺骗手段,套出了梁朝君臣的险恶用心,他对左右说:"我知吴儿老公薄心肠。""吴儿"就是指吴地人,这里带有蔑视含义,"老公"当然指的是梁武帝萧衍,侯景认为梁武帝是个"薄心肠"的人。

侯景还在继续试探梁武帝,向他提出要娶当朝王、谢大户人家的女儿为妻。梁武帝回话说:不行!"王、谢门高,非偶,可于朱、张以下访之。"意思是说,王、谢门第高,你侯景不够资格娶他们的女子作配偶,但可以娶朱姓、张姓以下的女子为妻。也正是侯景的这个婚姻请求和梁武帝的回答,极大地抬升了王、谢两个世家大族的地位名望,"王谢"二姓从此并列名世,"王谢"一词流传千古。侯景见娶王谢女子为妻的请求被拒绝,愤恨地发誓说:"会将吴儿女以配奴!"他一定要娶到吴地王谢女子为妻。

太清二年的八月,侯景以"清君侧"名义,在豫州城内集合将士,登坛歃血,起兵造反,向梁朝都城建康进军发难,声称要"带甲入朝"。史载"是日,地大震",天人感应现象十分明显。

侯景并不是莽夫,他又玩起了里应外合、从堡垒中寻找对朝廷不满的人来为己用。他打听到临贺王萧正德对朝廷一直有"怨望"情绪,就与萧正德暗中结盟,由他作为内应。

老百姓听说胡人出身的侯景要带军队打过来了,争相逃入建康城中避难。梁朝的士大夫们几十年不见兵器,柔弱不堪,闻变后又是惶惶不可终日。梁武帝萧衍听说侯景要攻打京城,笑着对左右说:"是何能为,吾以折棰笞之。"他根本不把侯景放在眼里,还要用柳条鞭子来抽打侯景。梁武帝下令:只要斩杀侯景,不论是南方人还是北方人,奖赏都是封两千户俸禄和一个州刺史官位。

同年九月,侯景在寿春(今安徽寿县)招募军士,将百姓子女"悉以配将卒",弄得鸡犬不宁。侯景的军队从寿春出发,对外宣称是"游猎",神不知鬼不觉地向建康城靠近。

这边朱异安慰皇上,认为侯景没有过长江的打算,但侯景率领八千兵力、带着数百匹战马从采石矶过江了。在梁朝平北将军、都督京师诸军事、驻守丹阳的萧正德内应下,于冬十月占领了建康城水道交通要冲朱雀航,攻破了朱雀门,开始"百道攻城",向皇城、宫城发起猛攻。侯景的军队持火烧大司马门、东华门、西华门、士林馆、太府寺,萧梁王朝灭顶之灾已经到来,建康城成了侯景的屠宰场。东宫台殿及其数百橱图书古籍,也被后来成为梁简文帝的太子萧纲在抵御中于夜间烧毁。

在拿下朱雀航的时候,侯景曾派使者给梁武帝送话,要求带甲入朝,除掉君侧之恶人。梁武帝还派人到板桥去慰问了侯景。派去慰问的梁朝官员问侯景:"今者之举,何以为名?"侯景很干脆地回答:"欲为帝也!"

这一年的十一月,侯景在太极殿前设坛,刑杀白马一匹以祭祀上古战神蚩尤。接着,立萧正德为天子,改年号"正平",把梁武帝萧衍彻底搁在了一边。侯景自封为相国、天柱将军,并娶萧正德女儿为妻,又将城中富室豪家子女妻妾,全部充入军营。

在攻打东府城得手后,侯景让数千名士兵持长刀夹城门,悉数驱赶城内文武官员,强迫他们裸身而出,然后再在城门口附近将他们残忍杀死,梁朝官员有三千多人遇难。侯景纵兵杀掠,致使建康城尸体纵横,道路堵塞,惨不忍睹。

由于双方交战不断,台城内百姓许进不许出,久围之下,粮食断绝。太子萧纲亲自到御厨找吃的,"仅有一肉之膳"而已;守城军士饥饿难忍,只好"煮弩、熏鼠、捕雀食之";皇宫殿堂前原来有许多鸽群聚集,这时都被军士吃尽;大量马匹在殿、省建筑间被军人屠杀,杂以人肉相卖,食者必病。侯景又对大梁守军的水源下毒,致使梁兵普遍发生浮肿病现象。侯景的军队同样面临粮食短缺问题,不断纵兵抢掠居民。当时大米一斛达数十万钱,"人相食者十五六",加之瘟疫疾病大起,城中"死者太半"。

为了监视台城内动向,侯景在城东、城西各筑一座土山以居高临下,在城内又筑两座土山以作内应。强抓百姓与王公大臣挑土干活,唯有太子萧纲幸免。劳工们昼夜畚锸不离身,稍显迟缓,就被乱加殴捶,疲羸者甚至直接被杀死以堆成山。建康城内,凄惨号哭之声惊天动地。

十二月,大梁的材官将军宋嶷向侯景投降,并献计引玄武湖水灌台城,致使台城水起数尺,阙前御街并为洪波淹没。又将玄武湖南岸的居民房屋、寺庙全部烧尽。那时的玄武湖还没有被城墙阻隔,其南岸差不多要到今天南京珠江路附近了。

太清三年(549)二月,侯景见台城久攻不下,略施缓兵之计,派使者与大梁假谈判求和,许诺"以河南自效""割江右四州地"给大梁。梁武帝萧衍开始还对太子萧纲说,侯景这个贼是"凶逆多诈",甚至发出"和不如死"的强硬指令,但在勤王之师久久不至、侯景又让自己的左丞相王伟入城作人质的情况下,大梁竟同意与侯景停战结盟。双方在西华门外设坛,刑牲歃血,各派代表登坛。只见大梁盟誓代表、左卫将军柳津在西华门下,与走出驻军栅门的侯景"遥相对"施礼,就当双方握手言和了。这种不能同台盟誓的场面,想来十分滑稽可笑。

侯景趁机把东城的大米运到石头城下,他的军队一下子粮食充足了,但兵力仍然把台城包围得水泄不通,不解围不撤退,不承诺前面订立的城下之盟。因为侯景已经知道,大梁援军是"号令不一,终无勤王之效"。奸计既成,侯景开始为自己洗脱罪名,向社会声讨梁武帝有"十失"即十宗罪,同时举全力"百道攻城,昼夜不息"。

守城梁军内部此时也出现分化现象,有人于台城西北楼"纳贼",让侯景的小股尖刀班人马率先进入台城。到了夜晚五更时分,侯景军队从四面架云梯飞登上城楼,梁军虽力战而难以阻挡。就这样,里应外合,台城终于被攻破。

在占领台城后,侯景先让手下的王伟、陈庆二人面见梁武帝,申明自己是因为与东魏权臣高欢、高澄有矛盾,所以才来投奔大梁的,每次向皇上启奏,皇上身边的人都不及时传达,所以今天就直接入朝来当面向皇上禀报了。

梁武帝萧衍虽身处险境,但皇帝威仪依然不减,他对身边的人说:侯景现在什么地方? 可召他来见朕。

侯景得令,在五百甲士的护卫下,带剑升殿,向梁武帝施礼请安。梁武帝看似关心地询问侯景:"卿在戎日久,无乃为劳?"意思是说你侯景在外领兵打仗时间很久了,还辛苦不辛苦?

侯景默然,不作答。

梁武帝又问:"卿何州人,而来至此?"

侯景又不答。由旁边随从人员代答了。

又问:"初度江有几人?"

侯景答有"千人"。

"围台城有几人?"梁武帝接着问。

"十万。"侯景答。

"今有几人?"梁武帝追问。

侯景回答:"率土之内,莫非己有。"《诗经·小雅·北山》中有"溥天之下,莫非王土;率土之滨,莫非王臣"句,意思是说他拥有了一切。口气很大,俨然以天子自居了。

梁武帝对侯景的回答只能表示俯首称是,因为他已经成了侯景的阶下囚,他的皇位早已被侯景让萧正德拿走了。

虽然如此,梁武帝的气场也对侯景产生了震慑,这个杀人如麻的侯景在回来的路上对身边的人说:"吾常据鞍对敌,矢刃交下,而意了无怖。今见萧公,使人自慑,岂非天威难犯。吾不可以再见之。"他见了萧衍一面,被萧衍的威仪给震慑住了,发誓再也不想见这个萧老头了。

由于双方交战日久,建康城中尸体遍地,无暇瘗埋,有的正在生命垂危线上痛苦呻吟或"将死未绝",还有一口气,侯景就下令将这些尸体和一息尚存的人聚堆在一起焚烧,建康城上空臭气弥漫,飘散到十余里外。梁朝尚书外兵郎鲍正患重症,被侯景的人强行从病床上拖拽出来,扔到火堆中直接烧死,其痛苦挣扎、身体扭曲的样子,在火堆中很长时间才消逝。

梁武帝萧衍被困在文德殿,御膳被裁抑,所求不供。太清三年五月,梁武帝在忧愤感疾中被活活饿死在净居殿,时年86岁。侯景秘不发丧20多天,后来将梁武帝葬于修陵。侯景当年在北魏曾对高欢夸下海口:"请兵三万,横行天下,要须济江缚取萧衍老公,以作太平寺主。"梁武帝萧衍果然为侯景所害。

侯景又将傀儡皇帝萧正德降为侍中、大司马。到了六月份,直接将萧正德杀死。后又扶持萧纲为帝,是为梁简文帝。同时,侯景又强娶貌美的溧阳公主为妻。

这一年的十二月,百济国使者来到建康城,依惯例向梁朝通好,见建康城已成丘墟,于端门外号啕人哭,行人见之也莫不流泪。侯景知道后竟然大怒,将百济使者关押到庄严寺中,不许他们出入。这帮使者命运如何,可想而知了。

梁大宝元年(550)正月,侯景矫诏,自加班剑40人,给前后部羽葆、鼓吹,置左右长史、从事中郎4人。七月,侯景又矫诏,自进位相国,封泰山等20郡为"汉王"。入朝不趋,赞拜不名,剑履上殿,俨然成了汉代的萧何萧相国。十月,侯景又矫诏,自加"宇宙大将军、都督六合诸军事"。

梁大宝二年四月,侯景废萧纲为晋安王,将其幽禁在永福省,到十月将其杀害。侯景又迎豫章王萧栋为帝,改元"天正",后又用毒酒将其毒死,以薄葬将其密瘗于城北酒库,秘不外宣,继续打着萧栋皇帝旗号行事,矫诏蒙骗天下。

十一月,侯景对外宣称,萧栋已"禅让"天子之位给他了。于是在建康城南郊,柴燎于天,升坛受禅。当时是天怒人怨,自然界也出现异象:白虹贯日三重,太阳呈现青色,"大风拔木,旗盖尽偃,文物并失旧仪",旗盖全部被大风刮翻倒偃,装饰打扮过的器物全部被大风刮得东倒西歪,面目全非。侯景登太极殿升御床时,"床脚自陷",又出现了东晋桓玄篡位升帐时的不祥之兆。侯景因之前就自封为"汉王",所以将国号定为"汉",改元"太始",改梁朝的历法为"汉"历律。从此在建康城内,又有了个"汉"政权,姑且称之为"侯汉"。

为了抬高门第,侯景尊汉代司徒侯霸为始祖,尊晋代征士侯瑾为七世祖,追尊其祖父侯周为大丞相,其父侯标为元皇帝。并置七庙,敕太常具祭祀之礼。

侯景肆意践踏大梁国土,在大梁都城建康胡作非为,早已令梁朝有血性的人士不满,一股反击力量正在汇聚。

太始二年(552)正月,在梁湘东王萧绎(后来的梁元帝)协同下,大都督王僧辩与东扬州刺史陈霸先会师,水陆并进,南北夹击,攻破石头城。当王僧辩的军队在芜湖一带大破侯景军队后,侯景大惧涕下,"覆面引衾卧,良久方起"。当王僧辩的军队打到石头城西边时,连营立栅,一直到落星墩。侯景为报复王僧辩,竟派人将王僧辩父亲的墓挖开,剖棺焚尸。这种做法更激发了王僧辩军队的士气,将侯景的防线突破,吓得侯景不敢入宫,带着散兵逃出建康城。在逃跑时,侯景用皮囊盛住两个小儿子,将他们挂在马鞍上一路狂奔,颠簸逃命。

侯景的军队在吴郡松江一带再次被打得落花流水,他与心腹数十人单舸乘海路逃亡,至壶豆洲(亦作湖豆洲,今南通成陆前地名)这个地方时,被前太子舍人羊鲲杀死。羊鲲将侯景的尸体送给王僧辩,由他统一处理。

侯景僭伪"汉"政权宣告彻底灭亡,其前后存在的时间虽有两年多,除去其逃亡到姑孰(今安徽当涂县)的时间到被斩,实际在宫殿中当皇帝的时间只有100天左右。当年梁武帝萧衍曾经预言:"侯景必得为帝,但不久耳,破'侯景'二字成'小人百日天子'。为帝当得百日。"梁武帝的掐算果然应验了。

《南史·贼臣列传》记载,王僧辩将侯景的两只手截断送给北齐的文宣帝高洋,将其头颅割下送往江陵,无头无手尸体被送到建康城"暴之于市"。为防止尸体腐烂,还先用盐将其尸体封护了一下。

建康城百姓对侯景早已恨之入骨,纷纷上前"屠脍羹食",吃他的肉以解恨,就连被迫成为其妻的溧阳公主也吃他的肉以解恨。

侯景的肉很快给吃光了,愤怒仇恨已极的人们又把侯景的尸骨焚烧成灰,掺和酒水喝了。当侯景的头颅传到江陵时,萧绎命枭之于市三日,然后将其头颅下锅煮烂,仅剩骷髅,再用油漆将其漆后晾干,放到武库里保存,以作警示教材用,与篡夺西汉的王莽"待遇"相同。《资治通鉴》记载,侯景有 5 个儿子留在北齐,侯景被灭后,大儿子被剥皮后用锅煮死,其余 4 个儿子被阉割后煮死。

历史再次表明,倒行逆施、恃武嗜杀、草菅人命者,盗篡皇权、横行无忌、德不配位者,其得意之日就是其灭亡之时,遭到灭顶之灾是必然的。

建康城得以收复,梁朝政权又回到了萧姓手中。虽然如此,萧姓王朝已被侯景之乱耗尽了元气,江南地区的社会经济遭到毁灭性破坏,加剧了南朝弱、北朝强格局的形成。5 年后的公元 557 年,出身江南寒门的陈霸先取代了梁朝,建立了陈朝。

在六朝时空下,在南京这片土地上,曾经出现过的"桓玄之乱"建立的"桓楚"政权和"侯景之乱"建立的"侯汉"政权,如果以凑数字、愈多愈好的朴素感情来谈南京都城史,我们能将这两个僭伪政权算在内吗?显然不能。唐朝人通过"六朝"说认可了在"东夏"江南建立的东吴、东晋、南朝的宋齐梁陈六个政权的合法性,接纳它们进入华夏正朔系列,已经令南京无上光荣了。后来的正史将"桓楚""侯汉"两个僭伪政权再次打入另册,这样可以确保六朝史学天空的清净,确保六朝都城南京的纯洁。作为今天生活在南京的人们,我们不仅要知晓"六朝"中没有包含大明王朝,南京应该是六朝加上明朝的"七朝古都",更要对"桓楚""侯汉"两个僭伪政权有所了解,以提高我们去伪存真、甄别善恶的历史洞察能力,为南京历史文化名城寻找到准确的、正确的定位。

第四章　南唐风云

　　根据是否属于华夏正朔、是否有独立的历史纪年、是否是在共和制之前出现的封建王朝这三个必要条件,历史上曾经在南京定都的南唐、太平天国、中华民国三者均不能进入南京古都"朝代"范畴。关于民国为什么不能进入"南京是几朝古都"问题的讨论,我们将在第七章"民国文化"章节中专门分析回答。从本章开始,将通过对历史事件的描述分析,分别对南唐、太平天国问题作进一步深入研究,以期说明问题。

第一节　"南唐"由来

　　南唐是五代十国时期的"十国"之一。历史上的"国"与今日之"国"的概念所指,相差甚远,二者不在同一个层面。通俗地讲,历史上的"国"主要是指诸侯国、邦国,相当于今天"省"这一行政区划的概念,而今天的"国"相当于历史上的一个"王朝"概念。

　　早在宋代人薛居正等撰写的《旧五代史》、欧阳修撰写的《新五代史》中,就对南唐李昪、李璟政权的"僭伪"性质有过历史定论。欧阳修的《新五代史》中,将"十国"全部置于"列传"之后,用"世家"来冠名,作为"五代史"的附属内容出现。同样在宋代人薛居正等撰写的《旧五代史》中,"十国"则直接被打入"僭伪列传"而置于史籍最后。继新、旧

《五代史》后,《宋史》中也出现了与南京城密切相关的南唐国身影。

在《宋史》中,将"十国"中被宋王朝所灭的南唐、吴越、南汉、后蜀("西蜀")、荆南(南平)、北汉等政权都用"世家"来记载,并将"世家"附属在"列传"中,这是元代人脱脱等在撰写《宋史》时,借鉴了宋人欧阳修的《新五代史》体例和史家笔法,将"世家"的规格给降低了,同时也改变了《史记》"世家"在前、"列传"在后的史书体例。

李璟的父亲叫李昪,儿子叫李煜,他们祖孙三代,开始都姓徐,这与同为"十国"之一的杨行密"吴国"政权即"杨吴"政权有关。

杨吴国的国都在广陵(今扬州),国主杨行密手下有员大将叫徐温,他收下了开始由杨行密认领的一个养子,取名"徐知诰",这个徐知诰就是后来的李昪。徐温通过发动兵变,掌控了杨吴国政权。徐温去世后,徐知诰又从养父手中接管了军政大权,操纵着杨吴国的命运。徐知诰外出领兵作战时,又将国事直接交给自己的儿子徐景通(即后来的李璟)打理,徐景通官拜兵部尚书、参知政事,年纪轻轻就进入国家最高领导层。

公元 932 年,徐知诰担任镇海、宁国节度使,出镇金陵,从此与今天的南京直接发生了联系。徐知诰又将自己的儿子徐景通提拔为司徒、平章事、知内外左右诸军事,将他留守广陵辅理朝政。公元 933 年,徐知诰被杨吴国的国君杨溥(此时已僭称皇帝)封为"东海郡王"。公元 935 年,徐知诰又被封为"齐王"。公元 936 年,杨吴政权以金陵府为西都,广陵为东都,其势力范围已经大致相当于今天的江苏、江西、安徽南部、湖北东部等地。

徐知诰十分注重对儿子徐景通的培养,又任命徐景通为中外诸军副都统,位置仅次于自己。公元 937 年,徐知诰在金陵先接受诸将的"劝进",继而接受杨吴政权的杨溥"禅让",建立"大齐"国,"僭帝号",自称皇帝,改元"升元",以金陵为国都,仍以广陵为东都。

徐知诰也是个出身命苦的人,他的亲生父亲名叫李荣,是徐州人,在唐末战乱中失踪,父子失去联系,后来多亏杨行密领养。但因同杨行密的几个儿子玩不到一起,经常打架斗殴,没办法,杨行密就把这个领养的儿子转给了徐温,从而有了"徐知诰"这么个人。

谁料想,徐知诰这时当上"大齐"国皇帝了,子孙们也要"寻根",一致要求认祖归宗,所以到了两年后的公元939年,徐知诰在儿孙们的强烈要求下,宣称自己是唐宪宗之子建王李恪的第四世孙,下令恢复李姓,自己易名"昇",又改国号"大齐"为"唐"。史家为了与此前的唐王朝相区别,称之为"南唐"。相应的,儿孙们都回归李姓,徐景通就改姓名为"李璟"。

李昇当了7年皇帝,于升元七年(943)二月,因丹药中毒,背上生疮恶化,在升元殿去世,终年56岁,是为南唐先主,谥号"光文肃武孝高皇帝",陵号"永陵"(又称"钦陵"),庙号"烈祖",安葬于今天的南京市江宁区祖堂山南麓。

李昇遗命齐王李璟监国,公元943年三月,李璟即位当上了南唐皇帝。

第二节 "唐国主"割地称臣又"买宴"

这时,"五代"中的最后一位"后周"国强大起来了,到了后周显德元年(954),后周国开国君主郭威去世,政权由周世宗柴荣继承。但在后周政权中,真正掌管国家禁兵大权的人叫赵匡胤。赵匡胤就是后来宋朝的开国皇帝宋太祖。

后周显德五年(958),赵匡胤的军队已经攻克了原属南唐的楚州和扬州,夺取了南唐的淮南土地,并准备过江作战。李璟十分惧怕,连忙派人前往后周京师所在地东京开封府,向后周朝廷请求:以长江为界,割让江北的土地归后周所有;主动去掉皇帝年号,上表称"唐国主",向"中朝"后周政权称臣,奉承后周之"正朔";岁贡土特产数十万。周世宗柴荣表示同意。

后周皇帝给南唐下诏书时,用"皇帝恭问江南国主",并在汴水旁建造驿站"怀信驿",用于专门接待南唐国来的使者。如果以此为限,"南唐"

第四章 南唐风云

僭伪政权实际前后仅存在 21 年。

建隆元年（960）正月初三，赵匡胤在陈桥驿发动兵变，"黄袍加身"，推翻了后周政权，改元"建隆"，建立新国，国号"宋"，史称"宋朝"，赵匡胤被后人称为"宋太祖"，仍定都汴梁（今河南开封）。

从此，南唐的日子更加不好过了。到了春暖花开的二月，李璟忙派人过江过河，给宋廷送大礼：绢二万匹、银万两，对赵匡胤登基表示祝贺。后又进贡银子五千两，用于祝贺宋军取得对泽州（今山西晋城）、潞州（今山西上党）作战的胜利。七月，宋军回师京都汴梁后，李璟又向宋朝进贡金器五百两、银器三千两、罗纨千匹、绢五千匹，同时又派礼部郎中龚慎仪送去乘舆服御物品若干，并答应从此以后每年冬天、正月、端午节、长春节，都要用江南土特产中的奇珍异品、金银器用、缯帛、片茶为贡品，敬奉宋廷。

文献记载中的"长春节"是指什么节日呢？

《宋史·礼志》记载，"长春节"是当时专为庆贺宋太祖赵匡胤农历二月十六日诞辰而设立的节日。"春"有"年岁"之意，"长春"即"长岁""长寿"。从建隆元年（960）赵匡胤当上皇帝那一年开始，到开宝九年（976）赵匡胤去世，该节日前后历时 17 年，赵匡胤去世后就自行废止。

史书记载，赵匡胤对李璟的生日也很注重礼尚往来，每年派人赏赐李璟以金币及羊万只、马三百匹、骆驼三十只。

又据《宋史·世家列传·西蜀孟氏》载，同为"十国"之一的"后蜀"主孟昶每年除夕时，命令学士们作词，题写在桃木板上，谓之"桃符"，置于他的寝室大门左右。宋太祖乾德三年（965）的春节到了，除夕那天，学士辛寅逊为孟昶写桃符对联，孟昶认为他的撰词不够工整，就自己动手，拿起笔题写道："新年纳余庆；嘉节号长春。"

当时宋朝大兵压境，孟昶想通过这副对联向宋太祖赵匡胤示好。过了 10 天，到了正月十一这天，孟昶派人持降表，到宋朝大将全斌的军营中"请降"，并希望宋廷能够保护他家"中外骨肉二百余人"及年近七十的老母亲性命安全，自己愿意当像刘禅、陈叔宝那样的人，"后蜀"国宣告灭亡。

孟昶作为亡国之君，为了讨好赵匡胤而写的这副桃符对联，据说是我国文献记载中的第一副春联。对联中的"长春"二字含义，即指"长春节"，《宋史》也表述得很清楚："'长春'乃圣节名也。"

"买宴"一词，与今人聚饮时付款"买单"意同，今人对"买单"（亦作"埋单"）不难理解，但对"买宴"可曾知会否？原来，在我国封建社会，也曾出现过大臣捐献钱财来参加国君宴会的情况，此举被称为"买宴"。

地方官员入朝，或者朝廷官员向朝廷缴纳财货，为封建皇帝"买宴"的风气，根据《旧五代史》及《资治通鉴》记载，主要出现在"五代十国"的混乱时期。据《旧五代史》卷三十八《唐书·明宗纪》记载，后唐明宗时期的天成二年三月，皇上幸"会节园"时，就出现宰相、枢密使及在京节度使"共进钱绢，请开宴"的变相"买宴"现象。这种现象也曾遭到开明皇帝的反对，如《旧五代史》卷一百一十二《周书·太祖纪》有：广顺二年十二月，"诏今后诸侯入朝，不得进奉买宴"。又据《资治通鉴·后周纪》记载，后周太祖郭威广顺二年（952），"前静难节度使侯章，献买宴绢千匹、银五百两。帝不受，曰：'诸侯入觐，天子宜有宴犒，岂待买邪！自今如此比者，皆不受。'"最高统治者出面制止"买宴"现象，说明当时朝廷及官场的腐败现象已然很严重了。

这里我们通过李璟、李煜父子为北宋朝廷"买宴"现象，来增进对南唐小朝廷割据政权性质的了解。尽管李璟、李煜父子为宋王朝"买宴"可能也受乱世上层社会的不良交际风气影响，但值得注意的是，李氏父子的行为是臣属国对主权国的"买宴"求全，与诸侯国内部臣为君"买宴"的性质是不同的：一个是外部恃强凌弱所致，一个是内部的臣对君溜须邀宠所致。国家内部的"买宴"行为，国君可以制止、不提倡；而外部的臣属国为主权国"买宴"的行为，对于主权国来说，是从不言多的，因为这正是显示统治威力的时候。遗憾的是，在国力悬殊的情况下，臣属国纵然"买宴"次数再多，进贡的金银财富哪怕是堆积如山，也难以避免国破家亡的命运。偏安一隅的"南唐"命运就是如此。

也就在建隆元年，赵匡胤又兵发扬州，平定了李重进叛乱。李璟得知消息后，赶忙派人过江到扬州城送大礼犒师。谁知赵匡胤要驻跸扬州，一时半会儿不走了，李璟又赶紧派自己的儿子李从镒及户部尚书冯延鲁到扬州赵匡胤的行在，"贡金买宴"；同时又派去伶官50人去进行文艺慰问演出，作乐上寿；又向赵匡胤进贡超过以往的金银器、金玉鞍勒、银装兵器及钱银、绫绢等。

李璟本以为能通过割地、送厚礼和为宋朝皇帝"买宴"的努力来表达忠心，以换取国家平安，但发现宋朝的"马舫战舰"日夜在京城之南池（长江）边训练，时刻会打过江来，这让李璟更加日夜恐惧不安，"国境蹙弱，不遑宁居"，割地称臣"买宴"还是不能带来心安。

早在后周世宗时期，李璟就曾听从柴荣建议，营建诸城，准备迁都到洪州（亦称"豫章"，今江西南昌），升洪州为"南昌"，营建"南都"。建隆二年（961），李璟将南唐都城由金陵南迁至洪州，立李煜为太子，留守金陵监国。

由于洪州迫隘狭窄，宫府营廨都不能容纳，南唐真是到了国将不国的程度。群臣日夜思念，都想再回到金陵生活。李璟也后悔且愤怒不已，同年六月，在洪州去世，终年46岁。应该说，赵匡胤对李璟的去世还是表现出政治家的大度，"废朝五日"，皇帝五天不上朝，类似于举国哀悼五天。

李煜趁为父亲办丧事之机，将一班群臣人马从洪州带回金陵，又派人到宋朝廷呈表请求，希望能够"追尊"父亲李璟的皇帝名号。赵匡胤"许之"。李璟谥号为"明道崇德文宣孝皇帝"，庙号"元宗"，陵号"顺陵"，亦葬于今南京市江宁区祖堂山南麓。李璟的"顺陵"与李昇的"钦陵"相距100米左右，世称"南唐二陵"，至今保存较好，已被列为全国重点文物保护单位。

第三节 "江南国主"成"违命侯"

北宋建隆二年（961）秋天，李煜继位南唐国主，仍定都金陵。即位后，立即派户部尚书冯谧向宋廷献贡"金器二千两、银器二万两、纱罗缯彩三万匹"。同时奉表陈述，言辞恳切，表示要继续尊宋朝为正统，南唐继续扮演好藩国角色。宋太祖赵匡胤答应了南唐的请求。

建隆三年，宋朝大军继续着统一中国的进程。李煜每当听说宋廷出师又取得大捷，或有嘉庆之事，必定派人去犒劳三军，顺便纳贡。如果遇到大庆日子，更要以"买宴"为名，去向宋廷另外进奉大量珍玩。从文献上看，李煜每年除正常向赵宋朝廷进贡大量金银财宝、为皇上过"长春节"送寿礼外，仅专门"买宴"的还有：开宝四年（971），李煜派弟弟李从谦到宋廷奉贡珍宝器用金帛时，"且买宴"，并且这一次花的钱数"皆倍于前"。也就在这一年的十月，赵匡胤又灭了十国中的"南汉"国，使李煜十分恐惧，主动上表，要求去除"唐"号。赵匡胤同意，从此改称"唐国主"为"江南国主"，"唐国"印玺变为"江南国"印玺。"南唐"至此在理论上已经不存在了，如果从李昪939年用"唐"号算起，"南唐"国仅存在了32年。

当时的"江南"尚不被包括在"中国"这一概念范畴内，人们仍视"中原"为正统，为华夏正朔。《新五代史·南唐世家》记载有韩熙载与李毂的对话：早在后唐明宗时期，韩熙载"奔吴"，好友李毂送他到正阳县，二人"酒酣临诀"。韩熙载对李毂说："江左用吾为相，当长驱以定中原。"李毂回答说："中国用吾为相，取江南如探囊中物尔。"韩熙载作为一名北方"将家子"，最终在南唐却"不能有所为"；而李毂作为后周的大将军，却率先拿下淮南，直至为灭南唐政权立下汗马功劳。

再说李煜又上表，请求宋朝廷以后在下诏文时，直接呼他的名字，宋廷当然同意。但李煜还是感觉自己没有整改到位，又于第二年主动贬损仪规制度：改中书门下省为左右内史府，尚书省为司会府，御史台为司宪府,翰林院为文馆,枢密院为光政院;降封诸王为国公,官号大都进行了降级改易;撤去金陵台殿鸱吻,以示尊奉朝廷。期间,又于开宝五年"长春节",另外进贡"钱三十万"作为寿礼,以后都是如此。

李煜虽然一方面不停地为宋廷贡奉巨额钱财宝物,不断为赵匡胤"买宴",向宋王朝表示畏服,"修藩臣之礼",同时也在暗中积极做好缮甲募兵、准备与宋军开战的准备。

可能宋太祖赵匡胤也看出了李煜的心思,担心李煜将来做大做强了难以制服,开始让李煜的弟弟带口谕,希望李煜亲自进京朝拜。但李煜假装不知道,只是一味地将大量的南方物产财富一批一批地呈给宋朝廷,想以此来买个平安,以打消赵匡胤的顾虑。

谁知到了开宝七年(974)的秋天,赵匡胤直接下诏,要李煜尽快赴阙进京,面见皇上。李煜知道大事不妙,干脆来个"称疾不奉诏"。这一下,与赵匡胤的矛盾已经公开化了。

冬天,赵匡胤决定兴师讨伐李煜。李煜听说后,甚为惶惧,连忙又派遣他的弟弟李从镒及潘慎修到汴梁,再次请客"买宴",并进贡"绢二十万匹、茶二十万斤及金银器用、乘舆服物等"。但"江南国"垂败覆没已成定局,无可逆转。

开宝八年,宋军攻破金陵,李煜被迫降宋,被俘至汴京,南唐彻底灭亡,疆域全部纳入宋朝版图。赵匡胤向全国下诏,称李煜为"江南伪主李煜",封李煜为"光禄大夫、检校太傅、右千牛卫上将军",同时封李煜为"违命侯"。

在《新五代史》中,欧阳修以史家笔法,盛赞宋太祖赵匡胤的灭南唐行为,认为对南唐这些"僭伪假窃"之国,必须"扫荡一平而后已"。宋代人已经通过"正史"笔墨,对南唐政权进行了盖棺定论。

开宝九年十月十九日夜,赵匡胤召他的弟弟赵光义一道在宫中饮酒,晚上兄弟二人又共宿宫中。第二天清晨,人们发现赵匡胤暴死了。这一年,赵匡胤才50岁。他的弟弟赵光义即位,是为宋太宗。赵光义当皇帝后,改元"太平兴国",撤销了李煜"违命侯"封号,封李煜为"陇西郡公"。太平兴国三年（978）七月七日，李煜死于汴京，时年42岁。赵光义为李煜废朝三日，赠太师，追封吴王。李煜后来葬洛阳北邙山，世称"南唐后主""李后主"。

在中国历史上，"五代十国"虽然连读，但绝不同等，"五代"属华夏正朔，"十国"在官方史书中，一律被视为"僭伪"政权，只能在正史中以附属身份出现，"南唐"的历史也只能在作为官方正史的新、旧《五代史》及《宋史》中找到内容。

南京的都城史，除唐代许嵩个人在《建康实录》序言中已经认定的"六朝"外，只有后来统一的大明王朝堪称华夏正朔，如果拿历史已经定性了的"僭伪"割据政权"南唐"来为"南京是几朝古都"凑数，既缺少历史依据，又添屈辱色彩，完全可以休矣。南唐文化可以研究，但作为一个朝代，南唐显然还不够格，南唐是一个"国"，而不是封建"王朝"。我曾作过一首诗以表达我对南唐的理解，诗曰：

李唐后唐及南唐，
唐气泄尽难言伤。
江南一江春水逝，
周宋两番劲风荡。
祖堂北邙山重阻，
玉砌雕栏朱颜亡。
问君买宴几时休，
噩梦醒来是黄粱！

第四节　从南京走出去的三位"后主"

"后主"往往用于称谓封建社会某个小王朝中的最后一位帝王，有的也称"末帝"。在南京这片土地上，曾经走出去三位后主，分别是东吴政权的孙皓、南朝陈政权的陈叔宝、南唐政权的李煜。在三人中，孙皓虽有

"末帝"之称,实亦"后主";陈叔宝因为故事多、李煜因为在文坛上有所成就,所以其"后主"名气较大。将他们三人放在一起观照,有利于我们领略不同历史时期发生在南京这片土地上的历史风云变幻,从而对"后主"的身份有进一步的认识。

(一)三位后主登上金銮殿的机遇与背景不同

第一,孙皓因"大龄青年"而被提拔重用。

永安七年(264),东吴景帝孙休去世,群臣尊孙休的朱皇后为太后。虽然孙休有儿子,但当时刘备的季汉政权刚刚灭亡,再加上交阯(今越南境内)发生叛乱,东吴国内大为震惊,内忧外患,大家都想立一个年龄稍长的皇室后裔来当国主。

左典军万彧以前在担任乌程令的时候,就与孙权的孙子孙皓关系很好,他便向丞相濮阳兴、左将军张布推荐孙皓,夸赞孙皓才识明断,好学上进,遵守法度,堪当大任。于是濮阳兴和张布共同说服朱太后,让孙皓来继位。据《三国志·孙皓列传》记载,魏咸熙元年即东吴元兴元年(264),23岁的孙皓即位,改东吴年号为"元兴"。

孙皓能够当上东吴国的君主,完全是在特殊的内外形势下,年龄"老成"占了优势。

第二,陈叔宝在登基前曾被弟弟一刀砍昏。

陈叔宝是陈宣帝陈顼的嫡长子,太建元年(569)被立为皇太子。陈宣帝共生了42个儿子,有31个封王。太建十四年(582),陈宣帝病重期间,由柳皇后生的太子陈叔宝、彭贵人生的老二始兴王陈叔陵、何淑仪生的老四长沙王陈叔坚在父皇身边侍疾。

老二陈叔陵见父皇病重难愈,就萌生要与太子陈叔宝争夺皇位的"异志",但苦于没有武器,手头连一把小刀也没有。他对典药吏说:"切药刀甚钝,可砺之。"要求医官把切药材用的刀再磨锋利一点,准备以之为武器,冒险干一场。老皇帝驾崩于宣福殿,宫中一片哀嚎声。仓促之际,陈叔陵又命其左右到外面去取剑,左右不知道他要干什么,也没有理解他的意思,就把大臣上朝时穿朝服所要佩的木剑给拿来,陈叔陵一见,大怒。

这边,作为太子的陈叔宝一心忙着料理父皇的丧事,完全沉浸在丧父的悲痛心情中,根本没有在意弟弟陈叔陵的异常举动,只有老三陈叔坚在一旁仔细观察。当他听陈叔陵让人拿剑进来时,怀疑有变,但又不便声张,只是在暗中观察陈叔陵的所作所为。

第二天,开始为老皇帝“小敛”入棺,陈叔宝“哀顿俯伏”,向父皇灵柩磕头。正在这时,陈叔陵袖中藏着一把锉药刀,不慌不忙地稳步走近陈叔宝,不由分说,迅速抽出锉药刀,照准陈叔宝的“中项”一刀砍下去,陈叔宝顿时“闷绝于地”。皇太后与陈叔宝的乳母乐安君吴氏见状,惊叫声中,奋不顾身,都用身体来挡住陈叔陵,这才使陈叔宝免遭第二刀砍杀。

据《陈书·始兴王叔陵列传》记载,陈叔陵在被太后挡住刀锋后,又将刀乱砍乱斫,太后边退边拒,挡住了数刀。陈叔宝的乳母刚好在太后的旁边,从后面掣其肘,死命抓住陈叔陵的手不放,利用这个档口,陈叔宝忍着剧痛,摇摇晃晃地站了起来。这时,陈叔陵又奋力上前抓住陈叔宝的衣服,准备再砍,但陈叔宝“自奋得免”,赶快躲到了一边。

在这危急关头,长沙王陈叔坚快速赶来,用手紧紧扼住陈叔陵,夺下其手中的刀,并将陈叔陵推押到一根柱子旁,用其衣褶袖子将他缚在柱子上。乳母吴氏乘机扶着陈叔宝离开躲避。

陈叔坚虽然将陈叔陵绑在了柱子上,但他又不敢轻举妄动,请求陈叔宝给他下命令。但陈叔宝早已被护送到安全地点,陈叔陵利用陈叔坚向陈叔宝请示的机会,尽力“奋袖得脱”。

陈叔陵“突走出”云龙门,驰车回到东府,呼唤甲士,散金银以赏赐,外召诸王将帅,但很少有人响应。陈叔陵又召来左右,把青溪桥给断了,同时释放东城囚犯以充战士,终于聚兵千人。自己被甲上阵,头戴白布帽,登城西门,继续招募人马。

当时,众军并缘江防守,皇宫台阁空虚,陈叔坚向太后建议,派太子舍人司马申以陈叔宝的命令,召右卫将军萧摩诃率军讨伐陈叔陵,尽快平息叛乱。

陈叔陵开始想据城守护,不一会儿,右卫将军萧摩诃率领的平乱军队已经到了东府西门。陈叔陵见事情紧急,惶恐不安,就派记室韦谅将自己的一套"鼓吹"礼器赠送给萧摩诃,并传话说:"如其事捷,必以公为台鼎。"萧摩诃给骗说:必须要由王的"心膂节将"来与我谈事,我才敢从命。陈叔陵忙派戴温、谭骐骓二人到萧摩诃所。萧摩诃将二人绑缚到台阁,斩于尚书阁下,又将二人的头颅让人抬着,在东城游街示众。

陈叔陵自知事情不济,恓扰不知所为,遂入内,将王妃张氏及宠妾七人全部沉于井中淹死。又率左右数百人自城南门而出,向新林(今南京江宁区境内)方向奔去。萧摩诃一路追杀,最终在丹阳郡将陈叔陵斩首,陈叔陵的余党全部被擒。

在平息了陈叔陵叛乱后,陈叔宝是"伤而不死",于太建十四年(582)正月即皇帝位于太极前殿,诏告天下。

陈叔宝当上皇帝后,封长沙王陈叔坚骠骑将军、开府仪同三司、扬州刺史,寻迁司空,将军、刺史如故;封萧摩诃散骑常侍、车骑大将军、南徐州刺史,封绥远郡公,邑三千户。陈叔陵平素所蓄聚金帛累巨万,陈叔宝将陈叔陵的全部财产都赏赐给了萧摩诃。

第三,李煜以"江南国主"身份接过了南唐政权。

据《新五代史·南唐世家》记载,李煜字重光,初名从嘉,是李璟的第六个儿子,为人仁孝,善属文,工书画。作为第六个儿子,李煜之所以能接班,除了他的才能外,与太子李弘冀于后周显德六年(959)病逝有关。当时有大臣主张立李煜的二哥李弘茂继位太子,但遭到了李璟的反对。李煜的三哥、四哥、五哥在历史文献中都没有确切记载,应该是早夭了,所以在父亲的眼中,只有这个老六将来可以担当国家大任。但李昪建立的南唐政权到了李璟后期,尤其是到了李煜要接班当国主的时候,已经出现了危机四伏、直面北宋强大政权的局面。

李璟在接过父亲李昪的皇位后,正是"中原多事,北土乱离"时期,所以他雄踞一方,其地东及衢、婺,南及五岭,西至湖湘,北据长淮,凡三十余州,广袤数千里,尽为其所有,是当时"僭窃之地最为强盛"者。李璟又曾派人到北戎,私自贿赂,让他们"为中国之患,自固偷安之计","乞为附庸之国,仍岁贡百万之数,又进金银器币及犒军牛酒"。李璟向北周表示:"愿割濠、寿、泗、楚、光、海等六州之地,隶于大朝,乞罢攻讨。"想通过割地进贡方式来获得安宁,但后周世宗柴荣"未之许"。柴荣对李璟派去的使者陈觉说:"江南国主若能以江北之地尽归于我,则朕亦不至穷兵黩武。"陈觉听说后很高兴,派人过江取李璟的书表,"以庐、舒、蕲、黄等四州来上,乞画江为界,仍岁贡地征数十万",周世宗这才"许之"。

自是之后,李璟"始行大朝正朔",上章自称"唐国主",经常不断地派遣使者去进贡修好,"不失外臣之礼"。后周显德五年(958),李璟屈从于北周的压力,主动向北周称臣,"下令去帝号,称国主,奉周正朔"。北宋建隆二年(961),又将都城从金陵(今南京)迁到"南都",即今天的南昌,留下太子李煜"监国"。同年不久,李璟在南昌去世,时年46岁,以丧归金陵。这时,赵匡胤已经取代后周政权,建立了宋朝,史称"宋太祖"。

李煜接过了父亲李璟的南唐政权,但仍然只能是"江南国主"而不是皇帝,并且在继父亲向后周称臣后,转而又接着向北宋称臣。

(二)三位后主的政绩优劣不同

第一,不断失去人心的孙皓。

孙皓执政后,司马昭已经是北方曹魏政权的相国,他派人送来一封信,陈述南北方形势及利害关系,实际上是来劝降的。孙皓很是慌张,只好借助"迁都"方式来改变国运。甘露元年(265)九月,"徙都武昌",只留下御史大夫丁固、右将军诸葛靓镇守建业(今南京)。到了宝鼎元年(266)十二月,"皓还都建业",留下卫将军滕牧镇守武昌。也就是说,东吴政权曾经有15个月时间不是以今天的南京为京师所在地,南京的都城史少了15个月。

孙皓在不经意间当上了东吴国主,捡了个大漏子。据《三国志》引《江表传》记载,孙皓初立时,下令抚恤人民,又开仓振贫、减裁宫女和放生宫内多余的珍禽异兽,一时被誉为"明主"。但在过了一段时间后,志得意满的孙皓便显露出不思进取、粗暴骄盈、暴虐治国、沉迷酒色的毛病,他重用谗佞之人,滥杀无辜大臣,国人对此感到非常失望。

东吴人本以为孙皓的"老成"能够给国家带来希望,谁知随着时间的推移,孙皓的所作所为已愈来愈让朝野上下失望,连当时举荐孙皓的丞相濮阳兴、左将军张布也感到后悔。谁知有人把这消息通报给了孙皓,孙皓于当年的十一月就将濮阳兴、张布二人给杀了。

据《三国志》引《江表传》记载,孙皓重用孙权时的一位供给使何定,任命何定为"楼下都尉",负责"酤籴"事宜,并"委以众事"。何定为儿子向少府李勖的女儿求婚遭到拒绝,就在孙皓面前说李勖的不是,孙皓不问青红皂白,"尺口诛之,焚其尸"。何定又使诸将各上好犬,皆千里远求,一犬至值数千匹马的价钱,并且给御犬都佩戴价值上万的缨穗,一只犬有一名士兵专门负责。据说这些犬是专门用来捕捉野兔以供御厨用的,但所获无几,浪费极大。东吴人都认为何定罪恶滔天,但孙皓却认为何定是个"忠勤"人物,还赐爵列侯。

凤凰二年(273),孙皓的爱妾派人到市场去劫夺百姓财物,司市中郎将陈声本以为与孙皓关系还不错,平素还得到孙皓的宠遇,于是就对孙皓的爱妾进行了处罚。这位爱妾后来将事情向孙皓泣诉,孙皓得知后大怒,于是不久,就以其他事情为由头,将陈声的头"烧锯断",又"投其身于四望之下"。为了讨得爱妾的欢心,孙皓竟然对这位秉公执法的大臣残忍到如此程度。

天玺元年(276),会稽太守车浚、湘东太守张咏因为没有及时向朝廷缴纳"算缗"钱,竟被孙皓下令"在所斩之",并"徇首诸郡",沿途示众,迫害手段十分残忍。据《三国志》引《江表传》记载,会稽太守车浚"在公清忠",当时正值会稽郡荒旱,民无资粮,车浚上表朝廷,请求赈贷。孙皓认为,车浚是"欲树私恩",所以就"遣人枭首"。湘东太守张咏遭迫害,也是因为如此。又比如,尚书熊睦发现孙皓酷虐,微有所谏,孙皓就让武夫以刀"环撞杀之,身无完肌"。对一心为民为公的属下竟然如此刻薄寡恩,肆意杀害,实为暴君。

孙皓每次宴会群臣,"无不咸令沉醉",都要让大臣们喝到醉倒才肯罢休。为了惩治大臣,他专门安排"黄门郎"十人,让他们不喝酒,侍立终日,担任"司过之吏",即专门负责寻找大臣们在喝酒时的差错。宴会散了之后,让这十人各奏大臣们的"阙失",诸如"忤视之咎""谬言之愆",统统都在被举报之列。这些被举报的人,情节严重的要被加以威刑,情节轻者也要被定罪。孙皓的酒宴成了大臣们的"鸿门宴"。众大臣整日人心惶惶,哪里还有什么心思去考虑国家大事。

孙皓的生活极为奢靡,后宫中拥有数千佳丽,供他"采择无已"。他又引激水入宫,宫人中有不合意者,"辄杀流之",让尸体顺水流淌掉。在残酷的用刑中,"或剥人之面,或凿人之眼",手段极其残忍。与此同时,他又好兴功役,民众患苦不堪。

孙皓的所作所为,最终导致上下离心,都不愿为孙家政权去尽力,"积恶已极,不复堪命",东吴政权灭亡,只是迟早的事。

第二,国难临头还在偷安的陈叔宝。

陈叔宝带着被弟弟砍伤的刀疤登上了皇位,刚即位时,他大赦天下,孤老鳏寡不能自存者,"赐谷人五斛、帛二匹"。他曾鼓励"良守教耕",发展农业生产;"欲听昌言",鼓励大臣"各进忠说,无所隐讳""无惮批鳞",政治开明,要向尧、禹学习。至德四年(586)曾下诏:"尧施谏鼓,禹拜昌言,求之异等。"他要广开言路,"一介有能,片言可用,朕亲加听览,伫于启沃",鼓励人们为国家发展献计献策。他曾采取减少赋税措施,减轻老百姓负担,强调"百姓不足,君孰与足",对自太建十四年(582)至至德二年(584)以来的"租调"一律免除。他也曾要求百僚官员们,要公允对待民事庶务,"无得便公害民,为己声绩,妨紊政道"。另外,陈叔宝也曾尊孔重教,倡导儒佛,让自己的儿子带头讲《孝经》,并下令建大皇寺,内造七级浮屠,惜工程未竣,即为大火所焚。

但是,与一般封建帝王不同的是,陈叔宝醉心于诗文和音乐,耽于酒色,最终致使朝政荒废,不闻外事。他对内政不上心,对外部紧张局势又根本不当回事。当州郡将隋兵入侵的消息飞报入朝时,陈叔宝不以为然。仆射袁宪请求出兵抵御,陈叔宝却根本不听,认为隋军不可能打过来,因为有长江给挡着呢。等到隋军深入腹地,州郡相继告急时,陈叔宝依旧奏乐侑酒,赋诗不辍,而且还笑着对侍从们说:"齐兵三来,周师再至,无弗摧败,彼何为者?"

大臣孔范又溜须拍马说道:"长江天堑,古以为限,隔南北,今日北军,岂能飞度耶?"把守边将领的战事报告视同儿戏,并反咬他们一口,认为是守边将领们想要邀功加爵,而陈叔宝竟然听信了孔范的话。

陈朝君臣上下,深居高阁,花天酒地,亡国威胁已经来临而赋诗如故,浑然不觉,大难临头还醉生梦死,势必走向灭亡。

第三,企求当"儿皇帝"而不得的李煜。

李煜自从当了江南国主后,无日不在北宋政权控制的阴影下生活。他一方面纵情享乐,骄奢淫逸,醉生梦死,一方面又喜浮屠,高谈阔论,不恤政事。内史舍人潘佑因上书极谏,被他收系下狱,致使潘佑自缢身亡。再一方面,他也在想方设法与北宋政权周旋,企图挽救江南国小朝廷濒临灭亡的命运。

李煜重视选拔人才,推行科举制度,强调公平公正公开用人。乾德二年(964),曾命吏部侍郎韩熙载主持贡举,又命徐铉复试,并亲自命题考核。宋开宝五年(972)直至南唐亡国的开宝八年二月,李煜还举行了南唐最后一次科举考试。但国势难以与赵宋王朝抗衡,这些被选拔的人才还是难以拯救衰败的国运。

宋太祖赵匡胤开宝四年,李煜的弟弟李从善被扣押在北宋京师开封,李煜"手疏",请求赵匡胤让自己的弟弟"还国",但遭到拒绝。李煜从此更加"怏怏以国蹙为忧,日与臣下酣宴,愁思悲歌不已"。开宝五年,李煜为了表示对北宋朝廷的尊重,甘当臣属国,下令"贬损制度",降低国家等级。

这些举措并没有获得实质效果,也丝毫没有感动赵匡胤。李煜派江南名臣、博学而又多才的徐铉前往北宋朝廷"缓师",徐铉"欲以口舌驰说存其国,其日夜计谋思虑言语应对之际,详矣"。他对赵匡胤说:"(李)煜以小事大,如子事父,未有过失,奈何见伐?"其说累计有数百言。赵匡胤回答说:"尔谓父子者,为两家可乎?"徐铉无以应对而退。

李煜甘愿"如子事父",其南唐小朝廷已经成为北宋政权的囊中之物,何时取之,只是时间问题了,因为赵匡胤不想让"父子"成为两家。

(三)三位后主都客死他乡

第一,孙皓客死洛阳。

天纪四年即太康元年(280)是庚子年,这一年的三月壬申,西晋大兵压逼吴境,孙皓派人给右卫将军王濬、司马伷等人送去书信,主动向晋兵投降。书信中,孙皓称"今大晋龙兴,德覆四海""奉所佩印绶,委质请命,惟垂信纳,以济元元"等句,表示主动缴械投降。

这一年的正月,王濬大军从成都出发,顺流而下。二月,越过建平,以大筏带走吴军置于江中的铁锥,以火炬熔毁其铁链,攻克丹阳后继续前进。在大将杜预等支援和策应下,顺利攻占了西陵、武昌。三月,王濬的军队与另两路晋军同时逼近东吴都城建业,在王浑击破了东吴中军主力之后,王濬率先进入建业西的石头城。王濬船队至,东吴军队"土崩瓦解,靡有御者"。王濬接受了孙皓的投降,实现了西晋统一大业。只见孙皓让人将自己反绑着,又让人抬着棺材,以这种礼节表示自己的投降举动是真诚的。

王濬为孙皓"解缚焚榇",延请相见。司马伷接过孙皓的印绶,派人押送孙皓全家西迁。两个月后的五月,孙皓全家被押送到西晋京都洛阳,晋武帝司马炎将孙皓封为"归命侯",赏给"衣服、车乘、田三十顷",岁给"谷五千斛、钱五十万、绢五百匹、棉五百斤"。太康五年(284),孙皓被俘四年后死于洛阳,年仅42岁。根据《三国志》引《江表传》记载,孙皓在知道已经面临亡国命运时,曾给他的舅舅何植写信,检讨自己,但为时已晚。东吴军队面对晋军大兵压境的强大威势,"众皆摧退",弃城而走。

出现这种状况,不是粮食不足,也不是城池不坚固,主要原因是"兵将背战",他们再也不肯为东吴孙氏政权卖命了。孙皓也认识到,"兵之背战,岂怨兵邪? 孤之罪也。……天匪亡吴,孤所招也。瞑目黄壤,当复何颜见四帝乎"。此时才觉悟过来,已经为时太晚了。孙权创下的东吴基业,如果从黄武元年(222)算起,前后只存在了59年;如果从黄龙元年(229)孙权称帝算起,前后只存在了52年。

唐代诗人刘禹锡《西塞山怀古》诗中有:"工濬楼船下益州,金陵王气黯然收。千寻铁锁沉江底,一片降幡出石头。人世几回伤往事,山形依旧枕寒流。今逢四海为家日,故垒萧萧芦荻秋。"诗的前四句,就是对当年孙皓向王濬投降、东吴政权灭亡的描写。

第二,陈叔宝也客死洛阳。

陈叔宝继位之时,正值隋文帝开国之初。隋文帝有削平四海之志,于是隋朝群臣争相劝隋文帝发动讨伐陈朝的战争。祯明二年(隋开皇八年,588)年底,隋文帝下诏,历数陈叔宝二十款大罪,散写诏书二十万纸,遍谕江外。有人劝隋文帝说"兵行宜密",不必如此张扬,隋文帝却说:"若彼惧而改过,朕又何求? 否则显行天罚可也,奚事诡计为!"隋文帝一副"替天行道"的气派,说明陈叔宝在当时已经是臭名远扬了。

隋文帝修建了许多战舰,命令晋王杨广、秦王杨俊、清河公杨素为行军元帅,总管韩擒虎、贺若弼等率五十余万大军分道直取江南。隋军东接沧海,西距巴蜀,旌旗舟楫,横亘数千里,无不奋勇争先,欲灭陈朝而后快。

祯明三年(589)春正月的一天,长江江面及两岸雾气四塞。贺若弼自北道广陵渡江到达京口,韩擒虎军队由采石矶渡过长江,自南道与贺若弼军会合。贺若弼攻陷南徐州(今镇江),韩擒虎攻陷南豫州(今合肥),至是,隋军南北两道并进,直奔建康(今南京)。

后主陈叔宝调兵遣将进行布防,让自己的弟弟、骠骑大将军陈叔英屯守朝堂,护卫皇宫皇室,命萧摩诃、樊毅、鲁广达等大将分别领兵占据要津把守。但贺若弼的军队很快攻打到了乐游苑,进攻宫城,火烧北掖门。韩擒虎的军队也占领了石子冈,屯守朱雀门的镇东大将军任忠向韩擒虎投降,并且充当韩擒虎军队向导,经过朱雀航直逼宫城,自南掖门而入,与贺若弼的军队形成合围之势。

建康城内,"文武百司皆遁出",唯有尚书仆射袁宪在殿内,尚书令江总、吏部尚书姚察、度支尚书袁权、侍中王宽等居省中。

陈叔宝闻听隋兵已经打到皇宫,在十余宫人的侍护下,逃出后堂景阳殿,准备到"景阳井"中躲藏起来。尚书仆射袁宪侍侧,苦谏不从;后阁舍人夏侯公韵又用自己的身体来掩蔽住井口,不让陈叔宝下井。但"后主与争久之,方得入"。原来那口井是枯井,陈叔宝急忙中作为藏身备用。但是到了夜里,经过一番仔细搜查,陈叔宝与宠妃们还是被隋军活捉了。

隋兵用粗绳子系一只箩筐坠入枯井中,众人合力往上牵拉,感觉沉重得很,等到拉上来才发现,陈后主、张丽华、孔贵嫔三人正紧紧地抱在一起,坐在箩筐中,被一道拉了上来。由于井口太小,三人一齐挤上来,据说张丽华脸上的胭脂被擦在了井口边,从此这口井被叫作"胭脂井",又被称为"耻辱井"。

晋王杨广入据建康城后,任由将卒对城市进行大肆破坏,隋军要将这座南朝都城变为只能长庄稼蔬菜的农田。

到了三月,陈叔宝与陈朝的王公百司们被押往长安(今西安)当了俘虏,陈朝灭亡。陈叔宝被后世称为"陈后主",陈霸先开创的陈朝仅享国33年。随着陈朝的灭亡,南朝至此也宣布结束。

隋仁寿四年(604)十一月,陈叔宝被俘十五年后"薨于洛阳",时年52岁。隋朝追赠其为大将军,封长城县公,安葬在河南洛阳之邙山。

第三,李煜客死开封。

开宝八年(975)十二月,赵匡胤的宋朝王师攻克了金陵,南唐军事防御不堪一击,李煜被迫降宋,南唐政权灭亡,前后享国仅38年。

第二年,李煜被俘虏至京师汴京(今开封),被赵匡胤封为右千牛卫上将军、违命侯。太平兴国三年(978)七月七日,李煜被俘三年后死于汴京,世称"南唐后主""李后主"。

（四）三位后主留下了什么

从南京走出去的这三位"后主"均客死他乡，但今天，尤其是南京人仍然对他们津津乐道，文学艺术界、史学界更是如此。这三位亡国后主究竟为我们留下了什么？如果从遗产学角度来审视，可能还是有一些的。

陈后主、李后主以诗词闻名，但吴后主孙皓又有什么呢？我想起了处于今天宜兴张渚镇善卷洞上的"国山碑"。

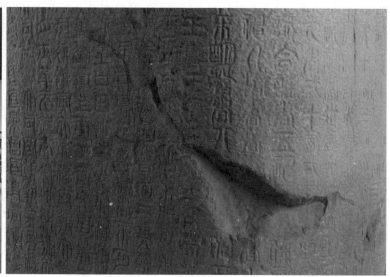

国山碑

吴天玺元年（276），宜兴发生地震，震前有地声、地光等异常现象出现。当地有一座山叫离墨山，山体在地震作用下发生岩石挤压碰撞，致使"大石自立"，一块有十余丈长的巨石竟然自己竖立了起来，使善卷洞的小水洞开裂三十余米。据说洞中当时有一条白蛇逃走了，被称为"白龙腾空"。当地官僚和朝臣们知道后，视为吉祥大瑞，向孙皓上表献媚。孙皓立即派遣司徒董朝等前往封禅，改离墨山为"国山"，并且刻国山碑以作纪念。

一千七百多年后的国山碑还在宜兴耸立着，呈圆鼓形，高 2.34 米，围宽 3.3 米，四周刻篆书写的封禅文辞，内容多为祥瑞颂德之辞，计有 43 行，每行 25 字，共 1075 字，经过风雨侵蚀，目前仅能看清六十余字。这块国山碑已经被列为全国重点文物保护单位,具有重要的文化遗产价值。如果说吴后主孙皓在江苏大地上还留下了什么,在南京找不到,那便是在宜兴的这么一块石碑了。

陈后主陈叔宝整天在宫中与宠姜张丽华、孔贵嫔等饮酒嬉戏,作诗唱和,亲自为乐府民歌《后庭花》(又叫《玉树后庭花》)填上新词,表示对两位宠妃的喜爱。诗曰:"丽宇芳林对高阁,新妆艳质本倾城。映户凝娇乍不进,出帷含态笑相迎。妖姬脸似花含露,玉树流光照后庭。花开花落不长久,落红满地归寂中。"此诗专为美人而写,陈叔宝成了写宫体诗的高手。

自从唐代诗人杜牧《泊秦淮》诗一出,《后庭花》已由原先的乐府曲调,一变成为"亡国之音"的代名词了。杜牧诗曰:"烟笼寒水月笼沙,夜泊秦淮近酒家。商女不知亡国恨,隔江犹唱《后庭花》。"从此,人们提起陈叔宝,就想到他的《后庭花》,想到他与张丽华、孔贵嫔三人所躲藏的那口"胭脂井"。当年的景阳殿与胭脂井早已湮没,但井栏还在,经过历代南京鸡鸣寺僧人的保存,到了清代道光年间,被立栅栏保护,题名"古胭脂井"。民国时期,胭脂井旁建有六角胭脂亭,并附有彩绘。胭脂井就在今天的鸡鸣寺东侧山坡上,早在 1983 年就被南京市玄武区政府公布为文物保护单位了。"后庭花""胭脂井",以一种柔美的色彩,厉声警示着后人,不要忘记陈后主酒色误国的教训。

与赵匡胤进行周旋、有时候还进行软抵抗的李煜,虽然在敌我力量悬殊的情况下被俘,丢掉了南唐江山,但苦难成就了他的文学辉煌,传世的七十多首词作,大多从他心底沾着血和泪水流出,为他赢得了"千古词帝"的称誉。一曲《虞美人·春花秋月何时了》,赢得了多少人的眼泪:"春花秋月何时了?往事知多少。小楼昨夜又东风,故国不堪回首月明中。　雕栏玉砌应犹在,只是朱颜改。问君能有几多愁?恰似一江春水向东流。"一曲《相见欢·无言独上西楼》,诱发了多少人的心痛:"无言独上西楼,月如钩。寂寞梧桐深院锁清秋。　剪不断,理还乱,是离愁。别是一般滋味在心头。"这是一个被关在囚笼里的亡国之君吐露的心声,但它却似魔幻般在时空中穿越着,让你咀嚼、慨叹、唏嘘。这应该是李煜这位后主留给人们的另一种遗产,我们可称之为精神层面的遗产。

李煜虽然没有给今日之江苏乃至南京留下点什么物质遗产,但他的父亲李璟、他的祖父李昇的陵墓就在南京江宁的祖堂山,名曰"南唐二陵",亦是全国重点文物保护单位。在那里,可以遥想南唐小朝廷"一帝二主"的人生苦难与跌宕轨迹。

在南京这片土地上走出去的三位"后主",虽然人生履迹各有不同,但归宿是相同的,均在享受荣华富贵、帝王之尊的生活后,如囚徒一般客死他乡。他们虽然没有什么可称道的经天纬地业绩,甚至是荒淫无能残暴的,但却程度不同地为后人留下了物质的与非物质的文化遗产。历史走出"后主"时代,迎来的是统一的晋王朝、隋王朝和宋王朝。

第五章 "天国"并不太平

南京被太平天国改名为"天京",在《清史稿》中则被称为"伪京"。从唯物史观的角度来看,太平天国虽然具有反帝反封建的正义性,但其运动形式并没有超越旧式农民运动。因此笔者以为,太平天国充其量只是一个在清王朝版图上出现的,且前后仅存 15 年、在南京只存在了 11 年的反清王朝"宗教武装政权"而已,更何谈华夏正朔?我们可以从三个方面来认识这个并不"太平"的"天国"。

第一节 南京是太平天国的迁都之城

19 世纪中叶,华夏大地上曾爆发了席卷清王朝版图南部十多个省、长达十余年的农民起义事件,传统史学界称之为"太平天国"农民运动。《清史稿》通过人物列传,直接地、间接地记载了许多有关"太平天国"的内容,为我们加深对这一历史事件的深刻认识和正确理解提供了重要史料基础。

由于《清史稿》是由清末民初的赵尔巽等人主修,反映的是大清王朝官方正史,所以在书中很难找到对"太平天国"的褒奖之词,满卷呈现的是"粤匪""太平贼""贼"等字眼。与此同时,还有山东义和拳的"拳匪"、上海刘丽川小刀会的"会匪"、捻军的"捻匪"等。大清王朝开始走向衰落,以汉民族为多数的平民因遭受剥削压迫而不得不起义造反的现象如星火燎原般呈现,所以在统治阶级的眼中,那些起义造反现象俨然是危害国家安全的"匪患"了。

由于今天的南京在清王朝统治时期并不被称为"南京",而是叫"江宁",所以《清史稿》在记载太平天国时,除了用"江宁",还用"金陵"来表达。至于洪秀全把当时的江宁改为"天京",《清史稿》则称之为"伪京"。

综合《清史稿》中有关曾国藩、曾国荃、洪秀全、向荣、和春、张国樑、左宗棠、祥厚等人列传内容,笔者对那段历史的认识,较之早年接受课本知识的介绍又有新的感悟,本节主要就太平天国"都城"认定问题进行梳理。

还是在清道光皇帝时代,洪秀全与冯云山一道,拜倡导"上帝会"的朱九畴为师。师父过世后,洪秀全成为教主。在官方追捕下,洪秀全逃到了香港,又拜"耶苏教"(即"耶稣教"),接受基督教文化洗礼。回到广西后,广招信徒传教,并借此与官府对立。由此可见,洪秀全一开始就是靠宗教出山立世的,并且后来行事,一直在利用宗教,时刻离不开宗教。

洪秀全是广东人,他将当地有个名叫杨宣娇的女子收为其妹,妹夫就是后来太平天国的得力干将萧朝贵。杨秀清、韦昌辉都是广西桂平县的,石达开是广西贵县的,他们就在洪秀全妹夫家相识,因共同的宗教信仰而深相结纳,洪秀全俨然是位教主。

刚开始时,他们针对粤西、湖南等地土匪众多、四出俘劫情况,创立"保良攻匪会",练兵筹饷,并进行宗教传播,归附者益众。对于这种民间秘密结社现象,官方是不允许的,桂平县知县"诱而执之",将洪秀全予以诱捕。结果从洪秀全的住处,搜到"入教名册"即入教人员的花名册有17本之多。事情传到广西巡抚郑祖琛那里,他也吓傻眼了,不知道如何处理,因为涉及的人太多,不知道这些人是上帝会的还是"保良攻匪会"的,处理不好会闹翻天的,于是他"不能决,遂释之",竟然把洪秀全给释放了。谁知洪秀全出狱时,杨秀清打头,率领成千上万的信徒到监狱门口来迎接洪秀全出狱,引起轰动。

出狱后的洪秀全影响力更大了,很快又有信徒近万人来追随他。洪秀全也开始对人生有了新的思考,决心要干一番与清朝官府彻底决裂的事业。

冯云山与洪秀全师出同门,因读书多而智计多,就开始部署队伍,研究攻守方略,准备向官府造反。这一年是丁未年(道光二十七年,1847),应"红羊"之谶纬。古人认为,丙午年、丁未年是国家发生灾祸的年份。于是,"乘势倡乱于广西金田",洪秀全他们开始在广西金田起义造反了。

事情愈闹愈大,消息很快传到了京城。道光皇帝知道后,罢免了广西巡抚郑祖琛的官职,因为是他释放了洪秀全,放虎归山,致使后患无穷。与此同时,道光皇帝又起用前云贵总督、虎门"烧"烟的林则徐为钦差大臣,命他前往督师,把金田起义造反的匪贼给迅速镇压下去。可惜林则徐"薨于途",在前往广西的途中病逝了。历史从那一刻起,呈现的是另一番情景。

紧接着,朝廷又以两广总督李星沅为钦差大臣,赴广西剿匪,但"寇势日炽",局面已经开始失控。道光皇帝又任命前漕运总督周天爵署广西巡抚,加大剿匪力度,同时又命提督向荣专门负责剿灭金田匪贼事务。但已为时太晚,错过了在萌芽状态将其扼杀的最佳时机。

就在这关键时间段,道光皇帝又于1850年去世了,咸丰皇帝继位。这位咸丰皇帝自从登基后,因为闹"粤匪",几乎没有过上一天安生的日子。

也就在朝廷新老皇帝交替之际,洪秀全经过一番筹备,于咸丰元年(1851),在广西武宣东乡"僭号伪天王"。洪秀全自称"天王",又纵火焚墟,把原先的聚集地点屋宇全部焚毁,要来个破釜沉舟,把信徒们全部赶出去造反。他们首先对广西的桂平、武宣、平南等县发起攻击,最后进入广西中部的象州县。

朝廷命令广州副都统乌兰泰前往象州进行讨伐,结果三战皆捷。乌兰泰在给咸丰皇帝的上疏中指出:"粤西寇众皆乌合,惟东乡僭号设官、易服、蓄发,有大志,凶悍过群盗,实腹心大患。"这支凶悍的"东乡"人马就是洪秀全的队伍,因其蓄发,后被人们称为"长毛"。当时与洪秀全同时造反的还有匪首凌十八、陈二、吴三、何茗科等人,他们占据广东的罗镜圩及信宜等地,"与洪秀全声势相倚"。

到了咸丰元年(1851)的闰八月,洪秀全的队伍开始兵分两路,向藤县方向进发,很快占领了广西的永安州(今广西梧州市蒙山县)。

就在永安州,洪秀全正式打出"太平天国"旗号,宣告要建立自己的天国。洪秀全自称"天土",立妻子赖氏为王后,建元"天德"。同时任命杨秀清为东王,萧朝贵为西王,冯云山为南王,韦昌辉为北王,石达开为翼王,洪大全为天德王;秦日纲、罗亚旺、范连德、胡以晃等48人任丞相、军师等职。并明确军事上由杨秀清指挥。

当时政府军有明显优势,但洪秀全还是听了杨秀清的建言献策,索性来个做强做大。他们将身边的人通过封官封王的手段予以"羁縻",使他们感觉到跟着洪秀全干可以升官发财。就这样,这支快要"势烬"的队伍又"复炽"了起来,并且是一发不可收拾。

由此不难看出,洪秀全太平天国起义的时间应该从道光二十七年即1847年"金田起义"算起,金田是他们"倡乱"的始发地,东乡是洪秀全1851年称"天王"的地方,并且在那里,洪秀全行使了任命官员的权力;1851年闰八月的秋天,经过半年多与官兵的交战,到了永安州后,"天王"洪秀全宣告正式建立"太平天国",并且有了国家建制。

笔者认为,自古有国就有都,洪秀全在永安州宣告建立"太平天国",从理论上讲,永安州已经具有了都城性质。

长期以来,有些人习惯于采取"错位法"来研究太平天国这一段历史,一方面强调1847年"金田起义"的重要性,一方面又在不知不觉中以1851年太平天国建立的时间节点来淡化起义的时间节点。不论太平天国是农民运动、农民战争、农民革命,还是其他性质的短命政权,其时间起始点都应该放在1847年的金田来思考。

洪秀全的太平天国运动不可能局限于广西永安一带,因为他们时刻面临着政府军的清剿堵击。正是在与官军的多次交战中,太平军不断变换着与政府军周旋的路线,一路攻城夺地,不断获取大量战利品和民间财富。到了咸丰二年（1852）十月进入湖南境内后，洪秀全又获得两个意外惊喜，更是士气大振。

一个是在攻打长沙的过程中，在长沙城的南门外获得一方"玉玺"。洪秀全对外宣称是"天赐"的，从而赢得众人对他高呼"万岁"，使洪秀全的"天王"威信骤增。至于这方"玉玺"是否之前被人先做了手脚、如同陈胜吴广起义时"鱼腹藏书"一般，人们不得而知，史书上也是留下了一笔糊涂账。

二是太平军在渡过洞庭湖进入岳州后，在岳州城中意外获得当年吴三桂军队储藏在这里的军用器械。这些军用器械的获得，使太平军的武装力量得到进一步补充和加强，也更加坚定了洪秀全要建立"天国"的信念。

进入长江通道后，太平军如鱼得水，不到十天时间，就夺得五千多艘船只，"妇孺货财尽驱之满载"，船上除了装满财物，还绑架了许多老百姓一道前行，以壮大声势。

只见洪秀全驾着龙舟，船上高树杏黄旗，两侧排列巨炮，顺水而东。夜晚，则在船上张挂36只灯，耀武扬威，风光无限。其他船只也一律照做。一时间，浩瀚的长江水面上是"数十里火光不绝如昼"。

洪秀全的大军乘船一路沿江东下，先后攻陷汉阳、汉口、武昌、九江等，"自贼踞汉阳、汉口，纵横蹂躏，庐舍荡然"。到了咸丰三年（1853），太平军攻克占领了江宁，"遂建伪都"于此。大清王朝版图的东南地区，从此动荡不宁，南京从此无法安宁。

笔者认为，从太平天国事发过程看，当年的江宁即今日之南京虽然是洪秀全太平天国建都之地，但南京仍然带有"迁都"性质，因为太平天国宣布建国的地点是在广西的永安州。

永安州是太平天国的第一个都城，在那里，太平天国已经从形式上具备了一个国家政权的雏形，相继建立了一系列军事、政治、文化制度，诸如：第一，修改历法，制订天历；第二，令人民蓄发，反对满清政府强制命令汉族、蒙古族及其他中国南方少数民族人民一律改剃满洲发型的剃发令；第三，建立圣库制度，将掳掠到的财产统一管理分配；第四，确定了以天王为核心的官制，礼仪等级划分明显；第五，论功行赏，分封六军主将为王，同时置有丞相、军师等职位。

太平天国的国家政权雏形在永安州已经形成，定居南京后，这个国家政权只是在继续做着不断完善的工作。因此笔者认为：清朝政府时期的江宁即今日之南京，只是太平天国政权的迁都城市而已，洪秀全的太平天国始建都城在广西的永安州，南京只是迁都之城。

第二节　太平天国带给南京的是一场场劫难

咸丰三年（1853）正月，太平天国军队放弃攻打武昌，驾船东下，"大举东犯，连舟蔽江"，号称有50万大军。资粮、军械、子女、财帛尽置舟中，分两岸步骑夹行，向九江方向进发，一路攻下14个州。太平军浩浩荡荡，大举东进，直奔长江下游而去。清王朝政府军猝不及防，长江下游的江宁城危在旦夕。

为了阻挡太平军顺流而下的凶猛气势，两江总督陆建瀛也曾率20000余名士兵、1500艘船只逆水而上，力求在长江中游扼制住太平军东进步伐。谁料想，长期养尊处优的清政府军"遇寇不战而走，前军尽覆"。政府军不堪一击，望风而逃，陆建瀛在战乱中捡回一条性命，狼狈退还江宁，只剩下死守江宁、固守待援一步棋了。

太平军在攻下九江后，稍事修整，就沿九江而下，沿途缴获或捡收到政府军委弃的大量炮仗军械，战利品是愈来愈多，士气是愈来愈高涨。当太平军攻破安庆后，南京的门户已经丧失，江宁城内惊恐万状，不可终日。

太平军掠夺得到大量的银元大米，粮食军械十分充足，兵强马壮，水陆并进，很快就抵达江宁城边。太平军沿城筑堡垒24个，聚集大量战船，从当时的新州大胜关迤逦至七洲里止，昼夜环攻，轮番攻城，同时沿着明城墙挖地道攻城。江宁城内，守兵开始溃乱，百姓们灾难临头。

两江总督陆建瀛赴上游督师败退后,令皇帝与许多大臣很是不满,甚至有大臣要弹劾他。咸丰皇帝为息事宁人,只是另行任命祥厚为总督,偕同副都统霍隆武等留守江宁,负责指挥"江宁保卫战"。

当时的江宁城,周遭有96里,政府军仅5000人驻守,兵力严重不足,与洪秀全的50万大军比,是1∶100,如果与太平军到达江宁时已达60万大军相比,那双方力量就更悬殊了。尽管太平军的力量不可能全部用于攻打江宁城,但在气势上早已把政府军唬住压倒了,江宁城一场恶战已不可避免。

江宁城外的江宁镇、龙江关、上河等地,分驻乡勇不及3000人,临时招募,皆不足恃。太平军过芜湖时,福山镇总兵陈胜元曾率舟师抵抗,惜不幸战殁。从此长江上就缺少了抵御太平军的水上力量,致使太平军船队长驱直入,直抵江宁城下。太平军是陆路、水路齐发力,四面围城,环攻轮攻,江宁城眼看不保。

城内政府军在老百姓的协助下,已经顽强坚守十几天了,由于明城墙的牢固与巍峨,城门紧闭,增强了江宁城的防御能力,太平军一时难以攻下江宁城。于是,太平军就用炸药"穴地轰城"。他们首先在仪凤门城墙下挖洞埋地雷炸药,终于将城墙炸开了一个"倾十余丈"的大豁口。随着城墙轰然倒塌,太平军蜂拥而上,杀声震天。一个城门被突破,其他城门如同有了连锁反应,太平军很快又攻破了水西门、旱西门(即汉西门)、南门(即聚宝门)。经过一阵阵厮杀,江宁城的第一道防线还是被攻破了,江宁城宣告沦陷。

清军总督祥厚与副都统霍隆武身先士卒,登陴固守,率领政府军,历十余昼夜,拼命抵抗,在外城被攻破后,将剩下的兵力集中到最后一道"内城"防线去共同防守。江宁城内的这个内城又叫"满城",应该是满族八旗人的主要居住区。

"满城"即内城是江宁城最后一道屏障,城内"妇女皆助战",可谓全民参战,人人都上阵了。战斗坚持了一天,"满城"还是被太平军拿下了。总督祥厚"手刃数贼,身被数十创,死之";副都统霍隆武策马督战,受伤堕地,力竭阵亡;两江总督陆建瀛戴罪参战,眼看大势已去,在混战中准备"易服走",化装逃跑,但还是被太平军捉住给戕害了。

太平军在攻破内城即"满城"后,进行疯狂杀戮的同时,还对城内的男童进行残忍阉割。《清史稿》中屡有记载:"贼破内城,屠戮尤惨,男妇几无孑遗。""城陷,皆死之。城中男女死者四万余,阉童子三千余人,泄守城之愤。"

江宁城中的"满城"是满族八旗人居住的特殊城区,太平军起义本身就带有明显的反抗满清王朝种族歧视的意图,所以在攻入江宁城后,对"满城"这个城中之城下手也更加狠毒。

在抵御太平军攻打江宁城的过程中,涌现出许多震撼人心的人物事迹:

有锡龄额者,事母孝,祥厚本智异之,擢为参领,曰:"求忠臣必于孝子之门。"战事紧急时,锡龄额告诫妻子说:"国家豢养,无所报;脱不利,当阖门死。"自守城始,他就没有回过家,最后"举室皆殉"。

有炳元者,官佐领,勇力冠军。当江宁城仪凤门被攻陷后,他率死士奋力搏斗,"贼为之却,忽有狙击者,殒于阵",最后被太平军狙击手射死。

有同缨者,江西石城人,拔贡生,历官盐城、泰兴、江浦、上元、六合、江宁诸县,皆有政声,江宁治防及储粮、练团都依靠他去落实。太平军炮裂江宁城时,他率死士"御击复完",边修城墙边还击。"及城陷,赋绝命词,投水死"。

江宁布政使祁宿藻在太平军攻打江宁城时,力疾登陴指挥,历三昼夜,由于"城大兵单,援师不至,知事不可为",在城上呕血数升而卒,"死而不瞑"。

有克让者,为道光三年进士,咸丰元年擢升江安粮道,居官清正。贼将至,有人劝他借督运出城。克让说:"江宁东南都会,失则大局危。去将焉往?"布政使祁宿藻死不瞑目,克让抚之曰:"库尚有储金,当募死士以成君志。"克让守清凉山,督兵战,最后殒于阵。其弟克诚、其子松恩同遇害,妻子李氏在家上吊"自经死"。

汤贻汾是江苏武进人,累擢浙江乐清协副将,历官治军、捕盗,有声誉,尚气节,工诗画,政绩、文章皆为时所重,晚年辞官侨居江宁。及"粤匪炽",汤贻汾见时事日亟,难以控制,就对别人说:"吾年七十有七,家世忠孝。脱有不幸,惟当致命遂志,以见先人。"江宁城被太平军攻陷之日,汤贻汾"从容赋绝命词,赴水死"。

当时的江宁城内也发生了激烈巷战。

江南提督福珠洪阿在太平军用地雷炸城墙时,迎击于城缺,斩悍贼。但诸城门先后被攻破,"贼四面至,往来巷战,死之"。

江苏无锡人邹鸣鹤是道光二年进士,咸丰元年由顺天府尹擢升广西巡抚。咸丰三年,武昌已陷,回籍江宁,筹办沿江防务,协同防守。及江宁陷,书绝命词后,自率队出,至三山街,太平军中的人竟把他认出来了,大声喊道:"此守桂林之邹巡抚也!"对邹鸣鹤进行污辱谩骂。邹鸣鹤亦骂不绝口,最后被太平军"支解而死"。

江宁城被攻陷时,清政府许多官员集体自杀,以谢国明志:署布政使盐巡道涂文钧,江安粮道陈克让,江宁知府魏亨逵、同知承恩、通判程文荣,上元知县刘同缨,江宁知县张行澍等,"同死之"。

以上种种血腥现象已经说明,太平天国军队进入江宁城时,并没有出现人们期望的那种"箪食壶浆,以迎王师"的感人热烈场面,相反则是强攻猛打厮杀,其杀戮行为与对这座城市的破坏已经到了令人发指的程度。

1853 年,洪秀全在杨秀清和文武百官以及强行组织来的黎民百姓的跪迎欢呼声中进入江宁城。洪秀全将江宁更名为"天京",并以此作为都城,正式定居了下来。此时的太平军已经发展壮大到 60 万兵力,足可与清王朝对峙抗衡一阵子。

太平天国在江宁定都后,开始大兴土木,兴建宫室,将原先的两江总督衙门毁坏后扩建为天王府。为了"广其址",将附近居民房屋强行拆除搬迁,并且"役夫万余,穷极奢丽,雕镂螭龙、鸟兽、花木",多以黄金制作。除了洪秀全的天王府,其他"伪王皆建伪府",致使江宁人民的负担日益加重。

瞻园（太平天国时期东王杨秀清王府）

　　由于一下子来了这么多吃饭的太平军，江宁城内粮食紧张，太平军就"驱妇女之老而无色者出城，听其自散"，实际上就是把无数家庭给拆散了，让许多老年妇女无家可归。另外，"尽取年十五以上、五十以下之妇女，指配给众，不从则杀之，守志者多自尽，死者万计"。有许多妇女选择自杀守节这条路，惨死者数以万计。江宁城内，哀嚎声四起，凄惨至极矣。

　　在进行了一系列政治、军事体制机制建设完善后，洪秀全接着就分兵主动出击，一路"分党北犯中原"，企图占领河南、直隶，最终威胁清政府皇城所在地燕京，致使"天下骚动"，但最后还是被清军打退到黄河以南。另一路由李秀成、李世贤兄弟分别率兵进犯苏、沪、杭等地，浙杭地区沦陷。其他如杨秀清、韦昌辉、石达开等人都有领兵出击任务。从此，太平军与政府军双方攻夺之战不断，尤以江宁最为频繁和惨烈。

　　由于太平天国是在清王朝版图上出现的反清王朝政权，注定要不断遭到政府军的剿灭打击，因此，洪秀全"踞江宁"没有给江宁一方土地带来福音，更多的是带来灾难。江宁从太平军到达那一天起，就已经变为政府军与太平军交战的主战场,江宁不宁,"太平天国"并不太平。

清朝政府一路以湖北提督、钦差大臣向荣为将领,领兵17000余人,进攻江宁的通济门外及七桥瓮贼垒。连续攻破后又驻屯紫金山的孝陵卫,共结营18座,号称"江南大营"。都统琦善又以钦差大臣身份,率直隶、陕西、黑龙江马步诸军驻扎在扬州城外,号称"江北大营"。江南、江北两大军营相互呼应,向江宁城发起进攻。

但太平军势头凶猛,双方在江宁及周边地区不断上演着占领、夺回、再占领、再夺回的拉锯战。与此同时,太平军也造成了周边地区大量杀戮事件。

与江宁相邻的杭州城被攻破时,江南诸军统领瑞昌、杭州副都统关福、江苏粮储道赫特赫纳,以及"男妇四千余人",自杀同死。

又据丹阳民国《束氏宗谱》记载,太平军在攻克常州时,地方政府组织民团阻止"长毛"(即太平军)东进常州,当地的苏、束、毛三氏族人与太平军对阵交战,结果除参战者全部被杀戮外,太平军还进村烧房灭族,当时仅束氏家族就有几百人被杀戮。至今在镇江市丹徒区上党镇的束家村,村上没有一个姓束的人生存。据当地老人回忆,束家村的人当年被"长毛"全部杀光了,现在村庄上虽然全为吴姓人氏,但都是后来从附近别的村庄搬迁过来的。束家村的罹难情况与地方史乘谱牒记载完全相符。时过境迁,"束家村"地名成了那段惨痛历史的活化石。

到了同治元年(1862),清朝政府在与太平军交战过程中吃了不少苦头后,开始任命曾国藩为协办大学士,督诸军进讨太平军。正在家乡湖南"练乡勇、创水师"的曾国藩接到朝廷命令后,在衡州湘江一带治战船,募水勇4000人,分为10营,募陆勇5000人,亦分为10营,组成"湘军"。曾国藩亲统大军从衡州出发,水陆并行,"夹江而下",准备先收复江宁。

在曾国藩统一指挥下,清军"十道并出",向江宁及周边地区发起战略性的、点线面结合的全面围剿进攻。从此,曾国荃有捣金陵之师,李鸿章有征苏沪之师,杨载福、彭玉麟有肃清长江下游之师;大江以北,多隆阿有取庐州之师,李续宜有援颖州之师;大江以南,鲍超有攻宁国之师,张运兰有防剿徽州之师,左宗棠有规复全浙之师。而具体负责夺回江宁城、摧毁太平天国核心堡垒的任务,则交由曾国荃的"金陵之师"来完成。

同治二年(1863)春,曾国藩亲自到弟弟曾国荃负责指挥的前沿阵地视察,给将士们鼓劲。到了四月,政府军攻下了雨花台及聚宝门外的太平军堡垒。接着又连克上方桥、江东桥,近城的中和桥、双桥门、七瓮桥,稍远的方山、土山、上方门、高桥门、秣陵关、博望镇等太平军堡垒。十月,又分军扼守孝陵卫。

此时,李鸿章率领的军队攻克了苏州。李秀成率太平军败众到丹阳、句容地区待命,自己则潜入江宁城内,劝说洪秀全一道逃走。洪秀全不听,李秀成只好留下,与洪秀全一道守城。

同治三年春,政府军相继攻克了钟山天保城、地保城,对江宁主城区形成合围之势。江宁城中粮匮,太平军就"种麦济饥"。曾国荃迭令掘地道数十处,而太平军又筑月围以拒官兵,双方士卒多有伤亡。

同年五月,政府军水师攻克了位于江北浦口的水陆要道九洑洲,水陆大军通过血战,终于扫清了江宁附近江面上的太平军营垒。六月十六日,政府军通过地道火攻炸城墙,将城墙炸毁崩塌20余丈。政府军冲进江宁城内,与太平军展开血战,很快,"江宁九门皆破,守陴贼诛杀殆尽"。这一幕,与1853年太平军攻打江宁城时的血腥场面,又何其相似。

当政府军占领"伪王府"时,发现洪秀全已于一月前服毒自杀。通过严密搜查挖掘,"获其尸于伪宫",最后"戮而焚之"。

曾国荃令紧闭城门救火,搜杀余贼,获洪秀全兄洪仁达及李秀成,将其全部诛杀于市。凡伪王主将大小酋目3000余人,皆死于乱兵中,共"毙贼十余万"。可以想见,此时的江宁城又与11年前的太平军攻进来时一样,再一次呈现血流成河的惨状。

江宁城重新回到清朝政府手中。捷报传出,天子褒功,诏嘉曾国荃坚忍成功,加太子少保,封一等伯爵;曾国藩加太子太傅,封一等毅勇侯,赏双眼翎。清朝政府"开国以来,文臣封侯自是始",曾国藩为文臣封侯第一人。

值得一提的是,在太平天国占据江宁期间,"江宁城内,士民谋结合内应",惜"屡爽期,迄无成功",说明当时江宁城内居民还是在积极配合政府军开展收复江宁行动的。

从1853年太平军攻打江宁城那一刻,到1864年太平天国被清政府剿灭的11年时间内,对于当时的江宁城人民而言,几乎很难过上像样的"太平"日子。试想,城外就是政府军,城内就是太平军,双方对峙,天天箭在弦上,一触即发;一个要攻城,一个要守城,开始是政府军在城内、太平军在城外,后来是太平军在城内,政府军在城外,双方轮番上演守城攻城、攻城守城的阵地战。可怜江宁城中百姓,连续多年,整天处于战争阴影笼罩之下。对于南京这片土地而言,那是历史上的南京人遭受磨难时间最长的一段痛苦岁月了。

第三节　太平天国是一个宗教武装政权

太平天国是一个什么性质的政权?之前诸多说法无从评说,笔者只想说说阅读完《清史稿》后的感受:洪秀全利用教主身份鼓吹发动农民武装暴动、四处出击、攻城略地、建立政权,直至洪秀全自杀死亡后的一个月左右,太平天国政权被清政府剿灭,在这十余年的打打杀杀过程中,他在大清国土上建立的所谓"天国"政权,只不过是一个地地道道的"宗教武装政权"而已。

(一)洪秀全自导自演"天国"故事,借助明道来暗自武装

据《洪氏族谱》介绍,洪秀全,族名仁坤,曾用名火秀,后为避上帝名讳改为秀全,广东花县客家人。洪秀全曾参加过科举贡生考试,多次落第,后在广州接触到基督教,并与教士罗孝全接触,宗教思想也更加西化

了。有一次，洪秀全突然宣称自己生病了，"诡云病死七日而苏，能知未来事"。他神神秘秘地对外宣称，自己病死了七天，现在又苏醒过来了，且具备了能够预知未来的本领。

洪秀全对众信徒说：这几天上帝召唤我去谈话了，说人世间将有大劫难出现，唯有拜上帝会可以避免这场灾难发生。他又告诉信徒们：凡是加入上帝会的人，男性一律称兄弟，女性一律称姊妹，在他这个上帝会里是实行男女平等的。这番话，诱惑力更大。

仅此还不够，他又为自己设定好了第二套神秘"演卜"：先给上帝会披上西洋耶稣教外衣，再给自己量身定做一个身份，以融入上帝耶和华的大家庭中。他继续忽悠信徒们，说他死而复活之后，能够"通天语"，听懂天界上帝的语言了，知道天父的名字叫"耶和华"，天父的长子叫"耶苏"（耶稣），他洪秀全是天父耶和华的次子。这样一来，洪秀全就把自己神化成了上帝大家庭中的成员，俨然成了天神上帝在人世间的化身和代言人。

到此还不够，洪秀全接着开始表演他的第三套鬼把戏，把"演卜"的本领发挥到极致：他把自己单独关闭在一个卧室里，"禁人窥伺，不进饮食，历数日而后出"。在关禁闭期间，任何人不准偷看、不准进入禁闭室，更不准送吃的喝的进去。几天后，他不仅没有饿死，还走出房门，神秘兮兮地告诉众信徒：他这几天是到天宫出差去，与上帝在一起商议大事了。于是"众皆骇服"，仿佛真的遇见了神，个个表示臣服，心甘情愿投奔他的麾下，听他指挥。

洪秀全发现自己的这三招诡秘"演卜"果然生效，自己的身份已经实现了由凡人到神界的华丽转型，接着就开始以神的名义发布洗脑材料了：编撰了《原道救世歌》《原道觉世训》《原道醒世训》。有了自己编写的教材，信徒们就有了遵循，更便于统一教化了。

但洪秀全的初心不只是为了宣传教义、给众信徒洗脑，而是最终要达到以教会的力量来壮大自己的实力，以便与清朝政府对抗的目的。说到底，自己手中要有真正的武器和队伍才行。于是，洪秀全一边利用宗教的魔力来神化自己,广收信徒,一边又思考如何利用合法手段来武装自己的队伍。

于是,洪秀全又回到了现实当中,在暗中办上帝会的同时,又明面上开了一个政府认可的"分公司"以遮人耳目。他利用粤西、湖南等地土匪众多、四出俘劫、社会治安混乱的情况,与杨秀清创立"保良攻匪会",并以此为旗帜,开始公开"练兵筹饷",招兵买马,一下子筹集到了不少粮食和资金,这样一来,"归附者益众",队伍愈来愈壮大。

洪秀全把虚无缥缈的天国资源给诡秘地用活了,同时又抓住政府的需求,通过成立"保良攻匪会"合理公开渠道,暗中为未来开展宗教武装而积极筹备弹药、器械、粮食,他要在清朝政府眼皮底下干一件轰轰烈烈大事的条件已经具备。

(二)洪秀全精心打造"天"字号品牌,政权弥漫着浓厚的宗教色彩

有了一定的武装准备和金钱、粮食储备,洪秀全应"红羊"之谶,在丁未年(1847)从广西金田出发,开始了他的边打边抢、边占地盘边进行宗教说教的战斗行程。在作战行程中,他没有忘记继续利用宗教的魔力来给现实生活中的自己增加神秘感。例如在咸丰二年(1852)十月攻打湖南长沙时,他就玩了一个小伎俩,谎称在长沙南门外得到天帝所赐的"玉玺"一方,从而赢得从众高呼"万岁"。

洪秀全处心积虑、绞尽脑汁,要给追随他的信徒们一个强大信息:他是上帝派来拯救人间的。他要始终高举"天"字号大旗行事,这样才更具神圣性和感召力。在占领一个地方后,如果条件许可,他便让人建筑一个小高台,好让他"演说吊民伐罪之意",向普罗大众宣传他带有西洋宗教味道的平等自由思想。即使后来到了江宁定都,他也日登高殿,集众演说,表示要给人民以自由权,同时提倡解放妇女。

洪秀全倾力打造"天"字号魔幻品牌,我们可以从五个方面来认识。

第一,从政权名称看。洪秀全深知"名不正则言不顺,言不顺则事不成"的道理,他将自己寻求建立的政权定性为"天国",又以救世主的姿态要为天下谋求太平,所以他又将"天国"冠以"太平"二字,称"太平天国"。纵观中国几千年的奴隶制、封建制王朝,又有谁有这么大的胆识把自己建立的政权与上天攀附而称"天国"? 洪秀全是第一人,因为他是靠"上帝会"起家的,并且他自称是上帝耶和华的第二个儿子,由他建立的国家当然叫"天国"了。

第二,从都城名称看。在攻占江宁城后,洪秀全要在此最终定都不走了。此前的江宁城名称已有许多,如南京、建康、建业、金陵等,洪秀全"既破金陵,遂建伪都",将都城的名称定为"天京",都城名称仍然离不了一个"天"字。纵观中国历史地名,以"京"字命名的城市有许多,除南京外还有东京、西京、北京、汴京、盛京等,基本遵循的是以方位、地域和赞颂为原则,而"京"是指地面上范围较大的高地。洪秀全称自己政权的都城是"天京",说明这里将是他沟通天与地的理想高地,他将在这里履行天帝之子的神圣使命,替天发布旨令。

第三,从宫室制度看。洪秀全定都江宁后,一切文武之制都由东王杨秀清来主持制定。其宫室制度既有封建王朝的成分,又充满了宗教大主教的礼仪待遇。洪秀全自称"天王",在他的天王府里有一个龙凤殿,类似封建皇帝与大臣议事的朝堂。每次开会议事时,首先是鸣钟击鼓,然后洪秀全升座,座间要张挂红幔;诸王丞相两旁分座,依官职顺列;众将则侍立于后。议事毕,再鸣钟伐鼓退朝。这里还有一个专门为洪秀全打造的高五丈、有一百步台阶的圆形"说教台",平时每日中午,洪秀全都要在这里讲演。他身穿黄龙袍,头冠紫金冕,冕垂三十六旒,身后有二侍者持长旗,上书"天父、天兄、天王、太平天国"几个大字。到了后期,据说又改书为"上帝天国、天父、天兄、天王、太平天国"几个大字了。"天"字在王府宫中已是十分抢眼,舆论导向也已十分明确。

第四,从礼仪服饰来看。洪秀全利用宗教教义来称自己为天国的"天王",但在服饰问题上却又回到了人世间。为了强调自己的政权与满人建立的清朝政权有别,竟然也扛起了朱元璋的明代大旗,不再称自己是天帝的次子了,而是称自己是朱元璋的"不肖子孙",让群臣称颂他是"明代后嗣",并且举行盛大祀典,拜谒明太祖陵即明孝陵。其祭祀时的祝词是这样的："不肖子孙洪秀全得光复我大明先帝南部疆土,登极南京,一遵洪武元年祖制。"军士们夹道欢呼洪秀全为"汉天子"。洪秀全以汉家天子身份颁发"登极制诰",一方面表示与清朝政府对抗,另一方面也是为了淡化政权的宗教色彩,努力使自己的政权合法化并得到大众的认可。所以他在服装颜色方面也是"尚黄",体现皇家文化传统。洪秀全的天王金冠是雕镂龙凤,如圆规沙帽式,上绣满天星斗,下绣一统江山,中留空格,凿刻"天王"两个金字。洪秀全作为天王,身着黄缎袍,袍上绣有9条龙。自诸王以下至侯相,袍上绣龙数量逐渐递减至4条龙。既是"天子"又是"天王",洪秀全比一般封建帝王要多一个"天"字,是双料"天"人。

第五,从"天保城""地保城"地名看。洪秀全为了加强都城的防务,修筑了两个著名的军事要塞,即位于今天南京东北部紫金山与明城墙"龙脖子"那一带的"天保城"与"地保城",意在希望天帝与地祇能够保佑他。必须指出的是,南京市长期将这两处地名写成"天堡城""地堡城",并且在公布文物保护单位时也用了这个名称,实在是到了该修正的时候了。

《清史稿·洪秀全列传》等明确记载,从同治二年(1863)四月开始,为了攻克洪秀全的老巢,曾国荃用近8个月的时间,采取挖地道、挖战壕等军事手段,终于在年底形成了对江宁城的长达100多里的包围圈,他的指挥所就设在今南京城南的雨花台地段。同治三年春开始,政府军不断夺取关隘要道,江宁城的东、西、南三面全部为政府军所据有,唯钟山石垒未被攻克,城北两门尚未被合围。

太平军李秀成也曾亲自带领将士从钟山南面冲杀出来,进攻政府军大营,但还是被打败,不得不退到位于钟山上面的"天保城"军事堡垒中。政府军将领沈鸿宾等"挟火球箭掷垒中,寇突火跳,遂克钟山石垒,寇所署伪天保城者也"。

《清史稿·曾国荃列传》也记载:"同治三年春,克钟山天保城,城围始合。"曾国荃命令诸将分别领兵驻屯太平门、洪山、北固山军事要地,堵塞神策门,同时利用玄武湖水面,从而形成了"江宁四面成包举之势,寇援及粮路皆绝"的战略格局。

当时国内还存在着河南捻军在安徽、江西等地造反的现象,为了控制住全国局面,同治皇帝敦促曾国荃尽快拿下江宁城,让这座城市尽快重新回到清政府手中。于是曾国荃在攻克天保城后,准备迅速拿下地保城。

《清史稿·洪秀全列传》记载:"(曾)国荃进攻钟山龙脖子,寇所称地保城也。"接着又写:"我军自得伪天保城后,城寇防守益严。"地保城离主城区更近,是江宁城安全最要害处。太平军在丢掉天保城后,对地保城扼守更加拼命,但很快就被李祥和带领的政府军攻破。夺得地保城后,曾国荃就在上面筑炮台,每天发巨炮轰击江宁城,居高临下,江宁城的形势已完全在曾国荃的掌控中了。

再说"天保"一词出自《诗经·小雅》中的《天保》篇,其中有"天保定尔,亦孔之固"等诗句。洪秀全以"天保"作为军事堡垒的名称,表达了希望城防工事得到上天帮助且更加牢固的愿望。如果将"天保"误作"天堡",那就低估了洪秀全这位"天王"精心打造的"天"字品牌的"良苦用心"了。有了"天保",与之相应的由地祇来保佑的"地保"就属正常了。在今天的南京市,仍然有天保桥、天保村、天保街,下关一带原天主教信徒集中居住的地方有天保里、天光里、天祥里等地名,都与当年洪秀全倾力打造"天"字号品牌有关。

(三)洪秀全用"天国"呓语作精神支柱,激励将士上前线厮杀

洪秀全在后来进入与清政府军全面抗衡过程中,仍经常以"天王"教主身份出现,说一些仿佛来自天国的话语,给由信徒变为将士的部下们听。

咸丰六年(1856),太平天国内部火拼后,杨秀清、韦昌辉相继被杀,石达开因为害怕遭迫害而不敢回到都城江宁,只好在外线作战。洪秀全能够依靠的战将只有李秀成、陈玉成等人了。

咸丰七年,洪秀全大会诸党,任命陈玉成为前军主将,杨辅清为中军主将,李侍贤为左军主将,李秀成为五军主将,分别出击,在不同战场上与政府军较量。二月,政府军首领和春攻破了位于江宁城南面的秣陵关。三月,和春率张国樑等围攻江宁城。当时洪秀全正在举行宴会,请各路将领们喝酒。正在大家觥筹交错之时,一个"流丸"坠落到了洪秀全膝下,"群骇愕"。这时洪秀全拿出"天王"的派头,神闲气定地对众将领们说:"予已受天命,纵敌兵百万,弹丸雨下,又将如予何!况和春非吾敌也,诸将弄彼如小儿,特供一时笑乐耳,奚恐为?"他安慰众将领,说自己是奉了上天的命令来与政府军开战的,敌人纵然有百万雄兵也奈何不了他;政府军的将领和春更不是他太平军的对手,诸将对付和春就像大人戏弄小孩子一般。洪秀全在用宗教梦呓般的语言为将领们鼓气。

咸丰九年,洪秀全一下子封了90多个王,目的是调动诸将的积极性。想当初起义造反时,他就是通过封王这一招把许多人给笼络住了,跟着他卖命干。十二月,自陈玉成回援安庆后,李秀成独自领军驻屯浦口,"寇势已孤,时金陵困急,援兵皆不至"。李秀成以陈玉成的兵力最强,请加封陈玉成王号以"寄阃外",作为统兵在外的将军。洪秀全就封陈玉成为英王,"赐八方黄金印,便宜行事"。但陈玉成的威信远不如李秀成,"无遵调者",没有人听他指挥,"总军数月,不能调一军"。后来洪秀全又封李秀成为"忠王荣千岁",负责调兵遣将。有一次,李秀成准备南渡,就去拜见洪秀全问计,洪秀全对他说:"事皆天父排定,奚烦计虑?"把自己的军事行动说成是由天父安排,不要去考虑什么计谋。洪秀全这番话听起来如同儿戏,亦如同痴人说梦。

咸丰十年三月,太平军在李秀成的指挥下,为解江宁城之围,先是"多制旗帜作疑兵",让政府军中计,再次攻破杭州城,然后又快速撤退,吸引围困江宁的政府军兵力赶来救援。到了闰三月,又组织几路人马"攻扑长围",第二次攻垮了政府军的江南大营,致使政府军"大营火起,全军溃陷"。政府军重蹈咸丰六年的覆辙,再次退守到丹阳。丹阳后来又被李秀成攻破,政府军将领张国樑战死,李秀成为张国樑收尸礼葬,说:"两国交兵,各忠其事。生虽为敌,死尚可为仇乎?"这时,"寇势大张",

但洪秀全对于战士是"不及奖叙,终日亦不问政事,只教人认实天情,自有升平之局"。"实天情"就是指真实的上帝旨义。

咸丰十年八月,洪秀全通知李秀成从苏州回到江宁,准备"经营北路",向长江以北、黄河流域进军。李秀成鉴于咸丰三年林凤祥、李开芳"北犯不返"、被政府军消灭的教训,提出先赴长江上游招集各股力量,然后再筹北上的想法,洪秀全大怒,谴责其违抗命令。但李秀成"反复争辩,坚执不从",洪秀全眼看不能勉强,只好妥协。于是太平军准备取道皖南,上窜江西、湖北,集结力量。在"伪京"即江宁召开的军事会议上,李秀成分析说:"曾国藩善用兵,将士听命,非向、张可比。将来七困天京,必属此人。若皖省无他故,尚不足虑。一旦有失,则保固京城,必须多购粮食,为持久计。"洪秀全听了李秀成的话,当场责备李秀成说:"尔怕死,我天生真主,不待用兵而天下一统,何过虑也?"

到了同治二年(1863)十二月,被李鸿章打败的李秀成从苏州逃离后,将残余人马分布在丹阳、句容一带继续与政府军对抗,自己则率数百骑兵潜入江宁太平门的地保城中,苦劝洪秀全弃城同走。洪秀全侈然高座曰:"我奉天父、天兄命令,为天下万国独立真主,天兵众多,何惧之有?"李秀成又对洪秀全说:"粮道已绝,饿死可立待!"洪秀全却回答说:"食天生甜露,自能救饥。"洪秀全所说的"甜露"就是指杂草之类。大难已经临头了,洪秀全仍然不顾现实,还在用他的宗教"真主"身份来为自己壮胆硬撑。

从以上例证已经不难看出,在敌我双方真刀真枪的作战过程中,洪秀全仍以"天国"宗教的力量作为精神支撑,以为挽回败局的灵丹妙药就是他的"天国"上帝,就是他的"天王""真主"身份,让人感觉这是一个魔怔了的人在说梦话。同时也让人感到,这个披着宗教外衣的"天国"教主,仍然在继续着他的"演卜"营生勾当。

(四)洪秀全凭借宗教与战争双重武器,企图建立世袭制宗教武装政权

同治三年(1864)三月,洪秀全因天京危急而服毒自杀。"群酉"用上帝教殓法,用绣缎裹其尸体,无棺椁,瘗埋在天王府的王宫内,并且"秘不发丧",这位"天国"的"天王"俨然以宗教领袖的身份了此一生。洪秀全16岁的小儿子"洪福"(原作"洪福瑱",又名"天贵福")"袭伪位",继承了洪秀全的天王位子,继续当"真主"。

江宁城内发生的洪天王服毒自杀一事,城外的政府军没有获得丝毫消息,正在全力加快进攻节奏,但还是久攻不下。在这种情况下,朝廷准备派已经拿下苏州的李鸿章军队"移师会攻",配合曾国荃作战。曾国荃手下的诸将认为,江宁城"计日可破,耻借力于人",于是进攻更加卖力,他们要独立完成攻城任务。李鸿章是曾国藩的门生,虽然接到朝廷旨令,但他不愿意去抢老师弟弟曾国荃的战功,所以也就故意迟迟不出兵。

曾国荃也担心"师老生变",军队作战时间太长了会发生麻痹和疲劳现象,战场上的变化有时是意想不到的,于是就督促前敌总兵李臣典等在太平军炮火密集处开挖地道,悬重赏募死士攻城。李臣典、朱洪章、伍维寿、武明良、谭国泰、刘连捷、沈鸿宾、张诗日、罗雨春等9人作为第一批敢死队,誓死先登城进城。

同治三年的六月十六日中午,政府军"地道火发,城崩二十余丈",前敌总兵李臣典、朱洪章等"蚁附争登"。守城的太平军也不示弱,倾火药轰烧,政府军彭毓橘、萧孚泗紧紧跟上,"手刃退卒数人,遂拥入"进城。各路人马分头进攻,各自为战,遂使"江宁九门皆破"。

江宁城内的守陴太平军被诛杀殆尽,但仍然有太平军在奋力保护"子城"即王府所在地。夜半,太平军"自纵火焚伪王府",准备突围溃走,结果还是被政府军截斩数百人。洪秀全的尸体被挖出后,政府军"戮而焚之",又获伪玉玺二方、金印一方,却找不到继承洪秀全天王位子的幼主洪福。被俘的太平军"讹言已自焚死",实际上是被太平军余党"挟之走广德"了。洪福他们一路奔窜至浙江、江西,"仍为诸贼所拥",但最后还是被政府军活捉,"磔于南昌"。

关于洪秀全的这位太平天国幼主的名字,是叫"洪福"还是叫"洪福瑱", 根据《清史稿》给出的史料信息, 应该叫"洪福"或叫"真主洪福"。这位 16 岁的幼主本名"天贵福", 但他的玉玺上刻印的是"洪福", 只是开始人们认出的是在玉玺旁边是"真王"二字, 致使后人将其误合为"瑱"字, 称其"洪福瑱"。经过仔细观看印文, 其实是"真主"二小字, 而不是"真王"合并成的"瑱"字。

笔者认为, "真主"二字是完全正确的解读, 符合洪秀全通过"上帝会"来创立"天国"的身份。洪秀全生前也曾不止一次地称自己是"真主", 是耶和华的第二个儿子, 与耶稣是兄弟关系。他希望自己建立的天国能由儿子来世袭, 而这个儿子当然也与他一样, 是小"真主"了。

洪秀全号称"天王", 建立的政权叫"太平天国", 但在现实世界中呈现的却是另一番现象。他通过宗教形式建立起武装政权以与封建政府相抗衡, 但最后自己也采取了封建世袭制模式, 将自己的"天王""真主"宗教王冠戴在了自己儿子头上。他的思想境界根本没有跳出封建王朝的藩篱, 打着宗教的旗号, 所建立的"太平天国"从一开始到结束的十来年中, 没有一天离开过宗教, 也没有一天离开过武装, 几乎没有一天不打仗, 弄得南京及其他江南地区鸡犬不宁, 民不聊生。这个政权是在统一的清王朝版图上出现的短命的反清王朝武装, 究其本质, 只不过是一个浸染并患上了封建王朝痼疾的"宗教武装政权"而已, 根本没有资格进入华夏正朔行列。

关于太平天国农民运动, 一方面应肯定其反帝反封建的基本性质和积极作用, 另一方面也要准确认清农民运动的局限性, 特别是其不可避免的封建化趋势。太平天国与清廷的战争给昔日之南京带来的无疑是一场场劫难。除了百姓遭殃、死亡惨烈外, 对南京的历史建筑大量破坏, 尤其是对明代金陵大报恩寺、元代天界寺等历史建筑及传统民居的摧毁, 包括对南京周边城市如仪征天灵寺的烧毁破坏, 更是罄竹难书, 需要通过专题来进行研究。

行文至此, 笔者想用孙中山先生在《中国革命的社会意义》中的一段话作为本章小结："中国受清朝统治二百七十年,在这期间,曾有无数志士试图恢复中华。其一便是五十年前的太平天国革命,但此举纯为汉族反对满洲人的种族革命。即令这次革命取得了胜利,国家仍然处于专制政府统治之下,则此种结果亦不能称之为成功。"孙中山先生在这里指出了太平天国的"专制政府"本质,再次告诉人们,太平天国政权不仅具有宗教武装色彩,更具有封建专制的一面,其灭亡是历史之必然。

太平天国天王府宫殿西花园内"纶音"碑的碑额与碑座(1954年被发现,现陈列于南京总统府大院内)

第六章　大明王朝

　　放眼历史天空,唯有定都在南京的大明王朝是华夏正朔,是一个统一的封建王朝,是一个为南京古都史添彩的王朝,是一个可以与"六朝"并肩的封建王朝。并且明朝为南京这座城市留下了丰厚文化遗产,至今还在造福着南京人民。

　　洪武元年(1368)正月,明朝开国皇帝朱元璋建立"大明"政权,定都应天府(今南京),继续保持了华夏一统局面。同年八月颁布《立南北两京诏》,"以金陵、大梁为南、北京",改应天为南京,改开封为北京。"南京"之名由此始,也标志着明朝两京制的正式开始。永乐十八年(1420),明成祖朱棣下诏迁都顺天府,将顺天府改为北京,即今天的北京所在,应天府仍为"南京"。具体迁都工程,一直到永乐十九年才算完成。明王朝定都"南京",将南京作为首都,以永乐十九年作一个小结,前后亦长达53年之久了,算起来,已完全超过了东吴政权定都南京的51年时间。

　　作为"留都",朱棣在南京虚设了没有太多实权的"六部"等中央机构,称南京某部。之后的南京一直作为留都、作为明王朝的副政治中心而存在着。朝廷任命官员,往往先派到南京"六部"锻炼,有的留下来在南京当官,为朝廷效命,有的则被调到北京任用。明朝末年,因李自成攻占北京及清兵入关,明王朝政权的危机时刻到来,南京又因"弘光"朝的崛起,再次由留都变成了首都,挑起了王朝"中兴"大任。明王朝前后长达277年,都与南京这座城市密不可分。

第一节　元朝末年俩"吴王"

朱元璋是大明王朝的开国皇帝,在这之前,他称"吴王",并且当时有两位"吴王"出现。

在中国历史上,称"吴王"的可谓夥矣。从春秋吴国的吴王寿梦开始,吴国就有寿梦、诸樊、余祭、余眜、僚、阖闾、夫差 7 位"吴王"。到了汉代以后,一些封建王朝在分封诸侯时设立吴国,从而出现了许多"吴王",如大家熟知的汉代吴王刘濞、曹魏政权时的吴王孙权、西晋时的吴王司马晏等。据统计,中国历史上曾经出现过 65 位"吴王"。

一般而言,"吴王"们都是因为封建皇室成员关系而被分封的,但在元朝末年,却有两位起兵造反的领军人物相继自称为"吴王",他们就是张士诚、朱元璋。

据《明史·太祖本纪》记载,元至正十六年(1356)七月,诸将奉朱元璋为"吴国公",置江南行中书省,从此,朱元璋一帮人有了正儿八经的政府官僚机构。九月,朱元璋从应天府到镇江去拜谒孔庙,他让儒士告谕父老乡亲,希望大家安心农桑,不能放弃农业生产。不久就又回到应天府,他要依托南京虎踞龙蟠的气势,发展壮大自己的实力。

朱元璋除了要与当时的元朝政府军队开战外,还要分别与起义军中的陈友谅军队、张士诚军队作战,争夺地盘。又经过 8 年艰苦战斗,一直到至正二十四年正月,在李善长等率群臣多次劝进下,朱元璋"乃即吴王位",开始以"吴王"身份正式组阁建国。一时间,百官齐备,朱元璋以李善长为右相国,徐达为左相国,常遇春、俞通海为平章政事,并对外发布诏谕说:"立国之初,当先正纪纲。"他吸取元朝政权昏庸无能的教训,同时立大儿子朱标为"世子"。此时的朱元璋仍然保持"缓称王"的低调姿态,没有宣称自己是皇帝。

那么,张士诚又是在何时何背景下称"吴王"的呢?

《明史·张士诚列传》记载,张士诚是泰州白驹场(今盐城大丰一带)

的盐丁,至正十三年(1353)自称"诚王",僭号"大周",建元"天祐",都城定在高邮。应该说,张士诚的"出道"要比朱元璋早,基调比朱元璋高,他直接称帝了。

至正十六年,张士诚的军队攻陷平江府(今苏州)后,接着又兼并了湖州、松江及常州诸路,改平江府为"隆平府",并将都城由高邮迁至苏州。到了至正二十三年九月,由于元朝廷没有满足他加官晋爵的条件,已经接受朝廷招安的张士诚又同朝廷闹翻、分道扬镳了,"复自立为吴王"。如此看来,张士诚称"吴王"要比朱元璋早了一年。

两位"吴王",都在元朝统治政权的舞台上驰骋厮杀,搅得吴越大地天翻地覆,但还是朱元璋这位"吴王"笑到了最后,取代了元朝,建立了大明政权。至正二十六年秋八月庚戌,朱元璋"改筑应天城,作新宫钟山之阳",正式营建南京城墙及皇城宫城。到了至正二十七年八月,圜丘、方丘、社稷坛相继成;九月,太庙、新宫又相继成。也就在这一年的九月,徐达攻克平江府,活捉了张士诚,古吴大地全部归入朱元璋囊中。

紧接着,朱元璋一鼓作气,取得山东济南大捷,中原及浙东等地相继被攻克。元大都北京已经是势孤援绝,不战自克,元顺帝吓得从皇宫中逃跑。也就在至正二十七年的十二月,李善长帅百官三上"劝进表",朱元璋在一番政治作秀后,同意当皇帝了。第二年即洪武元年(1368)春正月,朱元璋在南京南郊举行祭祀天地仪式,正式取代元朝,建立新的封建王朝政权"大明王朝"。

张士诚这位出道较早的"吴王",为什么会最后败在了朱元璋这位后起之"吴王"身上?中国自古就有"成者为王败者为寇"之说,历史又往往是成功者的历史。根据《明史》,笔者认为,这两位同时代的"吴王"至少有以下四方面不同。

一是起兵造反的缘起与动机不同。

张士诚有兄弟三人,都以操舟运盐为业,做小本买卖,虽是盐丁,但也有盐商特点。他平素轻财好使,很得人心。只因为不愿意受富家子弟的凌辱而杀了人,灭了许多富家,纵火烧毁了富家的房屋,最后逃跑到别的盐场,在那里招募少年,起兵造反。当时盐丁们早已对繁重的体力劳动和微薄的生活待遇不满,就推他为头领,揭竿造反。他们一路攻城夺寨,先后拿下了泰州、高邮、兴化等地,最后在兴化境内的德胜湖建立大本营,集结了一万多人。张士诚依据自己的姓名,称自己为"诚王",从此开始慢慢做大。

朱元璋作为出生在安徽凤阳农村的纯粹农民,步入行伍,完全是出于饥寒交迫、走投无路。至正四年(1344),因为旱灾、蝗灾,安徽凤阳一带闹饥荒瘟疫,朱元璋父母兄弟相继死亡,但又无钱安葬,后来还是靠邻里帮忙,好不容易才处理完亲人的丧事,那一年,朱元璋17岁。在孤苦无依的情况下,朱元璋只得到皇觉寺当了和尚。到了至正十二年他25岁时,又因为逃避兵荒马乱,投靠到当时已经起兵造反的郭子兴麾下,从此开始了他疆场厮杀、建功立业,直至位登大宝的人生之道。

他们二人在"吴王"的起跑线上,一个因杀人而起,一个因饥荒而动,这对他们日后的人生观形成有重要影响。

二是对关爱体恤百姓的重要性认识高度不同。

至正十四年,朱元璋与元朝丞相脱脱带领的官军在滁州展开较量,虽然获得胜利,但为了避免朝廷军队再攻城,以减少百姓伤亡,朱元璋暗中让人将缴获的马匹还给官军,同时派父老乡亲们备置牛肉酒水去犒劳官军,向官军解释守城护城是为了防止强盗侵害,希望不要杀戮良民。结果是官军主动撤退,"城赖以完",城池和百姓都得到了保护。至正十六年三月,朱元璋进攻集庆(今南京),大败元兵,占领了南京城,却能做到秋毫无犯。他对地方官吏及父老乡亲们说:元政渎扰,干戈蜂起,我来是为民除乱的,大家各自过正常生活,我一定以礼对待贤士,将旧政中不符合老百姓利益的剔除,官吏绝对不许贪暴殃民。老百姓们听了,个个大喜过望。朱元璋后来又告诫将士们:"克城以武,戡乱以仁。"当他听说诸将领得到一座城而不妄杀时,就会喜不自胜。朱元璋认为:"为将能以不杀为武,岂惟国家之利,子孙实受其福。"

朱元璋的军队进驻南京后,除了安民告示,朱元璋还将元代的"集庆路"改为"应天府"。这里的"集庆路"之"路"不是指现在的"道路"之"路",而是元代行政区划名称,相当于现在的地级市。元代的"府"要比"路"级别低一级,但明代没有"路"这一级,"府"就相当于元代的"路"了,所以朱元璋这样做,并没有降低南京这座城的级别。

再说张士诚,外表看来似有器量,但实际上没有远图大虑。在拥有吴中腹地后,因承平日久,户口殷盛,张士诚就逐渐过起了"奢纵"生活,怠于政事。那些骨干爪牙们也不以战事为务,反而喜欢收藏金玉珍宝及古代法书名画,日夜歌舞自娱。"偎蹇"不服从命令,遇到战事就称自己有病,不愿意出征,但对邀官爵、买田宅却十分热衷。就是到了前方打仗,将帅们也要带上婢妾乐器以娱乐,甚至还樗蒲蹴鞠,赌博猜拳。打了败仗、丧失地盘后,这些败将又不被处理,还继续得到重用。"上下嬉娱",贪图安逸,对百姓的生活很少顾及。这样的一群人,是很难干成大事的。

三是对盟友之间的信义重视程度不同。

元朝末年,在淮河以南至长江中下游及以南地区,各地起兵造反的队伍经过厮杀合并后,形成了以张士诚、陈友谅、朱元璋为首的三股势力,他们各霸一方,形成"新三国"局面。在这三者中,朱元璋的地盘开始是最小的,主要在安徽和南京、镇江一带,但由于他的智慧韬略,先后灭掉了张、陈两股势力,直至挺进中原、直扑元大都,最后取得统一全国的胜利。在这个过程中,"信义"二字的分量在各自身上得到了不同程度的体现。

至正二十年(1360)五月,陈友谅弑其主徐寿辉,自称皇帝,国号"汉",尽占江西、湖广地盘。他与张士诚谋约合攻南京,端掉朱元璋的老巢。消息传出,"应天大震",军情万分火急。朱元璋冷静分析后认为,陈友谅居长江上游,舟楫军队力量是他的十倍,与他硬拼本来就很难。但他最担心的是张士诚、陈友谅"二寇合",联手对付他。经过周密思考,他一方面派战将胡大海去攻打信州,以控制陈友谅,一方面又派康茂才送封书信给陈友谅,骗他尽快来与朱元璋交战。

陈友谅仗着势力强大,不把朱元璋放在眼里,果然中计,引兵而东,顺流而下,也不等张士诚呼应,就要单方面直接攻打应天府。朱元璋在南京沿江一线排兵布阵,让大将常遇春带领人马埋伏在石灰山(今南京的幕府山),徐达带兵布阵在南京城的南门外,杨璟带兵驻扎在大胜港(今南京板桥镇西北的入江处),张德胜等以舟师出龙江关(今南京下关地带),待陈友谅船队到来后,给以痛击。朱元璋则在卢龙山(今南京长江边上的狮子山)上亲自督战。当陈友谅的船队进入"龙湾"地段时,朱元璋看天气觉得很快就要下雨,于是让将士们赶快吃饭,趁着下雨的机会与陈友谅的船队展开决战。

陈友谅劳师以袭远,又没有张士诚接应,犯了兵家之大忌。果然一顿饭工夫,天空下起了瓢泼大雨。朱元璋的将士们都吃完饭了,劲头十足,人人竞奋,立志要杀敌立功。暴雨刚停,一声令下,朱元璋的军队就向陈友谅的军队发起水陆夹击,结果大败陈友谅军队,陈友谅乘一小舸逃跑,算保住了性命。陈友谅后来于至正二十三年(1363)在与朱元璋进行的洪都(今南昌)之战中,身中流矢,"贯睛及颅"而死,前后只当了4年僭号皇帝。

再说当时陈友谅虽然派人去约张士诚共同夹击朱元璋,张士诚只是口头答应,实际上根本不行动,他"欲守境观变"。当听说朱元璋击败了陈友谅大军后,张士诚也没有胆子来与朱元璋较量了,"兵竟不出"。朱元璋的战略意图已经完全实现,在打败了前来进犯的陈友谅军队后,增添了百倍信心,也为他日后定都南京奠定了基础。到了元至正二十一年春二月,朱元璋置宝源局;三月,改枢密院为大都督府,国家政权的格局正逐步呈现。

当年张士诚占领苏州时,朱元璋也攻下了南京。朱元璋曾派人送书信给张士诚,以示修好。书信中有:"昔隗嚣称雄于天水,今足下亦擅号于姑苏,事势相等,吾深为足下喜。睦邻守境,古人所贵,窃甚慕焉。自今信使往来,毋惑谗言,以生边衅。"隗嚣是王莽"新"朝末年的地方割据军阀。张士诚得到朱元璋的书信后,不仅不注重睦邻友好,反而把朱元璋的信使杨宪给扣留下,又不给朱元璋回信。与此同时,又派舟师去攻打镇江,结果被徐达在龙潭界地打败。当时常州地盘在张士诚手中,朱元璋派徐达、汤和攻打常州,张士诚派兵来支援,结果大败,这时才派人送来书信向朱元璋求和,并请岁输粟20万石,黄金500两,白金300斤。朱元璋回信,责备他不讲信义,希望他尽快放回信使杨宪,同时要求他每年向朱元璋的南京进贡粮食50万石。张士诚接到朱元璋的信后,又不回信,又不放人。双方就这样,结怨愈来愈深,直至不是你死、就是我亡。

四是对朝廷收买招安的抉择取向不同。

朱元璋的"明军"势力日益强大,对元朝政权已经构成严重威胁。至正二十二年(1362)冬十二月,元朝政府派遣尚书张昶前来,准备授朱元璋为"平章政事"官职,希望他能归顺朝廷,成为朝廷命官。但朱元璋拒绝接受,要与元朝腐朽政权誓不两立。

与朱元璋不同的是,张士诚曾接受过朝廷的招安。至正十七年,原先属于张士诚的长兴、常州、江阴等地均被朱元璋夺走了,加之徐达又带兵夺取了宜兴、常熟,形成对张士诚所在的苏州地区紧紧包围之势,形势对张士诚万分不利。在这种情况下,张士诚听取了在一线带兵打仗、后来被朱元璋军队俘虏而自杀了的弟弟张士德的建议,决定向元朝政府投降,接受朝廷招安。

当时的元朝政府在江浙的右丞相名叫达识帖睦迩,他向朝廷汇报了这一情况,元顺帝为求得一方平安,就授予张士诚太尉一职,并授予其他将吏不同等级的官职。张士诚去掉了"大周"政权伪号,后来又用计占领了杭州。元顺帝派遣使者向南方征粮,同时赏赐张士诚以"龙衣御酒",恩宠有加。

张士诚每年通过海路向元大都输送11万石粮食。他自以为对朝廷有功,希望元顺帝下令,让人们来歌颂他的功德,并希望能够享受王爵待遇。他的这个要求没有得到朝廷批准,所以开始对朝廷不满了。

转眼五六年过去了,到了至正二十三年九月,张士诚复自立为"吴王"。尊其母曹氏为王太妃,置官属,别治府第于城中。并任命弟弟张士信为浙江行省左丞相,把原来那位为他在朝廷说话的达识帖睦迩幽禁在嘉兴，从此不再向元朝廷进贡粮食了。

此时的张士诚势力范围已经很大了，南抵绍兴，北逾徐州，西距汝、颖、濠、泗，东薄大海，广袤二千里，带甲数十万。加之张士诚平素又喜欢招延宾客人才，结交各路贤达，所以许多能人志士争相前往投靠张士诚。

至正二十六年十一月，朱元璋的"明军"开始攻打苏州，采用四周构筑长堤来围困姑苏城的办法，要消耗张士诚的实力。张士诚据守数月，朱元璋派人给他送信，劝他投降，希望他"畏天顺民""全身保族"，做汉代的窦融、宋代的钱俶，不要"自取夷灭，为天下笑"。张士诚坚守孤城，抗击到底，绝不投降。至正二十七年九月，苏州城还是被朱元璋的军队攻破了。张士诚开始还组织余众残兵进行抵抗，后来仓皇回到府中，关闭门户，准备上吊自杀，所幸被部将赵世雄解救了下来。从此张士诚结束了他的"吴王"生涯。

被俘后，张士诚被押到金陵，他不吃不喝，最后还是在南京"自缢死"，年仅47岁。他的妻子在苏州城被攻破后，与群妾登上齐云楼，集体自焚而死。

在消灭了张士诚后的第二年即1368年，"吴王"朱元璋正式华丽转身，登上金銮殿，当上了明朝开国皇帝，中国历史从此进入朱明王朝时代。

元朝末年俩"吴王"，在古吴大地上争雄称霸，但一山容不得二虎，后起之朱姓"吴王"终于灭掉了先起之张姓"吴王"。令人感到费解的是，朱元璋在知道张士诚已经称"吴王"的情况下还把自己称为"吴王"，这是为什么？

朱元璋这种做法，绝不是在抄袭张士诚，也绝不是为了混淆视听，而是体现了他要代表真正的吴文化精神，成为真正合格的"吴王"的信心和气魄。

正是"吴王"朱元璋以南京为都城，建立明王朝，使南京这座城市自唐代许嵩"六朝""六代"之说后，再次成为京师功能齐全、华夏一统正朔的封建王朝都城所在，使南京从此进入"六朝"加上"明朝"的七朝古都行列。而以南京为基地诞生的大明文化,正是在古老的吴文化大地上发育成长起来的,她与古老的金陵文化一脉相承、永续不断,构成江苏文化特色的半壁江山。

第二节　建文帝"削藩"反被藩王"削"

建文帝朱允炆是明王朝的第二个皇帝,是明太祖朱元璋的孙子。

朱元璋共有 26 个儿子,原先选定的皇位继承人是大儿子朱标,洪武元年(1368)被立为皇太子。可惜在洪武二十四年,朱标从陕西考察回到南京后,很快就身患重病,第二年就不治而亡。太子去世,是朱门不幸,更是国家不幸,朱元璋痛哭不已。朱标的大儿子亦早夭,至此可以说,朱元璋的"长头儿子"和"长头孙子"都不在了。

朱标生病期间,朱标的第二个儿子朱允炆当时虽然只有 14 岁,但侍奉父亲十分细致周到,"昼夜不暂离"。朱标去世后,朱允炆更是"居丧毁瘠",人消瘦得不成模样。少年朱允炆如此孝顺懂事,祖父朱元璋看在眼里,喜欢在心里,但又担心孙子因忧伤过度而损害了身子骨,转过来劝慰朱允炆说:你如此纯真孝顺,难道就没有顾及我吗?祖孙二人"隔代亲"溢于言表。此时的朱元璋是否已经产生将来要把皇位隔代传给这个孙子的想法,史书上没有交待,但据《明史·恭闵帝本纪》记载,太子朱标去世后的第二年即洪武二十五年九月,朱元璋就立朱允炆为"皇太孙",作为将来皇位的法定接班人。此时的朱允炆,也只有 16 虚岁。

朱棣是朱元璋的第四个儿子,当得知已故太子哥哥的儿子又被父皇立为皇太孙后,自己的内心是充满了失望与不解,所以当皇室成员议事结束后,他就以叔叔的口吻,上前拍了拍朱允炆的肩膀说:"不意儿乃有今日!"意思是说,没想到你小子还会有今天这样的好运气。朱棣的这个举动刚好被朱元璋看见了,他当面对朱棣进行了批评,要在众儿孙面前为朱允炆树立起皇太孙这个未来接班人的形象。

朱棣的这一小小拍肩动作,有没有给年轻的皇太孙心灵留下一层抹不去的阴影？从后来出现的"削藩"风暴看,可能还是存在的。

在中国封建帝王世袭制中,"嫡长子"继承制与"兄终弟及"继承制并存,皇位不一定非要传给"嫡长"一脉。朱元璋这种隔代传位法,在中国封建王朝皇权更迭中实属罕见,稍有不慎,极易引起皇室内部纷争。由于朱元璋的过于强势,太子朱标虽然很早就被作为皇位接班人,但在二十多年的太子生涯中,连"太子监国"的经历都没有。现在,作为皇太孙的朱允炆更是缺少历练,其在皇室成员中的威望就更无从谈起了。

洪武三十一年(1398)闰五月,朱元璋驾崩,遗诏朱允炆接皇位。也就在这一年的六月,时年21岁的朱允炆正式登基,第二年改元"建文",是为明惠帝"建文帝"。

朱允炆在被确立为皇太孙那天起,可以说是心智尚不够健全,加之缺少历练,底气不足,也就缺乏信心,这样一来,在登基做皇帝后,就把治国理政的很大一部分精力放在了如何对付那些拥有重镇的叔叔辈"藩王"们身上。他觉得那些叔叔们是他的心头大患,尤其是四叔朱棣的那一句话、一个动作,让他心里始终不是个滋味。他要削弱叔叔们的藩镇力量,以防止他们尾大不掉,不听朝廷指挥。"削藩"成了建文帝皇权生涯的头等大事。

后来事态发展的悲惨结局说明,建文帝在"削藩"问题上,至少犯了四个致命性政治错误:第一是不让藩王叔叔们进京为朱元璋守孝送葬,第二是在上任很短时间内就仓促展开大规模"削藩"行动,第三是犯了"打草惊蛇"之兵家大忌,第四是没有一鼓作气将"削藩"行动进行到底。

在朱元璋"遗诏"中,明确规定:"诸王临国中,毋奔丧,王国吏民听朝廷节制。"要求各路藩王在自己的封地国土内坚守,不得赴京师即南京奔丧。但诸王们认为,这是朱允炆身边的齐泰、黄子澄等奸人在"矫皇考诏,间骨肉",故"皆不悦"。这种不让藩王儿子们为父皇奔丧守孝的行为,究竟是朱元璋生前的意思还是朱允炆的意思,难以断论,但无论如何,在外的藩王们对此是难以接受的,朱元璋是他们非常尊敬的父亲,藩王们认为,这个遗诏的内容是假的,是有人在离间朱家父子骨肉之情。

据《明史·成祖本纪》记载,燕王朱棣在获知父亲朱元璋去世消息后,立即从北平出发,回南京奔丧。但在奔丧途中接到"遗诏",说让各路藩王在各自领地坚守,"毋得至京师",这才不得不停止奔丧的步伐。朱棣连见父皇最后一面的权利都给剥夺了,可以想象,这时的他是何等的痛苦、怨恨、愤怒。正是鉴于此,朱棣认为,这是朱允炆听取了齐泰、黄子澄的阴谋,是在有意离间皇室骨肉亲情、制造皇室矛盾。其他几路藩王的遭遇与心情,与燕王大抵是相同的。

朱允炆上任伊始,就做让皇室宗亲长辈们伤心的事,失去家族人心,比失去一般人心,后果更加糟糕严重。

再说齐泰、黄子澄是何等人物?

《明史·齐泰列传》记载,齐泰是溧水人,洪武十八年进士,历礼、兵二部主事,后擢升为左侍郎。此人记忆力超强,朱元璋曾经问他边将的姓名,齐泰历数无遗;向他询问古书图籍,他就从袖中拿出一本手册以进,内容简要详密,朱元璋"大奇之"。后来与黄子澄一道参与建文帝的新朝国政,被任命为尚书。《明史·黄子澄列传》记载,黄子澄是分宜(今江西境内)人,于洪武十八年以"会试"第一名进入官场,开始伴读于皇太孙朱允炆的东宫,累迁至太常寺卿。

在齐、黄二人中,黄子澄的"伴读"身份,使其思想对建文帝产生了直接、深刻的影响。有一次,还是皇太孙的朱允炆在东宫的东角门请教黄子澄:"诸王尊属拥重兵,多不法,奈何?"黄子澄回答说:"诸王护卫兵,才足自守,倘有变,临以六师,其谁能支?汉七国非不强,卒底亡灭。大小强弱势不同,而顺逆之理异也。"朱允炆认为老师讲得有道理,把黄子澄讲的话牢牢记在了心中。殊不知,黄子澄的话,误导了他短暂的皇帝生涯。

朱允炆即位后,任命黄子澄兼翰林学士,与齐泰同参国政。有一天,他还特别提醒黄子澄:"先生忆昔东角门之言乎?"黄子澄顿首说道:"不敢忘。"退朝后,黄子澄就开始与齐泰密议"削藩"一事。

由此可以看出,建文帝登基执政后,在治理国家、巩固政权问题上,一开始就着了魔似的走偏了,心中想的是如何削弱各位藩王叔叔们的权势。在两个书生的参谋指导下,朱允炆竟很快启动了这场规模浩大、伤筋动骨的"削藩"运动,充分反映了朱允炆不仅缺少政治家的眼光与治国理政的经验,更缺少作为帝王应有的胆略与胸怀气度。

洪武三十一年(1398)八月,当上皇帝不到三个月的建文帝就将"不法者"周王朱橚"废为庶人",流放到云南;到了第二年即建文元年(1399)四月,湘王朱柏被迫自焚死亡,代王朱桂、齐王朱榑也因"有罪"而被"废为庶人";同一年的六月,岷王朱楩又因"有罪"而被"废为庶人,徙漳州"。

正在建文帝大刀阔斧进行"削藩"时,最难啃的硬骨头终于出现了:七月,地处北方的燕王朱棣开始举兵造反。他杀死了朝廷派去监督他的许多大臣,打着"清君侧"的旗号,挥师南下,发动了"靖难之役"。建文帝面临"削藩"不成反被藩王"削"、引火烧身的危险。

《明史·成祖本纪》记载,朱棣是朱元璋的第四个儿子,长得相貌奇伟,美髭髯,智勇双全,文韬武略,洪武三年被封为燕王,洪武十三年被正式派往藩镇北平前线工作。他曾奉朱元璋命,"节制沿边士马",威名大振。在得知朝廷开始削藩,并派兵把守自己的王宫,自家处境十分险恶的情况下,朱棣开始是一面"佯狂称疾"示软,一面在道衍和尚姚广孝的帮助下,在王府中"潜纳勇士八百人",以保障自己全家生命的绝对安全。这800名勇士为朱棣后来杀出重围、率领千军万马开展"清君侧"的"靖难之役"起到了决定性作用。

建文帝对朱棣称病一事一直心存疑虑,专门派大臣葛诚去卧底,任燕府长史,以随时暗中观察朱棣的动静。

朱棣为了蒙蔽皇帝安插在自己身边的人,将他潜在的"表演"才能悉数发挥了出来。为了装病,他在火热的夏天,能够做到"盛暑拥炉坐,呼寒甚"。在酷热的夏天还要靠近火炉来取暖,嘴里还不停地哼唧着"太冷、太冷"。但这种表演假象还是被长史葛诚给识破了,他"密疏闻于帝",通过秘密渠道让建文帝知道真情。

朱棣之所以装病示弱,主要原因是他的三个儿子此时还在都城南京。他向朝廷请求,自己因为病重,希望三个儿子能够回到自己身边来。

在这个问题上,齐泰与黄子澄意见不一。齐泰认为不能放人,赶快把朱棣的三个儿子收押起来,作为人质。但黄子澄认为,不如放他们回去,以向朱棣示好,表示朝廷还没有怀疑他,朝廷可利用他防备麻痹的时候"袭而取"之。建文帝果真是聪明反被聪明误,竟然采纳了黄子澄的建议,放走了朱棣的三个儿子。

朱棣无后顾之忧了,很快就组织力量,挥师南下,向京师南京发兵。他满脸泪水地向众将士们发出战前誓师动员令,说:"陷害诸王,非由天子意,乃奸臣齐泰、黄子澄所为。"齐、黄二人本是一介书生,兵事非其所长,为逞"削藩"之能,换来的将是"清君侧"之厄运。

朱棣在向京师发兵前,给建文帝上书一封,书信中援引《祖训》说:"朝无正臣,内有奸恶,则亲王训兵待命,天子密诏诸王统领镇兵讨平之。"书信中,朱棣只强调了前两点,而忽略了"天子密诏"这一关键前提条件:他是在皇上没有下达任何"密诏"要他"勤王"的情况下,就打起"诛奸臣,清君侧"的旗帜,并将自己的燕军美其名曰"靖难之师",其实质是冲着侄儿皇帝朱允炆来的。

消息传到京师南京,齐泰又向皇帝进言,削掉燕王的"属籍",还要"声罪致讨",将朱棣定位为"贼",视为敌人,布告天下,同时派朝廷"六师"去讨伐燕王。内战之火就这样因"削藩"而燃烧了起来,呈燎原之势。

此时的朱明王朝军队中,当年跟随朱元璋打天下的"开国功臣"已存活不多,到了"蜀中无大将,廖化作先锋"的时候。建文帝让长兴侯耿炳文为大将军,率师分道北伐,结果到了真定(今河北正定),就被朱棣燕军打得大败。这时,黄子澄又推荐明朝开国将领、曹国公李文忠之子李景隆来挂帅。由于明朝对封侯实行由皇帝赐予的"世券"制,所以李景隆仍称"曹国公"。建文帝批准曹国公李景隆带 50 万兵马去打朱棣,他以为多动用兵马,就能够在旦夕之间灭掉朱棣。因为当年黄子澄曾经对他说过"倘若有变,临以六师,其谁能支",这句海口,让建文帝信以为真,但他们都低估了朱棣这位"藩王"的作战能力。

朱棣虽然没有赶得上跟随父亲朱元璋打天下,但他在大明建国后指挥平定北方边患,对新政权的巩固立下了汗马功劳,也积累了丰富的作战经验。他见朝廷将 50 万大军交由李景隆指挥,不免大喜,对身边人说:昔日汉高祖刘邦只能带兵 10 万,李景隆是何等才能? 朝廷这样做,正好是在帮我,变相增强我的实力。这一年的冬天,朝廷军队果然被朱棣的燕军打败。

直到此时,建文帝才感到有点害怕了,"帝有惧色",他深知自己的这位叔叔是个厉害角色,不似其他几位叔叔容易降服。建文帝骑虎难下,不知这"削藩"一事还能不能继续做下去。

朱棣一边把前来"削藩"的政府军打得大败,一边又上书给建文帝,揭露齐泰、黄子澄二人的罪行。为了缓和矛盾,建文帝罢免了齐、黄二人的官职,以表示对燕王意见的尊重,但实际上还是将二人留在京师,使其秘密参与朝政。此外,他还让李景隆给燕王带信,意思是说,齐、黄二人已经被罢免流放了,你朱棣应该退兵了吧?

此时的朱棣已经杀红了眼,哪里肯罢休,加之他后来知道齐、黄二人根本没有离开皇帝身边,知道朝廷是在用"缓兵之计",就索性加快了向南方进军的速度。他要杀向京师,直至"清君侧"、活捉"奸臣"为止。

当初准备"削藩"时,建文帝与齐泰、黄子澄商议,总以为集全国"六师"之军力来降服一个藩镇是很容易的事,等到朝廷军队被朱棣的燕军屡屡打败、北方大片国土被朱棣控制占有时,建文帝虽然有些惧怕后悔,但他是皇帝,占据舆论主导地位,竟下诏把责任全部推到几位皇叔身上:"邦家不造,骨肉周亲屡谋僭逆。"列数周王、齐王、湘王等图谋篡逆的罪状,同时表白自己与朱棣这位皇叔关系"最近",没有忍心去处治他,想不到他竟"称兵构乱,图危宗社",他这样做,是对天地、对祖宗的犯罪,"义不容赦"。建文帝号召"中外臣民军士",要"怀忠守义,与国同心,扫兹逆氛,永安至治"。他向全国发出了战争动员令,更像是一道"勤王"令。

建文四年(1402)六月,由于谷王朱橞及李景隆的投降,燕兵打进南京,占领了都城。在战乱中,"宫中火起,帝不知所终"。建文帝"削藩"行动,终以被藩王反"削"而告终。

朱棣攻打进南京城后,下令安抚军民,同时搜索逮捕齐泰、黄子澄、方孝孺等50余人,榜其姓名曰"奸臣"。这时,齐泰早已化装逃跑了。

齐泰平时都是骑一匹白马,十分显眼威风,京城人都知道。在逃跑时,齐泰害怕别人认出他,就想了个点子,把自己心爱的白马用墨汁涂成"黑马"。"黑马"驮着主人不断奔跑,加之天气炎热,马也容易出汗,很快,"黑马"身上的墨汁开始被马汗浸透,墨汁逐渐褪去,"黑马"由开始的黑色变成了花白色,直至还原到原来的白马颜色。老百姓们有人认出来了,就相互传话说:这是齐尚书的白马呀!消息很快传了出去,齐泰就这样被活捉、羁押了起来。之后,齐泰与黄子澄,以及宁死不为朱棣起草诏书的"天下读书种子"方孝孺,被朱棣处死灭族,其他"坐奸党死者甚众",朱棣终于实现了"清君侧"目的,同时也把侄儿皇帝给顺势"削"掉了。

朱允炆前后只当了4年皇帝,他让自己在自己发动的"削藩"内战中度过了这4年,最后是血本无归。如果当时按照齐泰的思路,直接从燕王朱棣下手,拿下朱棣,其他几个藩王就不战自败,那么结局也不至于输得这么快、这么惨。但黄子澄认为,周王、齐王、湘王、代王、岷王这些藩王,先帝朱元璋在世时就不安分守己,枉法现象普遍存在,如果要问罪,就应该从这些人开始,尤其要先拿周王朱橚开刀,因为他是朱元璋的第五个儿子,又是燕王朱棣的胞弟,且如果削掉了周王,就是卸掉了燕王的手足,使朱棣孤立无援。两个书呆子一合计,就按照黄子澄的思路来实施,建文帝竟然也不与其他大臣商量,就贸然同意了这个计划。

他们自以为这种先他王、后燕王的策略是高明的,实际上是犯了"打草惊蛇"的严重错误,反而给了最想削掉的藩王朱棣以更加充分的准备时间和理由。所以朱棣可以装病,可以将自己的三个儿子从容从京城召回,可以在自己的王宫中暗伏 800 名勇士,可以堂而皇之地昭告天下,他要"清君侧"了。

刀光剑影是吓不住久经沙场的燕王朱棣的,他所在的燕京就是当年元代大都,他曾经面对的敌人是强劲而又彪悍的北方游牧铁骑,目前对付自己非常熟悉的政府军队,又何足惧哉!

建文帝的"削藩"举动也曾遭到过大臣们的异议反对。据《明史·杨砥列传》记载,当时作为湖广布政司参议的杨砥曾上书建文帝,指出:"帝尧之德始于亲九族。今宜惇睦诸藩,无自剪枝叶。"希望建文帝向尧舜学习,与诸藩王和睦融洽相处,不要"自剪"同是一棵大树上长出来的枝叶。但杨砥的意见没有被采纳。

应该说,建文帝开始削藩时,借助朝廷皇权威势和政府军力量,进展还算顺利,也把朱棣给震慑了一下,所以朱棣只好谎称自己得了重病,饮食起居都很困难。一方面是为了麻痹皇上,一方面也有希望皇上放他一马的意思。建文帝看了朱棣的书信后,也曾动过恻隐之心,觉得事情适可而止就行了,并且准备把朱棣"换防"到南方江西一带当藩王。

在"削藩"进入决战性阶段,建文帝对齐泰、黄子澄二位说:朕即位时间不长,就连连罢黜诸王,现在又要削弱燕王的力量,该如何向天下人解释呢?但齐、黄二人执意要继续干到底,不能半途而废。黄子澄说:"先人者制人,毋为人制。"意思是说,先下手为强,后下手遭殃。

建文帝却坚持认为:燕王智勇双全,又善于用兵,现在虽然病了,但在短期内要想扳倒他是不现实的。齐、黄二人也觉得皇上说得有道理。就这样,建文帝亲自发动的轰轰烈烈的"削藩"行动,刚开始不久,又被他按下了"暂停键",而不是一鼓作气将"削藩"进行到底。这再次暴露了建文帝"削藩"计划是仓促上马、漏洞百出、没有经过通盘战略考虑的,他把"削藩"这等流血暴力、牵涉统治集团重大利益的大事视同儿戏一般,说"削"就"削",说暂停就暂停。殊不知,自古"削藩"都是要以无数人的生命为代价的,且开弓是没有回头箭的。

作为朝廷最高决策层,作为一国之君,建文帝在决断关涉国家稳定安全重大国策时,理应打一套组合拳,一鼓作气干下去,切忌瞻前顾后,当断不断。正是因为"削藩"断断续续,导致夜长梦多,最后引火烧身,玩火者自焚。

燕军在快要攻入南京城、打到龙潭的时候,建文帝曾派遣大臣去与诸王叔们谈"割地"停战一事,结果是,那些之前被他或罢免、或废黜的藩王叔叔们都聚在了一起,"皆不听",坚决不理这一套,他们现在都听四哥燕王的。

据《明史·茹瑺列传》载,燕兵至龙潭时,建文帝派遣兵部尚书茹瑺及曹国公李景隆、都督同知王佐诣燕军议和。茹瑺等见到朱棣后,"伏地流汗,不能发一言"。这些朝廷命官们见到燕王朱棣,竟然吓得大气不敢出、冷汗直冒。

朱棣却很淡定地对他们说:"公等言即言耳,何惧至是?"意思是说,你们有话就说嘛,至于害怕到这种程度吗?言语中,充满了蔑视,也充满了霸气。

久之,茹瑺他们才向朱棣表明奉诏割地讲和一事。朱棣听后,哈哈大笑,说:"吾无罪而削为庶人,今救死,何以地为!且皇考封诸子,已各有分地矣。其缚奸臣来,吾即解甲谒孝陵归藩。"意思是说,我们本来就有已故父亲给我们的封地,现在只要朝廷把奸臣们绑缚法办了,我明天就去明孝陵祭拜父母亡灵,然后就回到北方自己的藩地。

茹瑺等"唯唯顿首",还朝复命,但已经来不及有下文了。

燕军势如破竹,攻入南京城后,各城门很快全部被燕军把守。朝廷大臣们,有许多人只好"缒城"逃亡,即用绳索从城墙上慢慢滑溜下来,狼狈不堪。据载,当时有40多位朝廷大臣就是这样仓惶逃命的。

建文帝是否安全逃离都城南京,还是被皇宫中的大火烧死,一直都有不同说法。《明史·牛景先列传》载,当金川门开启时,一个"有道术"、名叫"程济"的和尚从此出亡,"或曰帝亦为僧出亡,(程)济从之,莫知所终"。所以,建文帝的下落一直是个谜。据《明史·恭闵帝本纪》载,在滇、黔、巴、蜀一带,"相传有帝为僧时往来迹"。但朱棣在登基之前,还是煞有介事地举行了"葬建文皇帝"仪式。大概是从被焚毁的皇宫中,找来一具被大火烧得如炭灰一样的残骸权且充当而已,借以达到遮人耳目的政治目的。

1996年11月中旬,笔者曾来到云南省楚雄州武定县境内的狮子山,参加全国民俗学会议,利用会议期间进行了考察,发现那里有许多关于建文帝的传说与遗迹。后来撰写一文,曰《亦帝亦僧亦为仙 半史半野半相疑——明代建文帝的传说及其历史民俗》,发表在《东南文化》杂志1998年第3期上。

明代的这场"削藩"战火由建文帝朱允炆引起,最终换来的却是藩王朱棣的横扫南北、攻占京师、夺取皇权。就在占领南京的建文四年(1402)六月,朱棣在诸王群臣"上表劝进"下,在拜谒了明孝陵后,于奉天殿即皇帝位,是为明成祖。第二年改元"永乐"。

值得注意的是,朱棣当皇帝后,完全不承认朱允炆执政的4年即"建文"年号,而是把这4年强行归到"洪武"年号名下,将"建文四年"改作"洪武三十五年"。洪武皇帝朱元璋已经于洪武三十一年驾崩,"洪武"年号自行消亡,并且已由"建文"年号连续。朱棣为了彻底抹去朱允炆的皇帝生涯,达到彻底否定、全盘推翻的目的,竟然枉顾历史,借来"亡灵"以达到他的政治目的。在建文四年七月于南郊"大祀天地"后,朱棣下诏曰:"今年以洪武三十五年为纪,明年为永乐元年。建文中更改成法,一复旧制。"把建文帝的4年一笔勾销,从而彻底否定朱允炆政权的合法地位与实际存在,企图让历史承认他是从父皇手中接过的皇位,而不是从侄儿手中抢夺来的皇位。

到了清朝乾隆元年,清朝政府为建文帝朱允炆上谥号为"恭闵惠皇帝"。所以在清代人张廷玉等编撰的《明史》中,建文帝朱允炆的内容是以"本纪"形式出现的,坚持还原并承认朱允炆的4年皇帝生涯,还历史以公道与真实。

纵观中国历史,"削藩"是因诸侯王藩镇势力太强、对朝廷中央政权产生威胁而起。明朝的"削藩"则是在朝廷没有精密筹划、诸藩王又没有对中央政权造成威胁的情况下进行的,是建立在建文帝朱允炆一己之狭隘的皇权尊严基础上的,所以注定要失败。

"削藩"成功与否,都要通过战争,以无数人的流血牺牲来收场。汉景帝的削藩,引起"吴楚七国"叛乱。吴王刘濞率先打出请诛晁错,以清君侧的旗号,联合其他六路藩王造反。朝廷虽然诛杀了提出削藩主张的晁错,但也没有避免战事的爆发。历时三个月战事,吴王刘濞被杀,叛乱才算平定。从此,汉景帝免除了诸侯藩王的行政权和官吏任免权,削减了王国官吏,规定诸侯王不再治民,从而进一步加强巩固了中央集权统治。应该说,汉景帝的"削藩"虽然付出了代价,但换来了"文景之治",结局是成功的。

之后的唐代代宗、德宗、宪宗、穆宗朝都在做"削藩"文章,但因为"节度使"制度的存在,为藩王做大做强提供了先决条件,"藩镇"几乎是一个独立王国。朝廷虽屡次"削藩",但最后仍然不成功,李唐王朝最终也被藩镇朱全忠所取代,历史进入"五代"时期。

清康熙帝也曾"削藩",但引发了"三藩之乱",历时 8 年才平定,从此,清朝实行中央政权对地方的垂直管理。这种中央集权式管理,对后起政权有启发作用,也算是"削藩"换来的一点历史经验和教训吧。

朱元璋建立明朝后,为保证大明国祚绵长,亲自设计、制定了多项重要政策,并以"宝训"的形式固定下来,要求后代子孙严格遵守,其中分封"宗藩"就是一项重要国策。朱元璋先后于洪武三年(1370)四月、洪武十一年正月、洪武二十四年四月,三次共封 25 人(24 个儿子和 1 个从孙)为藩王,分镇全国各地。据《明太祖实录》载,朱元璋认为,"天下之大,必建藩屏,上卫国家,下安生民。今诸子既长,宜各有爵封,分镇诸国"。朱元璋本意是要以自家血脉宗亲来构建起庞大的藩镇网络体系,以永葆朱明江山稳固。谁知祸起萧墙,由"皇太孙"成长起来的建文帝朱允炆自导自演的"削藩"行动,最后以他自己被藩王反"削",直至难觅生死踪影而收场。

历史再次告诉人们,"削藩"有风险,"削藩"需谨慎,"削藩"与"反削"是封建社会的一对死结,只有随着封建帝制的彻底消亡才可能宣告它的真正终结。

第三节　朱棣"魂牵"建文帝

朱棣虽然举行过"葬建文皇帝"仪式,但"宫中火起,帝不知所终"的谜团始终缠绕在他的心头,叔侄二人的恩怨何时了断?

(一)"天下读书种子"方孝孺被磔

朱棣的"靖难之师"打进南京、占领皇宫后,朱棣唯一最想杀而又最不想杀的一个人就是"文学博士"方孝孺。

想杀方孝孺,是因为朱棣在燕起兵造反时,朝廷所有的诏讨檄文全部出自方孝孺之手,并且在关键时刻,他还为建文帝支招对付朱棣。朱棣视齐泰、黄子澄、方孝孺三人为君侧最大的奸臣。

最不想杀方孝孺,也是因为朱棣从北京发兵的时候,朱棣的高参、道衍和尚姚广孝曾对朱棣说:"城下之日,彼必不降,幸勿杀之。杀方孝孺,天下读书种子绝矣。"朱棣答应姚广孝,占领南京城后,不杀方孝孺。

登上皇帝宝座后,朱棣希望方孝孺能为他所用、为他起草诏书,谁知派人把方孝孺召来,在很远的地方就听见方孝孺的悲恸哭泣声,其声响彻殿陛,在此刻已经被朱棣拥有的金銮殿中回荡,听了令人毛骨悚然。

朱棣见状,赶快从御座龙榻上下来,上前安慰方孝孺说:先生不要哭坏了身子骨,我之所以这样做,也是想效法周公辅佐成王呀!周公是周成王的叔叔,当年周武王去世后,由儿子周成王接班,但因为成王年幼,所以就由叔叔周公来摄政辅佐。

方孝孺听了后,马上反诘道:"成王安在?"意思是说,你现在所指的"成王"建文帝在哪里了?朱棣回答说:"彼自焚死。"朱棣此刻宁愿相信建文帝被大火烧死的说法。方孝孺抹去老泪,继续紧逼朱棣,问道:"何不立成王之子?"朱棣回答说:"国赖长君。"方孝孺顺势反诘道:"何不立成王之弟?"总之一句话:轮不到你朱棣来即位当皇帝。朱棣愈听愈恼火,一句话将方孝孺给堵住了:"此朕家事。"封建帝王视天下为己物,"家天下"意识根深蒂固,溢于言表。

朱棣在与方孝孺一番舌战后,让人拿来笔札,很尊敬地对方孝孺说:"诏天下,非先生草不可。"希望方孝孺为他起草诏书,诏告天下。方孝孺宁死不从,把毛笔狠狠地摔到地上,纸札散落一地。他一边哭着,一边严词拒绝道:"死即死耳,诏不可草。"表示自己宁愿去死,也绝不给朱棣起草诏书。

朱棣恼羞成怒,二话不说,让人立即把方孝孺拉出去"磔"了。

方孝孺慨然赴死,并作一首绝命词,痛骂朱棣为"奸臣得计兮谋国用犹",而自己与朝廷其他大臣们则是"忠臣发愤兮血泪交流"。据载,方孝孺的弟弟、妻子及两个儿子先后上吊自杀,两个女儿也投秦淮河而死,方家宗族亲友前后被株连的有数百人。

当时以死明志、誓死效忠建文帝的臣民数以万计。朱棣发动"靖难之役"虽然取得了胜利,但在以朱允炆为皇帝的朝臣中,多"捐躯殉国"者,他们像方孝孺一样,忠愤激发,"视刀锯鼎镬,甘之若饴"。今天我们读到这段历史,仍感觉"凛凛犹有生气"在焉。

(二)七下"西洋"为哪般

由于是通过武力夺得了自己侄儿朱允炆的皇位,加之有那么多臣民拥戴朱允炆,所以朱棣尽管坐上了金銮殿,但心里仍然很不踏实。尤其对于建文帝是死是活,心里一直没有得到确定答案。根据种种迹象,他怀疑建文帝还活着,会随时组织力量对他的政权进行反扑。

建文帝如同幽灵一般,时刻缠绕着朱棣。朱棣的余生虽然过着皇帝生活,但也为建文帝所"魂牵"。他也知道,朝廷安葬的是建文帝马皇后那具烧焦的尸骸,对外则宣称是把他们二人一道埋葬了。诸事安排妥当后,他要派人想办法找到建文帝的下落,自己也好睡一个踏实安稳觉。

《明史·宦官列传》"郑和"条明确记载,云南人郑和很早就在燕王的藩邸当差,后跟随朱棣起兵造反有功,朱棣当上皇帝后,郑和被"累擢太监",世称"三保太监"。

朱棣夺取政权后,更年号为"永乐",史称"明成祖"。在处理国政、日理万机之余,朱棣始终放心不下建文帝的下落。"成祖疑惠帝亡海外,欲踪迹之,且欲耀兵异域,示中国富强",朱棣怀疑建文帝是逃亡到海外去了,所以准备派人去追踪查访建文帝的踪迹。他要让自己的心腹带领一个船队到海外去寻找,但对外宣称是扬国威、让远夷来服,以此遮人耳目。

也正是在先后七次出海行动中,郑和创造了我国航海史上的壮举,今人将其阐释为开辟了"海上丝绸之路",如同隋炀帝当年开凿大运河,从而有了今日世界文化遗产"中国大运河"一样。但郑和下西洋的目的首先是"欲踪迹"逃亡到海外的建文帝,其次才是"且欲耀兵异域,示中国富强"。一个"且"字,让我们明显感受到了两者之间的主次关系。

通过对郑和"七下西洋"时间内容的简要列举,我们会发现,郑和所到的地方,有很多是"南洋"而不是"西洋"。这种"偏航"现象,与我们的先人对地球海洋的认识程度不断深入有关。

郑和七下西洋的时间及发生的主要事件大致如下。

第一次,永乐三年(1405)六月。郑和奉诏与他的同僚王景弘等"通使西洋"。这是一次大规模的海上半军事化行动,绝不是普通意义上的船队商贸之旅,郑和带领出征的是"士卒"而不是普通意义上的商贩,他们共有 27800 余人。随船带了许多金币自不必说,朝廷还花重金制造了 62 艘长 44 丈、宽 18 丈的"大舶"。造这种大船的地点,就在今天南京的龙江宝船厂遗址公园内。当年,南京市曾考古发掘了 7 个用于造船的"作塘"。大船进入长江后,先到达苏州的刘家河,然后从那里入海,先至福建,再由福建的五虎门"扬帆"远行,第一站到达占城(在今越南境内),之后以次遍历诸番国。所到之处,郑和代表大明天子,宣读天子诏书,由明朝皇帝来任命当地的君长,"不服则以武慑之"。到"旧港"(今印度尼西亚苏门答腊巨港)这个地方时,当地有一个名叫"陈祖义"的酋长不服,要袭击郑和的商船,结果被郑和船队击败。永乐五年九月,郑和船队返回,把俘虏同时献给朱棣。这位陈祖义酋长在郑和的宝船上被扣押了两三年,到了南京后,终被"戮于都市",以振明朝天子威风。郑和船队首次出海,前后达 2 年 3 个月。

第二次,永乐六年九月。郑和船队休整了一年后,再往锡兰山(今斯里兰卡岛)。国王亚烈苦奈儿引诱郑和船队至国中,向船队索要金币,并发兵抢劫郑和船队。郑和见贼众既出,国内空虚,率所统 2000 余人,出其不意,攻破其城,生擒亚烈苦奈儿及其妻子、官属。那些抢劫郑和船队的人立即回头自救,结果被郑和的官军"大破之"。永乐九年六月,郑和船队回来时,郑和献俘于朝,明成祖朱棣没有像上次那样诛杀之,而是予以赦免,让他们回国。当时,交阯国已经破灭,郡县诸邦有许多投靠了明朝政府。郑和船队第二次出海,前后达 3 年整。

第三次,永乐十年十一月,朱棣令郑和率船队前往苏门答剌。该国的前伪王子叫苏幹剌,正在图谋弑主自立,见郑和的赏赐没有给他,就率兵与郑和的军队开战。郑和通过全力应战,终于将伪王子及其妻子俘获,一直到永乐十三年七月还朝,才把俘虏交给朝廷处理。朱棣大喜,分别赏赐各位将士。但对这位苏门答剌伪王子的处理,史书交待不明。郑和船队第三次出海,前后达 2 年 8 个月。

以上三次出访,前后时间跨度达 10 年,所到之处,几乎都遇到军事危险,但郑和船队既是商队,更是一支作战队伍,在海外打出了大明军队的威风,显示了大明帝国的威力。但是,关于寻找建文帝下落的问题,好像一点眉目也没有。

第四次,永乐十四年冬。在休整了一年多后,郑和的船队再次奉命出发,来到了满剌加国(今马来西亚马六甲州)、古里国(南亚次大陆西南部的一个古代王国)等 19 个国家。这些国家都曾遣使来朝贡,郑和奉命与这些国家使节"偕往",向这些国家的君长回赠大明王朝的国礼。郑和的这趟 19 国之行,一直到永乐十七年七月才结束回国,前后耗时达 2 年半左右。

第五次,是时隔一年半后的永乐十九年春,郑和船队"复往"以上 19 国,第二年即永乐二十年八月还朝。这一次时间较短,大约一年半时间。

这次行动是在朱棣由南京开始迁都北京时进行的。

朱棣为什么让郑和船队对这 19 个国家和地区进行两次接连造访,究竟是出于增进与这 19 个国家和地区之间友谊的需要,还是觉得在这片领域,建文帝隐姓埋名藏身的可能性会更大?后人不得而知。结合下文对当时另一个人物胡濙的使命分析,应该不难理解,此时的朱棣十分希望在他有生之年能对建文帝的生死有一个明确的答案。

第六次,永乐二十二年正月,也是在大约休整了一年半后,郑和船队又奉命出发,代表朝廷再次到旧港,去宣布新的宣慰使人选,让原宣慰使、大酋长施进卿的儿子施济孙"袭职"宣慰使。等到这趟航海任务完成后回国时,明成祖朱棣"已晏驾"。朱棣于永乐二十二年七月十八日驾崩,郑和没有见到皇上最后一面。郑和这一趟出海时间估计也不到一年,因为第二年即洪熙元年(1425)二月,明仁宗任命郑和以下番诸军守备南京。南京设立守备,自郑和开始。

第七次,宣德五年(1430)六月,明宣宗认为自己当皇帝时间已经很久了,那些诸番国稍微远一些的地方都没有来朝贡,于是又命令郑和、王景弘二人再度出海,前往忽鲁谟斯国(今霍尔木兹海峡附近)等17 国而还。

郑和船队前后七次出海,到达的地点有:占城、爪哇、真腊、旧港、暹罗、古里、满剌加、渤泥、苏门答剌、阿鲁、天方、黎伐、那孤儿等"凡三十余国"。一路所取各地无名宝物是不可胜计,"而中国耗废亦不赀",即大明耗费的财力物力也不计其数。从七次"下西洋"出海的目的来看,第六、七两次出海,与开始的航海目的中有欲寻找建文帝行踪已经没有什么关系了,政治交往、商贸交流意义更加突出明显。

朱棣通过船队到海洋各国去寻找建文帝的水路行动,只能归结为无功而返,但陆路情况又如何呢?

(三)胡濙"隐察"十五载

朱棣一方面派郑和"下西洋",对今天的南洋、西洋等海洋周边国家和地区进行密集型追踪觅迹,在国内还派专门人员,尤其在滇、黔、桂、闽、浙一带,加强对建文帝行踪的明察暗访,水路、陆路,双管齐下。在众多朝廷官员中,肩负着与郑和同样使命任务、但在陆地上工作的是一个名叫胡濙的人。

据《明史·胡濙列传》载,胡濙是武进(今常州)人,他的故居就在今天常州市运河边上的西瀛里一带。胡濙的出生有点像老子李聃,"生而发白",过了一个月后,白头发才开始慢慢变黑,与正常人一样。建文二年(1400),胡濙考取进士,授兵科给事中。永乐元年(1403),迁户科都给事中。

永乐五年,在派郑和船队"下西洋"后,朱棣派遣胡濙颁发御制诸书,下发各地,并要胡濙去拜访一个名叫"张邋遢"的仙人,让仙人协助寻找建文帝。胡濙"遍行天下州郡乡邑,隐察建文帝安在",成了专职寻找建文帝下落的"大侦探"。

胡濙跑遍大江南北、长城内外、苍山洱海。他身负重任,也身不由己,不得随便回家与家人团聚,甚至"母丧乞归"都不被允许回家奔丧。史书称其"以故在外最久",一直到永乐十四年才得以回家休息。

胡濙所到之处,有时也听到民间有传闻,说建文帝在某处,但等到他暗中去查访核实时,又不能坐实,根本见不到踪影。10年在外奔波寻找,现在说起来轻巧,但设身处地、退回到600多年前去想一想,胡濙这个官当得真够苦的。奔波10年回到朝廷后,朱棣也就提拔他做了个礼部左侍郎。

谁知安稳日子没过两三年,朱棣似乎又听到了什么传闻,到了永乐十七年,又命胡濙"复出,巡江、浙、湖、湘诸府",胡濙又开始了他第二次全职寻找建文帝下落的政治生涯。一直到永乐二十一年,前后5年过去了,胡濙才得以"还朝",向朱棣再度报告他在南方各地调查暗访到的情况。

值得注意的是,这时的胡濙向皇帝汇报的地点已经改变了,不在南京,而是到了北京。

明太祖朱元璋1368年建都南京,"以应天为南京,开封为北京",《明史·地理志》中反映,到了洪武十一年(1378),南京"曰京师";到了永乐元年(1403)朱棣"以北平为北京"时,再次强调,本来已经是京师的南京"仍曰南京"。又据《明史·成祖本纪》记载,到了永乐十八年九月,朱棣下诏,自明年即永乐十九年"改京师为南京,北京为京师",说明朱棣后来又承认南京为"京师",不再"仍曰南京"了,否则,永乐十九年的"改"字又从何而来?说明朱元璋、朱棣在南京当皇帝期间,南京这座城市是以"南京""京师"两种称号对外。将"应天府"改为"南京",再将"南京"确定为"京师",本来已经很顺,但朱棣企图抹去建文帝在南京的4年皇帝生涯,连"建文"年号都要去掉,将那4年强行改成"洪武",这种罔顾历史的封建帝王野蛮做派,致使史籍上出现的名称、时间等概念经常不能同步对应,地名与政治的关系,于史可见。

北京是朱棣的发祥地,他在地处南京的金銮殿上坐了18年,还是决意要回到北京去坐江山,因为南京这个地方总有建文帝朱允炆的阴影在牵绕着他。永乐十八年十一月,朱棣以迁都北京诏告天下;十二月,皇太子及皇太孙先至北京。永乐十九年春正月,朱棣到了北京,在太庙奉安五庙神主,在奉天殿受群臣朝贺,大宴群臣。接着又大祀天地于南郊,大赦天下,宣告大明首都正式由南京迁往北京,南京成为"留都"。

在开展如此重大的朝廷迁都工程中,朱棣还是没有忘记寻找建文帝下落这件大事。永乐十九年春天刚刚完成迁都仪式,"郑和复使西洋"。这是郑和第五次奉命出海,并且所到19国与第四次相同,说明朱棣已经基本锁定目标,建文帝很可能就在这19国境内,他要让郑和再去梳理一遍。

再说胡濙于第二次外出"隐察",一晃又是5年过去了,收获如何?

永乐二十一年的一个深夜,胡濙"驰谒帝于宣府",深夜骑着快马,直奔位于今天河北省张家口市宣府镇上皇帝的休息之所。此时的朱棣已经就寝,听说胡濙来求见,急忙起床,宣胡濙入见。胡濙"悉以所闻对,漏下四鼓乃出"。看来胡濙这次收获很大,向皇帝朱棣汇报了许多调查成果。君臣二人密谈十分投入,一直到下半夜四更鼓敲响了(即到了第二天凌晨一两点钟），胡濙才离开朱棣的下榻处。

此时的郑和还奉命在外，正在进行着第五次 19 国航海寻踪行动，史书上再次记载："传言建文帝蹈海去，帝分遣内臣郑和数辈浮海下西洋。"郑和船队虽然还没有返回，但陆路上的"大侦探"胡濙提供的消息已然十分重要，朱棣"至是疑始释"。也就是说，自从听了胡濙的深夜汇报后，朱棣心中的长期疑虑终于释然解开了。

但建文帝究竟是死了还是活着？活着是不是如后来传说的那样，隐姓埋名，出家当了和尚？史书上仍然没有给出一个确切的答案。从朱棣疑虑已经消除的效果看，至少说明，建文帝即使还活着，也不可能对朱棣的政权构成任何威胁了，毕竟时间已经过去了 20 多年。

由于疑虑已除，心中长期悬着的一块石头终于落了地，朱棣也好像噩梦已醒，再也不被建文帝所"魂牵"了，到了第二年即永乐二十二年七月十八日，朱棣终于放心地走了，享年 64 岁。

朱棣、朱允炆叔侄二人的"庙堂"恩怨算是了结了，但事情还远远没有结束，"江湖"上果真出现了一位"建文帝"。

（四）"鲐背"高僧"假建文"

就在朱棣死后的第 16 年，大明王朝国土上竟然冒出了一个自称是"建文帝"的人。明英宗朱祁镇正统五年（1440），有个老和尚从云南来到广西，"诡称建文皇帝"。建文帝"复活"了，这下把沉寂多年的建文帝是否还活着的话题又炸开了锅，重新勾起了人们的好奇。

据《明史·恭闵帝本纪》记载，由于传言建文帝当年是由明皇宫的地下通道由金川门而逃亡的，引发了明成祖朱棣的一系列海上、陆地明察暗访举措。郑和"下西洋"虽然没有捕捉到建文帝在海域的身影，说明建文帝一行没有逃到爪哇等国，但胡濙第二次从南方陆地上带回来的消息让朱棣心中疑虑全释，也极有可能说明，建文帝朱允炆还活在南方的大地上，只是出家当了和尚、皈依佛门了。这种推测不是没有依据。

首先，从朱允炆年幼时就体现出来的"仁厚""至孝"秉性看，在经历了皇室劫难之后，他看破红尘，遁入空门，一心向佛是有心理基础的。如果说建文帝后来真的是出家当了和尚,人们也愿意接受这样的结局,包括朱棣本人。

其次,这个诡称是"建文帝"的老和尚是从云南来到广西,而不是从其他地方来,这与云南是朱元璋养子、明朝开国功臣沐英的地盘有关。

沐英是孤儿,从小姓朱,由朱元璋与孝慈高皇后拉扯大,一直到 18 岁,在朱元璋的旨意下,才恢复原来的沐姓。他与太子朱标从小就在一个锅里吃饭,一个床铺上睡觉,比亲兄弟还要亲。据《明史·沐英列传》记载,洪武二十五年(1392)六月,沐英"闻皇太子薨,哭极哀"。当初孝慈高皇后驾崩时,沐英也是"哭至呕血",孝慈高皇后如同他的亲生母亲。现在太子朱标又病逝了,沐英更是悲痛欲绝,因伤心过度,"至是感疾",不久就在云南去世,年仅 48 岁。沐英病逝时,当地"军民巷哭,远夷皆为流涕"。沐英比朱标大 11 岁,都在 1392 年去世,二人不在同年生,但于同年死,其情感昭日月。沐英去世后,他的儿子沐春、沐晟、沐昂等皆镇守云南。

正是鉴于与沐家的这层特殊关系,落难后的太子朱标的儿子、逃亡皇帝朱允炆如果还活着,投奔云南是极有可能的。当从云南来的这位老和尚自称自己就是当年的建文帝,也给人们以一定的可信度。

广西思恩知府岑瑛一刻也不敢怠慢,一边快马传信将此事向朝廷汇报,一边护送大师一行上北京。

到了北京,经朝廷组织专门人员当面核实,最后得出结论:这个自称是建文帝的大和尚是钧州(今河南省境内)人,名字叫"杨行祥",已经是90 多岁高龄的老人了。

中国古代称 70 岁为"耄寿"、80 岁为"耋寿"、90 岁为"鲐背"、100岁为"期颐"。杨行祥这位"鲐背"老僧,若在今日,肯定是位大德高僧,但在当时却犯了冒充皇上的大罪,最后被关进了大牢,4 个月后,因年纪太大,经不起折磨恐吓,很快就病死狱中。参与同谋的还有 12 位僧人,他们一道跟随"建文帝"大师,最后都被朝廷判罚,发配到辽东去做苦力。

这场闹剧,离建文帝朱允炆下落不明的那一年已经过去了整整 38 年。

"鲐背"高僧杨行祥冒充建文帝事件在全国产生了轰动效应,并且不断发酵,从此在滇、黔、巴、蜀、闽等地,相传是建文帝为僧时的往来行迹愈传愈多,愈传愈玄乎,建文帝已经被民间塑造成佛学大师、惩恶扬善的高僧大德形象。建文帝生死之谜,最终蜕变成了丰富多彩的民间传说,衍变成了一种非物质文化。

第四节　明王朝的大国外交特色

明朝建立于 1368 年,到了洪武三十年(1397),朱元璋向大臣们自豪地说:"自有天地以来,即有君臣上下之分、中国四裔之防。我朝混一之初,海外诸蕃,莫不来享。"经过 30 多年经营,大明王朝已经树立起万国来朝的东方大国形象。在东南亚及南亚各国朝贡过程中,大明王朝也不是只接受供奉,而是以主人翁、宗主国的姿态与这些国家交往,对他们实行赏赐式回赠;对一些动乱不安甚至胆敢冒犯边境的藩属国,则是耐心调停与重拳出击并重,既维护了宗主国地位,又起到了以华夏文化"爱民重道"来积极引导藩属国的作用,从而形成鲜明的外交特色。

(一)《大统历》是明王朝赐予藩属国的重要法物

据《明史·历志》记载,元代进士刘基(字伯温)于元至正十九年(1359)受朱元璋礼聘后,曾上书陈述"时务十八策",备受朱元璋信任。刘基精通天文、兵法、数理等,明王朝建立时,即以太史院太史令身份向朱元璋呈上《大统历》。《大统历》作为新政权制定颁布的历法,为确立明王朝的华夏正朔地位作出了巨大贡献,既保证了新政权的合理运行,也为新政权对外宣传交流提供了重要法物。

明朝政府在与番邦属国交往中,十分注重由皇上亲自赐予对方《大统历》,意味着向这些藩属国颁布了以明朝为主的历法,使他们的纪年按照华夏正朔来运行,以进一步树立起明王朝宗主国的地位和形象。有的国家虽然没有与明王朝存在宗主国与臣属国关系,但通过向它们赠送《大统历》,也可以达到宣传明朝文化、树立东方大国形象之目的,这一点,在郑和七次航海过程中体现得尤为明显。

明朝向藩属国赐予《大统历》,有时是与对该国国王进行任命同时进行的,有时与其他回赠品一道,有时则单独进行。赐予范围同样涉及东北亚三国,如洪武二年(1369)任命高丽国王王颛,在由使者送去金印诰文时,朱元璋又赐予王颛《大统历》;洪武四年赐予日本国王良怀《大统历》;洪武五年赐予琉球国使者《大统历》。对于东南亚地区的《大统历》赐予,其记载更是随处可见。

洪武二年六月,安南国(今越南)国王陈日煃派遣使者到达京师南京,朱元璋命侍读学士张以宁、典簿牛谅二人又随使者前往安南,宣读大明皇帝圣旨,封陈日煃为"安南国王",赐予王权象征的"驼纽涂金银印",同时赐予《大统历》。到了嘉靖十九年(1540)又赐予安南国《大统历》。

洪武二年,朱元璋又遣使到占城国(今越南境内)宣传明王朝建立,在明朝使者还没有到达前,占城国国王阿答阿者就已经先派人到明朝京师来奉表庆贺了。朱元璋大喜,连忙重新派遣使官持钤有皇帝玉玺的诏书,带上《大统历》及文绮、纱罗等,与占城国使者一道去往占城。占城国王在得到明朝皇帝册封赏赐后,又派使者来朝贡,于洪武四年呈给朱元璋一张长1尺多、宽5寸、由黄金制成的奏表,盛赞大明皇帝"抚有四海,如天地覆载,日月照临",并恳请明朝皇帝用金印将他册封为国王。洪武十二年,又赐予占城国国王《大统历》,同时令占城国与安南国修好罢兵。

据《明史·外国列传》记载,占城国居南海中,是周王朝时期的"越裳国"。"越裳"亦作"越尝""越常"。《后汉书·南蛮西南夷传》载:"交阯之南有越裳国。周公居摄六年,制礼作乐,天下和平,越裳以三象重译而献白雉。"东汉王充《论衡·恢国》中有"成王之时,越常献雉"语。秦朝时,占城国称"林邑",西汉时称"象林县",三国东吴时称"越裳县",唐代称"占不老"或"占婆"。因其国王所居之地叫"占城",后来即以之为国号。

明宪宗成化七年（1471），安南国攻破占城国，执占城国王及其家属50余人，劫印符，大肆焚掠，遂据其地，将占城国改为"交南州"。后双方又不断爆发掠夺与反掠夺战争，明朝政府多次出面调解无效，最终占城国被安南国吞并。到了清代嘉庆八年（1803），安南国向宗主国中国提出请求，要求改国号为"南越"，取"安南""越裳"各一字。嘉庆皇帝经过慎重思考，赐了其国号为"越南"，并册封阮福映为"越南国土"。这就是"越南"国名的由来。

　　真腊国位于占城国南面，约在1620年改名为"柬埔寨"，并沿用至今。洪武四年（1371），真腊国向明朝进贡时，被赐予《大统历》及彩币。

　　暹罗国原称"暹罗斛国"，在占城国西南面，即今日之泰国。《明史·外国列传》记载，洪武四年暹罗国向明朝进贡时，朱元璋下诏，赐其国王锦衣，后又赐其《大统历》及彩币。

　　须文达那国位于今日苏门答腊岛八昔河口。洪武十六年来进贡时，朱元璋命赐予《大统历》等。

　　早在南朝刘宋孝武帝时期，三佛齐国就经常遣使奉表进贡，梁武帝时亦数至京师建康城"修贡不绝"。洪武四年，三佛齐国遣使奉金叶表呈上，朱元璋下诏赐予《大统历》。三佛齐国即今日苏门答腊岛之旧港。

　　爪哇国在今印度尼西亚爪哇岛一带。洪武二年，朝廷赐《大统历》；洪武三年九月，国王亲奉金叶表前来祝贺明朝。

　　洪武三年，西洋琐里国派遣使者到明朝京师时，奉金叶表，献方物。朱元璋赐予对方丰厚的文绮、纱罗等物品，并赐予《大统历》。洪武五年，琐里国奉表朝贡，向明王朝献上琐里国的土地山川图。朱元璋很体谅这些遥远的海洋小国家前来朝贡之艰辛，对大臣们说："西洋诸国，素称远蕃，涉海而来，难计岁月。其朝贡无论疏数，厚往薄来可也。"赐琐里国《大统历》及金织文绮、纱罗等。

　　从明朝政府向须文达那、三佛齐、爪哇国、西洋琐里、琐里等国赐予《大统历》的情况看，当时东南亚及南亚的海洋岛国，甚至郑和航海所到阿拉伯湾和红海流域，只要与明王朝有往来，应该都会被赐予《大统历》。

《大统历》是明王朝的重要国礼和法物。

（二）明朝对藩属国也有亲疏远近之别

明朝对藩属国的态度也不是完全一致的,因为藩属国中有的表现好,有的表现差;有的离明朝国土近而心却远,有的离明朝国土远而心却近;有的是诚心来进贡朝拜,有的是趁机夹带私货,到中国走私做生意;更有甚者,竟敢在中国边境引起事端,妄图侵占中国领土。

洪武七年(1374),朱元璋针对藩属国进贡问题,向中书省及礼部大臣下达谕旨:"古诸侯于天子,比年一小聘,三年一大聘。九州之外,则每世一朝,所贡方物,表诚敬而已。惟高丽颇知礼乐,故令三年一贡。他远国,如占城、安南、西洋琐里、爪哇、浡泥、三佛齐、暹罗斛、真腊诸国,入贡既频,劳费太甚,今不必复尔。其移牒诸国俾知之。"朱元璋的话中,"一纪"有说是12年,亦有说是30年。虽然大明皇帝有圣谕,不要年年都来朝贡,但各藩属国仍然是"来者不止",可见当时的明朝在国际上影响力有多大。

从朱元璋话语中可见,明朝对毗邻的高丽国是表扬认可的,相比之下,对同样毗邻的藩属国安南国则是十分头疼和不满意。在有些问题处理上,明朝没有把安南国与高丽国同等对待,这与安南国长期动荡不安、侵占邻国、屡犯明朝边境的不端行为有关。

第一,安南国王由"陈"变"黎(胡)"起风波。

安南国在唐以前一直属中国领土,后趁中国"五代"混乱之机,被当地土著曲承美窃据称王。到了宋初,朝廷封丁部领这个人为"交阯郡王",但三传后,政权被大臣黎桓篡夺。黎氏亦传三代,为大臣李公蕴所篡夺。李氏传到第八代,无子,传位给女婿陈日炬,政权从此归陈氏。到了明朝,朱元璋续封陈氏后裔陈日煃为"安南国王",在诏书中明确希望他能继承祖父事业,"守境南陲,称藩中国,克恭臣职,以永世封"。

陈日煃去世后,他的侄子陈日熞嗣位。洪武四年(1371)冬,陈日熞被伯父陈叔明逼死,由陈叔明的弟弟陈叔熷摄政,明朝表示认可。

洪武十年,陈叔炜当国王,朱元璋对安南侵犯广西的行为表示不满,

"移檄数其奸诳罪",并让礼部不接纳安南使臣来访。陈叔炜遣使谢罪,连年"贡奄竖、金银、紫金盘、黄金酒尊、象马之属",同时送 5000 石粮食给云南作军饷。洪武二十一年,朱元璋认为安南贡物太奢侈了,命令仍然三岁一贡,并且特别提醒"毋进犀象",即不要进贡犀牛、大象这些珍贵动物。

后来,安南的国相黎季犛窃柄,先废后弑陈叔炜,立陈日煜主国事,后又假借陈叔炜名义来给明朝进贡。朱元璋知道后非常生气,"遣官诘责",并且不要他们进贡了。

到了建文帝时,黎季犛大杀陈氏宗族而自立,并更姓名为"胡一元",僭国号"大虞"。不久,黎季犛又自称太上皇,传位给儿子胡奃。在前后 4 年时间里,安南国发生政权更迭、国王由"陈"变"黎(胡)"的情况,大明王朝因为朱棣与侄子朱允炆的皇权之争而无暇顾及、浑然不晓。

一直到永乐元年(1403),权署安南国事的胡奃派人来向明朝奉表纳贡,"望天恩赐封爵,臣有死无二"。赐封与否,永乐皇帝将任务先交给礼部,让礼部展开调查。礼部派人随同安南使者前往,以核实安南陈姓国王是否有子嗣存活,最后得到的结论是没有。永乐帝即派遣礼部郎中夏止善前往安南,封胡奃为安南国王。

虽然得到了宗主国皇帝的册封,但胡奃对明朝是阳奉阴违,不仅不肯归还历史上侵占的广西思明府 5 个县地盘,还侵占邻国占城的土地。

正在这时,安南国原陈姓国王的故臣裴伯耆立志要仿效战国时楚国申包胥到秦国"乞师"救国的壮举,向明朝告发黎季犛父子弑主篡位、屠戮忠良、"灭族者以百十数"的罪行,以及"一旦篡夺,更姓易名,僭号改元,不恭朝命"的情况,希望宗主国明朝能够帮助做主,重新立陈氏后裔为安南国国王。

原来,安南国国王陈氏的后裔中还剩有一个名叫陈天平的人,他是陈日煜的弟弟,当年黎氏灭陈时,他跑到了老挝。听说永乐大帝"入正大统"了,陈天平感到有所依归,在老挝国的帮助下,"匍匐万里,哀诉明庭",希望"圣慈垂怜",发兵讨伐黎(胡)氏,让陈氏重新夺回政权。永乐皇帝对此深为感动。

刚好胡䆀派使者到大明王朝来贺"正旦"节,永乐皇帝把陈天平这个人请了出来,让他与使者们见面。众皆"错愕下拜",吓得连忙向陈天平下跪,有的人激动得哭起来。永乐皇帝责备黎氏父子行为悖逆,"鬼神所不容"。当初为慎重起见,永乐皇帝曾派礼部去调查,回复是陈氏绝嗣了。针对这种"国中臣民共为欺蔽"的行为,永乐皇帝斥责安南国"一国皆罪人也",这种欺君行为,"朕乌能容"!吓得安南国使者浑身哆嗦。

永乐三年(1405),永乐皇帝命令御史李琦、外交官王枢拿着皇帝的诏书去查验责问胡䆀,要他将篡弑过程如实交待。此时,云南宁远州又向朝廷再次控诉安南国"侵夺七寨,掠其婿女"的行为。

胡䆀派人到明朝请罪,并抵赖自己没有僭号改元,诡称同意迎请陈天平回来当国王。永乐皇帝信以为真,答应胡䆀,如果真能这样,就封他为大郡顺化郡的"郡公"。但是,在永乐四年陈天平回归安南国途中,还是在半道被胡䆀安排的伏兵杀害了。

第二,永乐帝出兵平乱定番邦。

永乐皇帝听闻陈天平被杀害后大怒,命成国公朱能挂帅,派新城侯张辅、西平侯沐晟、丰城侯李彬、云阳伯陈旭等率几路大军前往讨伐。永乐五年正月,在木丸江这个地方,大破了黎季犛军队。永乐皇帝下诏,继续寻求陈氏子孙,希望安南国政权还是由陈氏子孙来执掌。

在这种情况下,安南国的耆老大德们又组织1120多人的请愿队伍,来到明军大营辕门前说,安南国陈氏被黎氏贼人杀光了,已经没有继承人了,渴望明朝朝廷直接接管安南国,因为"安南本中国地,乞仍入职方,同内郡"。

永乐五年六月,在打败了黎季犛军队后,永乐帝听取群臣意见,尤其是安南国耆老们的请愿,诏告天下,改安南国为"交阯",设三司——都司、布政司、按察司。从此,"安南国"又回到了"交阯郡"。

永乐六年六月,张辅等人振旅还京时,将交阯国的地图上交朝廷,同时获象、马、牛 23 万 5900 多头,米粟 1360 万石,船 8670 余艘,军器 253 万 9800 件。

但是,安南国"自以非类",明朝待他们再宽厚,他们还是惊恐不安,结果在向明朝投降的过程中又有人逃跑了,重新拉起队伍反叛,其中以一个叫简定的人为首,他重新建国号"大越",纪元"兴庆"。等到明朝大军还师时,就疯狂攻占抢夺地盘。后来他们奉简定为太上皇,立一个叫陈季扩的人为国王,纪元"重光",并派遣使者到明朝军队营帐前,称陈季扩是前安南国王的孙子,希望朝廷给予封爵。结果遭到明军将领张辅的痛斥,使者被斩。

永乐八年,陈季扩的主力遭到明军歼灭,只好奉表乞降。永乐皇帝知道他是假投降,但还是先奏准了,授陈季扩为交阯布政使,其手下阮帅、胡具等人为都指挥。

永乐九年,"念贼无悛心",考虑到陈季扩这些反贼没有真心悔改,朝廷又派张辅与沐晟汇合,率军 2 万 4000 人继续讨伐。永乐十一年,张辅与沐晟在昆传山围剿时,反贼军队"列象阵"与朝廷军队作战,最后还是被打败,明军一直追赶到老挝,才将陈季扩等活捉。永乐十三年,张辅、沐晟军队班师回京。永乐十五年,丰城侯李彬受命前往镇守。

"交人故好乱",这是当时明朝人对交阯即安南国的认识。在明朝大军返回时,当地又"并起为乱",一直到永乐十九年秋天,才"贼悉破灭"。但又跑掉了一个叫黎利的人,他继续组织力量与朝廷对抗,不断寇掠百姓。可以说,整个永乐朝时期,安南国就没有让大明王朝消停过。

第三,宣德帝"顺天保民"训番王。

到了宣德元年(1426),安南国是"渠魁未平,而小寇蜂起",朝廷只好继续派大军征讨,同时向老挝国发出敕令:"不得容叛人。"

宣德二年九月,黎利向明朝总兵柳升谎称:陈氏还有个遗嗣名叫陈日暠,在老挝 20 年了,现被寻访到了。黎利又率大小头目到柳升的大军营帐前上书陈情,"乞罢兵,立陈氏裔"。柳升对黎利的上书都没有来得及打开,就派人快速向朝廷奏明。但就在这期间,柳升的军队在倒马坡这个地方又遭到安南军的伏击,致使柳升率领的这支明军"相继尽殁",朝野为之震惊。

正在这时,那个自称叫陈日暠的人又主动向宣德皇帝上表称臣,称自己就是陈氏先王陈暊的第三世嫡孙。宣德皇帝"心知其诈",但考虑到朝廷长期征讨安南的效果不佳,他也想就此罢兵息民,所以在与大臣杨士奇、杨荣讨论交阯问题时,"即欲弃之",即不想再去费神管他们了。于是宣德皇帝下诏,抚谕安南人民,尽赦其罪,与之更新,同时撤销三司,尽撤军民北还。当时明朝得以回还的只有 8 万 6000 人,"为贼所杀及拘留者不可胜计"。

明朝以为安南政权又回到陈姓国王手中了,谁知到了宣德三年,黎利又遣使到明廷奉表谢恩,诡言陈日暠已经病故,陈氏子孙已经绝迹了,并说安南国的人民都要求推荐他"守其国",现在只是谨慎期待明朝皇帝的任命。

宣德皇帝本来就知道其中有诈,但也不想马上就对黎利任命,下令安南国继续寻访陈氏后裔。宣德四年,黎利再次遣使回复明廷:"陈氏无遗种,请别命,因贡方物及代身金人。"宣德皇帝不为所动,知道即使陈氏有后裔存在,黎利也不会如实反映,所以还是下旨"再访"陈氏后裔。宣德五年,黎利又遣使向明廷进贡金银器和土特产,同时呈上安南国"头目耆老"的奏请,希望由黎利摄国政。但宣德皇帝还是坚持不松口,要求安南国继续寻访陈氏后裔,同时要求黎利把扣押的明朝遗民放还。

第二年即宣德六年,黎利果然遣使谢罪,答应放还扣押的中国遗民。同时再次进呈"头目耆老"们的奏折,企图通过那些德高望重的人物出面请求,好让朝廷承认黎利在安南国的合法地位。这一次,宣德皇帝虽然同意了,但只是任命黎利"权署安南国事",相当于主持工作。即便如此,能够得到宗主国皇帝的认可,黎利还是很高兴的,再次派使者到明廷进贡金银器和土特产。

宣德八年,宣德皇帝通过使者向黎利灌输"顺天保民之道",对他进行思想教育,并准备正式封他为安南国王。但也就在这一年,黎利死了。他虽然生前没有得到宗主国大明王朝的认可,但实际上已经当了6年的安南国国王。到了明英宗正统元年(1436)四月,大明王朝才正式册封黎利的儿子黎麟为安南国王。

第四,依礼赐弁安南国。

明英宗天顺元年(1457),时任安南国工的黎濬遣使入贡,"乞赐衮冕",如朝鲜例。"衮冕"即衮衣和冕,是古代帝王与王公的礼服和礼冠,规格最高,冕冠亦称"旒冠"。但是,鉴于安南国长期表现欠佳,明廷"不从",不同意他们的请求。

成化元年(1465),明宪宗践阼,时任安南国王的黎灏又遣使来贡,再次向明廷"请冕服"。明廷仍然"不从",只是赐给安南国王等级低一等的"皮弁冠服及纱帽犀带"而已。

到了成化四年,安南国王黎灏自负国富兵强,又开始侵占我广西凭祥和广东琼州、雷州地区,同时侵略占城国,将占城国改为"交南州",并派兵戍守。

明宪宗让边境守臣诘问黎灏为什么要侵占占城国。黎灏回答说,占城是个贫穷落后的地方,"家鲜积贮,野绝桑麻,山无金宝之收,海乏鱼盐之利,止产象牙、犀角、乌木、沉香。得其地不可居,得其民不可使,得其货不足富",所以他不会侵夺占城国。但事实上,安南已经侵占占城国很久了。

到了明孝宗弘治十年(1497),朝廷赐安南国国王黎晖以皮弁服、金犀带。安南使臣着急了,认为他们的国王所赐服装等级低了,乞求明朝皇帝"改赐"。但是,明朝礼官认为:"安南名为王,实中国臣也。嗣王新立,必赐皮弁冠服,使不失主宰一国之尊,又赐一品常服,俾不忘臣事中国之义。今所请紊乱祖制,不可许。"再次从帽子服装等级上将安南国置于臣属国地位,并且警告他们,不要对宗主国行僭越和侵扰之事。

第五,"中国碑"在藩属国。

像安南国这种与大明王朝国土相近而离心的藩属国,在东南亚地区并不多见,更多的是尊重明朝的国家。

朱元璋很重视与暹罗国即泰国的关系,认为"大国十有八,小国百四十九,较之于今,暹罗最近"。明朝曾有三位外国国王因前来进贡而客死中国,笔者曾作有《明朝客死中国的三位国王》一文,对此已有说明,这里再枚举一个地处"东洋尽处,西洋所自起"的婆罗国(今文莱)的例子。

婆罗国在唐高宗时就经常有使者到中国进贡,到了明朝永乐四年(1406),婆罗国东、西二王同时派遣使者奉表朝贡。万历年间,婆罗国的国王祖籍是福建人,据说是郑和出使婆罗国时,有位福建籍人随郑和出海到了婆罗国,最后留居其地。这个福建人的后裔在婆罗国发展得很好,最后"竟据其国而王之",当上了婆罗国的国王。

人们发现,这位国王的府邸旁树立着一块"中国碑",以表示对祖国的感情。国王还收藏有一枚篆文汉字金印,印章上方刻有兽形图案,称说是当年永乐皇帝赐予的。这枚印章成了当地的神圣宝物,民间嫁娶时,如果能够得到国王的恩准,将此印印在新娘新郎的后背上,人们会感到莫大的光荣。一块碑,一枚印章,见证了明朝与东南亚、南亚国家的友好往来,见证了中国传统文化在藩属国人民心目中产生的巨大影响。

(三)贡品折射出的物产与人的等级

藩属国向明王朝纳贡,明廷都要以皇帝赏赐的形式予以近乎等值的补偿,大明王朝要的是面子,藩属国要的是利益,皇帝对一些表现忠诚的藩属国,更是"赏赐优渥"。正是在这种利益驱动下,整个明王朝的藩属国或郑和航海经历过的其他国家的人来到中国,有的纯粹是为了表达藩属国的诚心,有的则是把贡品当商品,趁机"走私"捞油水。其中"安南入贡,多携私物",已经成为明廷共识。

自从朱元璋对藩属国进贡次数进行限定,明朝历代皇帝基本上都秉持这种外交政策理念。明英宗正统元年(1436),朝廷再次重申:藩属国三年一贡,但是"番人利中国市易,虽有此令,迄不遵"。由此可见,中国这个国际贸易大市场在明代就已经被异邦所认知。明朝"海上丝绸之路"有的是披上了"进贡"的漂亮外衣,但更多的应该是两地"方物"贸易的互惠互利。

当时有一个名叫"合猫里"又名"猫里务"的国家,是南海中的小岛国,位于今菲律宾群岛,永乐三年(1405)九月就曾派使者来进贡。该国土瘠多山,但山外就是大海,饶鱼虫,人知耕稼,天然的港口位置优势又使其成为商舶往来必经必停之地,从而渐成富壤。那里也是中国沿海地区做买卖的生意人必到之地。正是由于中国人的到来,那里的贸易市场得到公正健康发展,"华人入其国,不敢欺陵,市法最平"。所以华人为之语曰:"若要富,须往猫里务。"

我们仅通过藩属国贡品礼单就可以窥见东南亚、南亚地区物产之丰饶,也可对那个时代存在的人与人之间的等级差别有所认识,更可以对大明王朝的国际地位有所认知。当时藩属国的贡品主要可分为以下几类。

第一类是珍禽异兽。

洪武四年(1371),安南国遣使贡象,其冬又贡象;洪武十年,连续贡象、马;洪武二十一年,又贡象。

洪武二年,占城国向明朝进贡大象、老虎等。洪武十六年万寿节,占城国又派使者送来大象 54 头;洪武十七年又进贡大象 51 头。永乐四年(1406),占城国"贡白象、方物";永乐六年"郑和使其国"时,占城国王又遣其孙贡象及方物,以表谢恩。但是到了天顺八年(1464)明宪宗嗣位后,占城国使者曾向明朝"求索白象",不知何因。按理,赠送别人的东西是不可以再索回的,更何况是藩属国对宗主国的进贡呢!可能当时白象太珍贵了,比现在的大熊猫还稀有吧。

真腊国于洪武二十年向明朝贡象 59 头;洪武二十一年又贡象 28 头。

暹罗国于洪武四年进贡驯象、六足龟;洪武五年又进贡黑熊、白猿;洪武二十一年贡象 30 只。嘉靖三十二年(1553)贡白象及方物,惜白象死于途中,使者以珠宝饰其牙,盛以金盘,并尾来献。

浡泥国于洪武年间向明朝进贡孔雀。

满剌加国先后进贡有黑熊、黑猿、白鹿、火鸡、鹦鹉等。

苏门答剌国的贡物有善马、犀牛等。

须文达那国于洪武十六年进贡马2匹。

三佛齐国于洪武四年进贡黑熊、火鸡、孔雀、五色鹦鹉等；洪武十年进贡犀牛、黑熊、火鸡、白猴、红绿鹦鹉等。

览邦国于永乐、宣德年间进贡孔雀、马等。

百花国于洪武十一年进贡白鹿、红猴、孔雀、鹦鹉等。

柔佛国于永乐中贡有犀、象等。

锡兰山国贡有驯象等。

榜葛剌国即天竺国，为东印度。永乐十二年（1414）进贡麒麟、名马；正统三年（1438）贡麒麟等。

不剌哇国于永乐十四年至二十一年（1416—1423）前后四次入贡，郑和亦两使其国。所产有马哈兽，状如獐；花福禄，状如驴；以及犀、象、骆驼等，经常用以充贡。

竹步国所产有狮子、金钱豹、驼蹄鸡，永乐中，尝入贡。

阿丹国于永乐十四年遣使奉表贡方物。永乐十九年，中官周姓者前往阿丹，买到猫睛，重二钱许，珊瑚树高二尺者数枝，以及大珠、金珀、诸色雅姑异宝、麒麟、狮子、花猫、鹿、金钱豹、驼鸡、白鸠以归。在阿丹国的贡品中，肯定包含了其中的一部分。

麻林国于永乐十三年进贡麒麟、天马、神鹿诸物。

忽鲁谟斯国贡品有狮子、麒麟、驼鸡、福禄、灵羊等。

第二类是名贵药材与补品、调味品。

占城国物产有乌木、降香等，洪武二十年（1387）进贡伽南诸物。

真腊国于洪武二十年进贡香6万斤。

暹罗国于洪武七年进贡兜罗绵、降香、苏木诸物；洪武二十年进贡胡椒1万斤、苏木1万斤；洪武二十三年进贡苏木、胡椒、降香17万斤。整个明朝，暹罗进贡的名贵药材补品还有：片脑、米脑、糠脑、脑油、脑柴、蔷薇水、碗石、丁皮、阿魏、紫梗、藤竭、藤黄、硫黄、没药、乌爹泥、安息香、罗斛香、速香、檀香、黄熟香、降真香、乳香、树香、木香、丁香、乌香、胡椒、苏木、肉豆蔻、白豆蔻、荜茇、乌木、大枫子等。

浡泥国于洪武年间进贡梅花大片龙脑、米龙脑、降真诸香。

满剌加国先后贡有片脑、蔷薇露、苏合油、栀子花、乌爹泥、沉香、速香、金银香、阿魏等。

苏门答剌国先后进贡有龙涎香、沉香、木香、丁香、降真香、胡椒、苏木、硫黄等。

须文达那国于洪武十六年进贡蔷薇水、沉香、速香诸物。

三佛齐国于洪武四年进贡诸香,洪武九年进贡丁香、米脑诸物。

爪哇国于洪武十五年进贡胡椒 7 万 5000 斤。

览邦国于洪武九年进贡檀香、降香、胡椒、苏木等。

百花国于洪武十一年进贡香蜡等。

彭亨国所贡有片脑、乳香、速香、檀香、胡椒、苏木之属。

柔佛国于永乐中贡有片脑、没药、血竭、锡蜡、嘉文簟、木棉花、槟榔、海菜、窝燕、西国米等。

锡兰山国贡有乳香、木香、树香、檀香、没药、硫黄、藤竭、芦荟、乌木、胡椒、碗石等。

榜葛剌国先后进贡有糖霜、乳香、熟香、乌香、麻藤香、乌爹泥、紫胶、藤竭、乌木、苏木、胡椒、粗黄等。

不剌哇国经常以没药、乳香、龙涎香之类来充贡。

竹步国贡品有龙涎香、乳香、胡椒等。

第三类是珍玩宝物与服饰布料。

浡泥国于洪武年间进贡西洋布。

洪武十六年(1383),占城国进贡象牙 200 枝;洪武二十年进贡犀角等。

暹罗国先后进贡有象牙、犀角、孔雀尾、翠羽、龟筒、宝石、珊瑚、西洋诸布等。

百花国于洪武十一年进贡龟筒、玳瑁等。

苏禄国于永乐十五年进贡珍珠、宝石、玳瑁诸物。

满剌加国进贡有玛瑙、珍珠、玳瑁、珊瑚树、鹤顶、金母鹤顶、琐服、白苾布、西洋布、撒哈剌、犀角、象牙等。

苏门答剌国的贡物有宝石、玛瑙、水晶、石青、回回青、刀弓、锡锁服等。

须文达那国于洪武十六年进贡幼苾布 15 匹，隔著布、入的力布各 2 匹，花满直地、番绵绸直地各 2 匹，兜罗绵 2 斤，撒剌 82 个，幼赖革著 1 个，撒哈剌 1 个。

竹步国贡品有金珀等。

三佛齐国于洪武四年进贡苾布、兜罗被诸物；洪武九年进贡龟筒。

爪哇国于洪武十五年进贡大珠 8 颗。

淡巴国进贡苾布、兜罗绵被等。

巴喇西国于正德年间进贡有祖母绿 1 块，珊瑚树、琉璃瓶、玻璃盏、玛瑙珠、胡黑丹诸物。

锡兰山国贡有珍珠、珊瑚、宝石、水晶、撒哈剌、西洋布等。

榜葛剌国进贡有金银琉璃器、青花白瓷、鹤顶、犀角、翠羽、洗白苾布、兜罗绵、撒哈剌等。

柔佛国于永乐中贡有玳瑁等。

忽鲁谟斯国贡品有大珠、宝石之类。

彭亨国贡有象牙等。

第四类是"代身金人"与奴隶。

前文已明，宣德四年（1429），安南国的黎利为了达到让宗主国认可他的目的，向宣德皇帝进贡"代身金人"，但宣德皇帝不为所动。

由此可见，藩属国还有另一种特殊贡品，就是将那些社会地位低下的奴隶当作贡品送到大明王朝，再次暴露了封建社会人与人之间的等级差别。

在东北亚地区，有些国家曾向明朝皇帝进贡美女，同时也进贡过侏儒等,这种现象在东南亚及南亚地区也普遍存在。

洪武年间,安南国国王陈叔炜曾连年向明廷"贡奄竖",这里的"奄竖"就是指阉人。

真腊国于洪武二十一年(1388)进贡象奴34人、番奴45人。

暹罗国于洪武二十一年进贡番奴60人。

位于暹罗国之西的彭亨国,亦于洪武十一年进贡番奴6人。

爪哇国于洪武十四年进贡黑奴300人;洪武十五年又进贡黑奴男女100人。

综上所述可见,大明王朝在与东南亚、南亚等国家交往的过程中,展示出了大国外交的威严和责任担当,表现出了明王朝对外开放所带来的强大国际贸易市场吸引力,也揭示出了当时世界经济发展和百姓生活丰富多彩的一面。从各地进贡珍禽异兽的类别来看,有些人们今天还能见到,有些已经十分稀有甚至灭绝,如白象、白鹿、白猴、麒麟、驺虞等,值得引起我们对生物多样性和保护野生动物的思考。

如驺虞这种珍稀动物虽不是作为藩属国贡品出现在《明史》中,但依旧有所记载。在《明史·成祖本纪》中有:永乐二年(1404)秋九月丙午,周王朱橚来朝,"献驺虞,百官请贺";永乐十一年五月丁未,"曹县献驺虞"。《明史·宣宗本纪》中有:宣德四年(1429)春二月己丑,"南京献驺虞二,礼部请表贺,不许"。驺虞是中国古代神话传说中的仁兽,是一种虎躯猊首、白毛黑纹、尾巴很长的动物。《山海经·海内北经》中记载:"林氏国有珍兽,大若虎,五采毕具,尾长于身,名曰驺吾,乘之日行千里。"这里"驺吾"即驺虞。那些珍禽异兽种类的消失,是《明史》留给我们的又一种警示。

第五节 "郑和下西洋"中的东洋和南洋问题

明代三宝太监郑和在南京人中还是有一定知晓度的。南京的郑和公园、龙江宝船厂遗址公园、马府街等都与他有关,更重要的是"郑和下西洋"已经成了人们挂在嘴边上的一句话。通过《明史》记载,我们可以对郑和及其"下西洋"问题作进一步的研究,也可以进一步了解南京作为明王朝都城在当时国际上的影响力。

在《明史·宦官列传》之"郑和"条中,称郑和"经事三朝",但前后生活经历有五朝。

1381年10岁时,郑和被阉割后,进入朱棣的燕王府当差。朱元璋驾崩、朱允炆于1399年即位时,郑和已经是28岁了,应该是到了正式为明王朝效力的年纪,由此我们不难断定,郑和最迟在建文帝朝就应该为官了,只不过是在燕王府里履职而已。三年后的1402年,朱棣、朱允炆叔侄火拼,朱棣发动"靖难之役",最后得胜称帝,是为明成祖,年号"永乐",郑和进一步得到重用,

牛首山郑和文化园郑和像

主要肩负外交事务上的航海任务。1424年朱棣去世后,即位的是朱高炽,是为明仁宗,次年改年号为"洪熙",郑和继续在洪熙朝为官。1425年,朱瞻基即位,是为明宣宗,次年改年号为"宣德",郑和继续在宣德朝为官。宣德八年(1433),郑和在印度西海岸的古里国去世,倒在了工作岗位上,后被赐葬(衣冠冢)于南京牛首山麓。

由此不难得出结论,郑和的政治生涯从朝廷任命角度看应该是"经事"了永乐、洪熙、宣德"三朝",而他的人生是经历了由洪武到宣德的"五朝"。

郑和先后七次奉使命出海,前后到达的国家有37个。据《明史·宦

官列传》之"郑和"条记载：郑和"先后七奉使,所历占城、爪哇、真腊、旧港、暹罗、古里、满刺加、渤泥、苏门答刺、阿鲁、柯枝、大葛兰、小葛兰、西洋琐里、琐里、加异勒、阿拨把丹、南巫里、廿巴里、锡兰山、喃渤利、彭亨、急兰丹、忽鲁谟斯、比刺、溜山、孙刺、木骨都束、麻林、刺撒、祖法儿、沙里湾泥、竹步、榜葛刺、天方、黎伐、那孤儿,凡三十余国"。

这里的"三十余国"确切数字是 37 个国家。时至今日,明代或清代时期的"国",尤其是海洋岛国在管辖范围或主权上已经发生了很大变化,有的已经成为"地区",但从尊重历史角度,我们仍然采用 37 个国家这一说法。

《明史·宦官列传》"郑和"条记载："俗传三保太监下西洋。"民间认为,郑和进行了七次"下西洋"的伟大航海壮举。

但是,《明史·外国列传》中,"西洋""东洋""东西洋"并存,说明当时郑和开展的航海行动,所经之处不仅仅是遥远的"西洋",还有"东洋"和"南洋"的国家,是"三洋"并存。今天的我们应该从历史地理角度,在确立了以海洋为坐标体系的情况下,不只是将目光放在"西洋"上,更应该是东洋、南洋、西洋"三洋"并举。

我们今天的地球概念是"五大洲四大洋",或称"七大洲四大洋","洲"有五、七之说,但"四大洋"是不变的,即太平洋、大西洋、印度洋、北冰洋。这里根本没有明代的"西洋""东洋""南洋"之说。如果用今天的海洋分类标准来审视郑和的七次航海壮举,涉及的海洋范围主要是印度洋与太平洋。

郑和下西洋的"西洋"概念不同于"西方"概念,它包括了与海洋相关的,位于中国东、南、西部的岛国、半岛国或有海洋口岸的国家。我国地处亚欧大陆板块的东侧,从陆路可直接向西行进,有陆路之"丝绸之路"。而从水路到"西洋",必须经过"东洋"和"南洋"。郑和的七次航海壮举,主要是由明朝都城南京出发,经苏州太仓浏河镇的刘家港、福建福州长乐太平港一线,由东而南,再折向西,途经东洋、南洋,再折向西部到西洋。由于航海终极目的地是在西洋地域,所以人们就将其简化了，概呼之为"郑和下西洋"。殊不知，这里包含了"下东洋"和"下南洋"。

国人有"北上""南下"的地理思维习惯，很少有"下西"或"西下"说法，但在郑和航海壮举上，却毫不吝啬地用上了"下西洋"一词。究其原因，还是因为其航海行程存在着由东而南的"南下"过程，即由"下南洋"而伸发出了"下西洋"。

明朝人的"西洋"概念主要源于元朝航海家汪大渊的《岛夷志略》，该书中多处提到"西洋"。如："古里佛"条有"当巨海之要冲，去僧加剌密迩，亦西洋诸国马头也"；"昆仑"条提到"下有昆仑洋，因是名也，舶贩西洋者，必掠之"；"大八舟"条有"国居西洋之后"；"天堂"条记载"地多旷漠，即古筠冲之地，又名为西域，风景融和，四时之春也。田沃稻饶，居民乐业。云南有路可通，一年之上可至其地，西洋亦有路通，名为天堂"。元代的《异域志》中也有"西洋国"记载。

永乐三年（1405）六月，郑和开启了"下西洋"的伟大壮举，"西洋"一词随着郑和船队所驶地域不断向西延伸拓展，直至到达红海边的天方（今麦加）等"西洋诸国"。"西洋"一词屡见于皇帝敕书文本中，被冠以"西洋"之名的书籍也成为吸引人们眼球的热门读物，诸如《大西洋记》《西洋番国志》《西洋朝贡典录》《东西洋考》《三宝太监西洋记通俗演义》等。

但是，到了晚清时期，"西洋"已泛指欧美国家，"南洋"专指东南亚地区，"东洋"则主要指日本。"洋人"概念的出现，也是国人在跳出"中国"居中为大、四周乃蛮夷戎狄之邦的地理概念后，面向海洋，对"非我族类"的"夷人"们的又一种叫法。区别在于，较之于称蛮夷戎狄之邦为"夷人"，在改称为"洋人"时，似乎少了一点自信、多了一点崇拜，尤其是近代西方列强联合侵吞中国时，有些缺少脊梁骨的国人甚至喊出了"洋大人"的称呼。

"洋"与"海"相连。根据"近海远洋"思维定式，尤其是现在国际通行的"12海里"领海权划定，启发我们，当年郑和船队的行程是在

"海"上进行,而不是在"洋"里行驶。用今天的词语来表达,郑和的舰队大部分是在东海、南海、孟加拉海、阿拉伯海、红海"五海"中行驶的,而不是在浩瀚无涯的"洋"中进行的,或者说很少在洋中行驶。称郑和是"航海家"而不是"远洋家",是对郑和当年"下西洋"壮举的恰当定性。

在《郑和航海图》一书中,记载有530多个地名,其中外域地名有300个,最远的东非海岸有16个。书中明确标明南沙群岛、西沙群岛、中沙群岛,这些群岛都在我国南海范围内。鉴于此,我们对传统郑和"下西洋"的理解,就更不能局限于"洋"的概念,而要多从"海"的角度去思考定位。如果要从"西洋"的"洋"角度去思考,那也不要遗忘了"东洋"和"南洋"的存在,因为郑和的航海路线是呈由东向南再折向西的走向,经历了东洋、南洋后才到达西洋流域的。

郑和时代,已经出现"东西洋""东洋""西洋""南海"等概念。

(一)东洋

《明史·外国列传》"冯嘉施兰"条称该国"亦东洋中小国"。"鸡笼山"条有:"鸡笼山在彭湖屿东北,故名北港,又名东番,去泉州甚迩。……永乐时,郑和遍历东、西洋,靡不献琛恐后,独东番远避不至。和恶之。……至万历末,红毛番(即今荷兰)泊舟于此,因事耕凿,设阛阓(即街市店铺),称'台湾'焉。"

郑和登上台湾岛的具体时间,史籍记载是在朱棣永乐时期,与郑和下西洋时间有交叉,很有可能是在其"下西洋"期间进行的。这也告诉我们,历史上的东洋范围,包括今日之台湾及澎湖列岛、日本岛、琉球诸岛等,尽管这些地域没有被包含在传统的郑和下西洋范围内,但不等于说大明王朝的海上管辖范围就没有达到这些地方。

《明史·外国列传》"婆罗"条记载,婆罗又名"文莱",在"东洋尽处,西洋所自起也"。万历时,为王者是闽人,据说是当年郑和出使婆罗国时,有闽人从之,因留居其地,其后人竟据其国而王之,邸旁有"中国碑"存立。王有金印一,篆文,上作兽形,言永乐朝所赐。民间嫁娶,必请此印印背上,以为荣。这则记载,我们在上文中亦列举,但从海洋角度引用,仍有别样意义。

郑和航海所至之浡泥国又称婆利、佛泥等,在今天文莱国范围内。由此可以确认:郑和"下西洋"之"西洋",主要指今日文莱国以西的东南亚和印度洋沿岸国家和地区。

但是,这里缺少一个海洋空间过渡,即由"东洋"到"西洋"之间,尚存在一个"南洋"地域,必须引起我们的关注与思考。

(二)南洋

《明史·外国列传》"占城"条有:"占城居南海中。自琼州航海顺风,一昼夜可至;自福州西南行,十昼夜可至。"永乐六年,郑和出使其国,王遣其孙贡象及方物谢恩;永乐十年,其贡使乞冠带,永乐皇帝予之,复命郑和使其国。

与占城国紧邻的有真腊国、暹罗国、爪哇国、满剌加国。

真腊国(今柬埔寨)在占城国的南面,自琼州航海,顺风三昼夜可至。暹罗国即今之泰国,在占城国的西南,自琼州航海,顺风十昼夜可至;"其国有三宝庙,祀中官郑和"。爪哇国在占城国的西南,"其国近占城,二十昼夜可至";永乐三年,朝廷"遣中官郑和使其国"。满剌加国即"马六甲",在占城国之南,永乐六年,"郑和使其国"。

根据《明史·外国列传》"三佛齐"条记载,洪武三十年,朱元璋就藩属国缺贡问题下诏曰:"洪武初,诸蕃贡使不绝。迩者安南、占城、真腊、暹罗、爪哇、大琉球、三佛齐、浡泥、彭亨、百花、苏门答剌、西洋等三十国,以胡惟庸作乱,三佛齐乃生间谍,绐我使臣至彼。爪哇王闻知,遣人戒饬,礼送还朝。由是商旅阻遏,诸国之意不通。惟安南、占城、真腊、暹罗、大琉球朝贡如故,大琉球且遣子弟入学。凡诸番国使臣来者,皆以礼待之。我视诸国不薄,未知诸国心若何。"朱元璋准备派外交使者出访。于是,有关部门"移牒"上报,其中有:"自有天地以来,即有君臣上下之分、中国四裔之防。我朝混一之初,海外诸蕃,莫不来享。"明朝江山,八方来朝,大有盛唐气象。

根据朱元璋诏书将"西洋"与安南、占城等并列及后文"郑和自西洋还"用语分析,明代人的"西洋"概念是有所指的,具体是以苏门答剌为界,以西的国家可称之为"西洋"诸国。这些西洋国家主要分布在印度洋中的孟加拉海西侧沿岸和阿拉伯海、红海沿岸地区。

值得注意的是,包括苏门答剌在内,其以东的国家虽不在"西洋"地域范围内,但也不能全部归到"东洋"行列。结合以上"婆罗"条分析,从婆罗、浡泥(今文莱一带)到苏门答剌岛之间的国家,应该属于"南洋"国家。

(三)西洋

郑和所到的37个国家中,有一个专门冠以"西洋"头衔的国家叫"西洋琐里"。永乐二十一年(1423),西洋琐里国"偕古里、阿丹等十五国来贡"。与此同时,还有一个国家叫"琐里","近西洋琐里而差小"。

洪武五年(1372),琐里国向大明王朝"奉表朝贡,并献其国土地山川图"。朱元璋下诏赞许:"西洋诸国,素称远蕃,涉海而来,难计岁月。其朝贡无论疏数,厚往薄来可也。"于是赐《大统历》及金织文绮、纱罗各4匹。大明王朝需要的是国家脸面和国际影响力,西洋诸番国来朝拜,带来的礼物再薄,但回礼一定要厚重,这就是大国的气度。

为什么要在这个国家前面加上"西洋"二字呢?这不是可有可无的问题,而是告诉我们,从"西洋琐里"这个国家开始,以下均为真正意义上的"西洋"国家了。它们分别是:(1)古里国和忽鲁谟斯国。《明史·外国列传》分别称这两个国家为"西洋大国",郑和曾多次到访这两个国家。(2)柯枝国。永乐六年、十年,郑和两次到访该国。(3)小葛兰国。西洋小国也,郑和尝使其国。(4)另外还有大葛兰、锡兰山、榜葛剌、祖法儿、木骨都束、不剌哇、竹步、阿丹、剌撒、麻林、溜山、比剌、孙剌、南巫里、加异勒、甘巴里、急兰丹、沙里湾泥、底里等国。

如果从"西洋琐里"开始,再加上"琐里"国,从《明史·外国列传》记载看,郑和下西洋的37个国家中,至少有25个国家可称得上是真正意义上的"西洋"国家。这些国家地处苏门答腊岛以西印度洋中的孟加拉海、阿拉伯海和红海流域，那里才可称之为真正意义上的"西洋"所在。余下 12 国，可归入"南洋"国家行列。而"东洋"，只是起了一个航海通道的作用，这个通道，我们在研究郑和"下西洋"时，可千万不要遗漏了。

南京牛首山郑和墓

第六节　大明王朝存在了 277 年

传统史学观认为，明王朝的历史只有 276 年，那是因为他们将朱由崧的弘光朝打入到"南明"行列，而没有将其纳入大明王朝的正宗垂直谱系。殊不知这样做，既让南京在明代的都城地位遭到严重贬损，又造成了明王朝历史"有头无尾"的严重后果。明王朝实际存在了 277 年有余。

《明史·诸王列传》记载：崇祯十六年（1643）七月，福王朱常洵在洛阳被明守军总兵官王绍禹"开北门纳贼"杀害后，在北京的朱由崧袭封福王,崇祯皇帝亲自手选宫中宝玉带以赏赐之,对其寄予厚望。从此,明王朝的第二位福王诞生了,而福王朱由崧之所以还能经常被人们提起,与大明王朝的最后绝唱有关,与他在国难当头时于南京建元"弘光"有关。

(一)弘光朝让南京的都城地位得以复活

崇祯十七年(1644)二月,李自成攻占北京,京师失守,崇祯皇帝在紫禁城旁煤山(亦作景山)的一棵歪脖子树上自缢身亡,大明王朝天崩地裂,梁柱倾圮。史学界一般认为,明王朝此时就算灭亡了。

其实,明王朝不能因为一个皇帝自缢了就宣告灭亡,更不能因为北京被李自成攻陷了就算灭亡了。偌大的明王朝,疆域辽阔,海河、黄河、长江、钱塘江、珠江、大运河纵横交错,东方不亮西方亮,黑了北方有南方。北京丢了还有南京,因为明王朝的都城是先有南京、再有北京,有了北京也没有遗弃南京,它们是首都、迁都后的首都与留都(又曰陪都)的关系。在明王朝已经奄奄一息、北部半壁江山易主的危急时刻,南京作为留都,又重新扮演起了首都角色,担负起了明王朝政治军事中心的重任。这一切,与福王朱由崧逃出北京城后,来到留都南京,登上祖先曾经指点江山的金銮殿,擎起明王朝大旗,再次将留都变成首都的壮举有关。

朱由崧与潞王朱常淓逃离北京后,"俱避贼至淮安",来到了江苏境内,这里离明王朝的发祥地、首都南京只有一江之隔了。到了崇祯十七年四月,凤阳总督马士英等将朱由崧迎接到南京,在欢迎的队伍中,当然包括兵部尚书史可法等人。朱由崧回到了首都南京,走进了南京一直保留着的明皇宫即今日称之为"明故宫"那块圣地。从此向世人宣告,南京作为明王朝的始建都城,在朱棣永乐十九年(1421)被作为留都而按下"暂停键",过了223年后又重新启动了。从那一刻起,南京作为大明王朝的都城又复活了!大明王朝还没有亡!

到了崇祯十七年的五月庚寅日,经过一番紧张筹划准备,朱由崧在南京先"称监国",以皇室"殿下"身份指挥明朝政府军队抗击李自成"大顺"军及被吴三桂引进山海关后又迅速占领北京的清军。南京"六部"班底的存在,为他开展工作提供了良好基础,他任命兵部尚书史可法、户部尚书高弘图及马士英"俱为大学士",对他们进行战时提拔和进一步重用。到了五月壬寅日,朱由崧在南京正式即皇帝位,"自立于南京",并建元"弘光",史称"弘光帝"。明王朝开始进入"弘光"年代,明王朝的国祚在南京得以赓续了。

(二)留都南京的"六部"国家机器一直在运转着

明王朝中央政权机构自永乐十九年(1421)从南京迁都后,现又由北京回到了南京,回到了明王朝的发祥地。留都南京的"六部"从这一刻起,不仅充分发挥出了"备胎"作用,而且国家机器的功能被全部彻底激活,由原来的替补队员成为投身沙场的锋线队员。

在朱由崧弘光朝任用的这些大臣中,如史可法、高弘图等,原先都是"南京六部"官员,现在朱由崧再给他们加官晋爵为"大学士"头衔,让他们在明王朝半壁江山沦陷的情况下,能够继续为大明王朝卖命,希冀挽回残局,这也是官场惯例。而事实上,南京"六部"官员一直都关注着国家命运与前途,关注着国计民生,这里有个典型事例很能说明问题。

早在崇祯元年(1628),秦中即今关中地区就出现以闯王高迎祥、李自成为首的"流贼"起义造反现象,其波及范围已经到了陕西、山西、河南、四川、湖北等地,明朝政府军虽然不断镇压,双方互有伤亡,但农民起义造反的火势不仅没有扑灭,反而愈烧愈烈。到了崇祯十二年前后,河南又出现大旱灾、大蝗灾,出现"人相食,民间藉藉"的凄惨现象。但是,朱明王朝仍不顾百姓死活,对农民起义造反现象不加以深入的社会原因分析,不从社会制度上提出合理解决办法,只是一味地继续"耗天下以肥王",不仅在京城的皇室们整日过着奢靡生活,各路朱姓分封的侯王更是如此,从而导致民怨四起、起义造反现象日益加剧,明王朝已经出现岌岌可危、国祚将逝的末日迹象。

在这种情况下,也是当时的南京兵部尚书吕维祺这个人,主动放弃在家公休时间前往洛阳,对福王朱常洵晓以利害,希望他不要整日"闭阁饮醇酒"、唯"妇女倡乐"是好,要关心体察民生疾苦,开粮仓赈灾济贫,促进社会稳定,尤其是中西部地区的社会稳定。但朱常洵"不为意",根本不把南京兵部尚书吕维祺的话当回事。这样一位不关心民生疾苦,又听不进良臣忠言的王爷,最后只能落得在洛阳被杀、其王宫被大火焚烧"三日不绝"的下场。

这件事也再次告诉我们,留都南京的"六部"官吏们,他们始终处于国家政治的前沿,他们时刻在关心着国运民生。现在,朱由崧来到南京,在原先由朱元璋、朱允炆、朱棣待过的皇宫继续升帐建牙,并且有一直运转着的"六部"职掌和官吏队伍班底,朱由崧将明王朝进行下去,撑起明王朝的南半壁江山,直至"中兴",应该是有基础、有资本的。崇祯虽死,但明王朝未亡,历史在那一刻留下了真实写照。

留都的重要功能就是在国家危难之际能够确保有后路、有退路、有回旋余地,确保国家机器能够得到正常运转。当年朱棣虽然迁都北京,却把南京作为留都并一直保持着"六部"建制,或者说明王朝从朱棣那时起,就一直让南京享有留都的副政治中心地位,就是为了防止有一天在北方出现难以逆转的危亡时刻,南京这个留都的作用可以及时补上跟进,大明王朝的国家机器能够保证正常运转。由此可见,朱棣当年的决策是何等英明,又是何等的具有远见卓识。

(三)明王朝277年的历史在南京落下帷幕

面对紧张的战事和极其严峻的危急局面,作为皇帝的朱由崧经与众大臣商量合议,在战略上进行了部署和分工:马士英仍然去凤阳督办军务,因为凤阳是明皇陵所在地,是朱元璋的出生地,必须确保不能丢失,不能再遭破坏;史可法仍然以扬州为中心,"督师江北",防止清军过长江;将淮安、扬州、凤阳、庐州(即合肥)作为江北"四镇",分别由四位"总兵官"黄得功、刘良佐、刘泽清、高杰为司令长官,具体负责军事防务和战事指挥。南京作为明王朝政治、军事的核心地位再次得到显现,历史让南京这座朱元璋于1368年确立的都城再次走到了决定明王朝命运的前沿。

然而,令人遗憾且扼腕的是,朱由崧虽居皇位,但其秉性暗弱与耽于酒色声伎的纨绔本色并未改变,不能全身心投入到挽救国运当中,最终在内部不团结、外部面临清军强大攻势的情况下,还是难以成就"中兴"伟业,难以使大明王朝起死回生。

为了感谢马士英将他从淮安迎接到南京、中途又在仪征给他接风洗尘压惊,朱由崧后来把马士英召回南京,将他擢升为兵部尚书,并委以重任,让他在自己身边工作,同时负责都城南京的巡阅及长江防线军务。但是,马士英与被他提拔重用的阮大铖等人根本不把国事放在第一位,不以国家命运为己任,国难当头还趁机卖官鬻爵,发国难财;同时排斥异己和贤能之人,致使朝廷内部党争不断。东林党人与马士英、阮大铖矛盾加剧,文武官员勾心斗角,争权夺利,不能同仇敌忾。加之左都御史刘宗周等人因与马士英、阮大铖不和而辞官还乡,也产生了一定的负面影响,使小朝廷动荡摇晃。这些都充分说明,弘光朝难孚众望,缺乏凝聚人心的核心力量,还不能形成合力来挽救大明王朝的命运。

大明王朝的江山还能苦撑多久,明朝的军队还能打多久,确实是个棘手问题,也是个难以回答的问题,可能已经成了死结。

这时,弘光朝又发生了内讧,主要因"北来太子"事件引起。当时有一个叫"王之明"的人,诈称是庄烈帝即崇祯皇帝的太子,到南京来要官要职,最后被下狱惩办。弘光二年(1645)三月,被朝廷委以重任、专门负责长江上游军事防务的"南宁侯"左良玉早已对朝廷心怀不满,在部下怂恿鼓动下,以救"太子"为名,在武昌举兵造反,要求弘光帝"清君侧",诛杀奸党马士英、阮大铖。左良玉虽然在途中病死,但诸将秘不发丧,由左良玉儿子代立,继续顺流而东,向南京进军。阮大铖、黄得功等只得尽撤江北劲兵,率师抵御,堵据上江。明王朝本来就十分薄弱的军事力量再自相残杀一番,内损严重,江北防线空虚,给清军顺利南下提供了大好机会。

是年五月己丑,清军在血洗扬州城、史可法壮烈殉国后,强渡长江,长驱直入,如入无人之境,南京城眼看不保。弘光帝朱由崧只得趁夜色逃出皇宫,逃离南京。他们先是逃到了太平(今安徽当涂),那里是四镇总兵之一黄得功的地盘,后来又逃到芜湖,最后还是被清军活捉。朱由崧被清军押回南京,到了九月,又被清军押送到北京。

清军过江后,于五月丙申日至南京城北,这时出现了非常令人沮丧的场面:在南京的明王朝"文武官出降",不得不迎接多铎率领的清军到来。存在一年多的朱由崧弘光朝宣告退出历史舞台。

南京,作为明王朝的始都城,见证了大明王朝的诞生,现在又见证了大明王朝最后的轰然坍塌。南京,既是大明王朝的首都,又是大明王朝落幕的地方,这也算是一种善始善终吧。至此我们可以说,在南京建立的明王朝,在经历了277年南风北雨之后退出了历史舞台。明王朝先后定都在南京—北京—南京,共传13世,历经18帝,享国277年。在南京皇帝任上的先后有4位,他们分别是:朱元璋、朱允炆、朱棣、朱由崧。弘光帝朱由崧虽然在位时间一年多,但也应该享受与朱元璋、朱允炆、朱棣同样的香火血食待遇。

(四)弘光朝被归入"南明"另册追踪

长期以来,史学界习惯将朱由崧在南京一年多的弘光朝称之为"南明"政权,将其打入另册,不纳入明王朝的垂直主干谱系。这一方面是受了清人修《明史》时的影响,因为把明王朝政权的时限缩得愈短,就意味着清王朝政权的时限愈长,哪怕是一年半载也十分在意。《明史》中没有出现"南明"一词,那是因为修史者不愿意把明朝人的反抗从正面予以承认,诸王前仆后继、建元称帝以抗清复明的行为,都不能进入"本纪"中,而只是在"诸王列传"中给予零星无序的简单交待,致使今日读者在阅读了解那段历史时大费脑筋。

那么,对于朱由崧在南京一年多的明王朝弘光政权,历史上最早将其归入"南明"另册的,又是何人何文何书?问题还得追溯到清代。

有研究认为,清代康熙年间,在江阴人陈鼎撰《东林列传·黄道周传》中,在与"南宋"相比较时,出现了"南明"一词。其"外史氏"议论指出:

"假使南渡以来，马、阮即死，而任先生以国，或者李纲、赵鼎庶几再见于南明，而社稷或可苟延于江左。"这里因与"南宋"对应而在行文上出现了"南明"概念。

作为书名最早出现"南明"的，学术界公认是清人钱绮的《南明书》36卷。在《南明书》中，钱绮将在南京的福王"弘光"政权、在福州的唐王"隆武"政权、在绍兴的鲁王与在广州的唐王"绍武"政权、在肇庆的桂王"永历"政权和在川鄂边界云南的韩王"定武"政权合为一书，因为这些政权是先后在南部诸省建立，故将其统称为"南明"。

在这里，钱氏忽略了明王朝建立时首先是在南方的南京建都这一重要历史事实，而这种事实又是与后来的朱由崧"弘光"政权同处一域、同为一个金銮殿。这应该是《南明书》的最大疏忽和不周全之处，但对后世学人的误导和影响却是巨大的。一直到笔者提出这个问题为止，可能目前还没有学人意识到这一问题的严重谬误之处。噫，长此以往，岂不悲夫！

将弘光朝归入"南明"，严重压低贬损了南京在明王朝时的都城地位。它容易给社会普罗大众造成两种错觉：第一种错觉是以为自从朱棣永乐十九年后，南京的都城形象就荡然无存了，大有抹平南京作为明王朝首都与留都的双重身份之嫌；第二种错觉是以为明朝的都城一直在北京，所以就将闯王进京、崇祯自缢后，朱由崧在南京建立"弘光"政权打上了南边的明王朝即"南明"印记，以示与都城在北京的明王朝相区别。殊不知，明王朝首先建都在南京，都城的根在南京，朱由崧的举动只是回到明王朝都城的发祥地、回到了留都而已，不存在重打锣鼓另开张的问题。

人们不应该忘记，当年朱棣于永乐十九年迁都北京时，虽然将南京作为留都，但在此后的200多年时间里，并没有将明王朝进行南北之分，并没有将永乐迁都之前的明王朝称为"南明"，将迁都之后的明王朝称为"北明"，何来在国家出现危亡时刻，将"还都"后的明王朝称为"南明"呢？

（五）清代文献中的"南都""留都""南朝"所指

在清代文学作品如《桃花扇》中,对弘光朝的那一段历史,难觅"南明"一词,但"南都"一词出现频率较高,其次是"南朝"。

所谓南都,即指南京是明王朝的南部都城,以示与"北都"即北京相区别。应该说,这种称谓是符合明代南京历史时空定位的。南京现在还有一个饭店叫"古南都饭店",应该是历史记忆的体现。当然也有用"南朝"来表述这一段历史的。

称弘光时期的南京及弘光朝为"南都""南朝"的,我们可以从清代余怀等著《板桥杂记》及其补记中找到踪迹。

《板桥杂记·附录》"叶衍兰(南雪)《秦淮八艳图咏》一则"条在介绍秦淮名妓李香(字香君)时说:"福王即位南都,遍索歌妓,香被选入宫。南都亡,只身逃出。后依卜玉京终。"说明朱由崧虽为皇帝,却仍然是个荒淫好色之徒,李香君也曾被其选入宫中宠幸过。

在《板桥杂记补·序二》中说:"南朝胭脂,悲于《麦秀》之擢;留都箫鼓,哀于新亭之泣。"这里的"留都"即指南京;"南朝"因有"胭脂"二字典故出现,当指宋齐梁陈之"南朝"。

在《板桥杂记补·记人》"林金兰"条中说:"林金兰,自号秋香亭中人,南都妓也";"金兰,一名奴儿,自号秋香亭中人。南都妓也,风流姿色冠于一时"。"邢泪秋"条中说:"泪秋,南都名妓也。"

在《板桥杂记补·记事》中,所引"何元朗妙解音律"条说:"元朗早岁入南都,随顾东桥游宴。"在"杜茶村先生轶事"条中说:"予尝题其《灯船歌》后云:'河山半壁满斜阳,一载南都事可伤。'"

在《板桥杂记补·记言》"李香君在南都后宫私寄侯公子"条中说:"南都君臣,遭此奇变,意必存包胥哭楚之心,子房复仇之志,卧薪尝胆,敌忾同仇。"

这些"南都""留都"的频繁出现,说明当时的人们对南京的明代都城在弘光朝的定位是准确的、普遍认可的。

称弘光朝为"南朝"的,我们也可以在《板桥杂记》中找到线索。该书在介绍明代秦淮名妓董白(字小宛)时,提到董小宛作为如皋冒辟疆的侧室,事冒辟疆9年,年仅27岁就"以劳瘵死"。冒辟疆曾作《影梅庵忆语》2400字哭悼董小宛。当时风流名士对董小宛的离世也纷纷撰写哀辞,又以吴梅村的绝句为最佳,其中有:"念家山破定风波,郎按新词妾按歌。恨杀南朝阮司马,累侬夫婿病愁多。"这里的"南朝"就是指崇祯十七年五月由朱由崧在南京即帝位时的弘光朝;"阮司马"就是指阮大铖,因为他投靠魏忠贤而被人们咒骂为"阉儿"。

文学作品是时代的产物,文学作品反映时代,从文学作品中读出历史,是从《诗经》以来我国就形成的文学作品"为事""为时"而作的良好传统。

(六)"南明"应是指在南京以南建立的明朝"流亡政府"

虽然弘光朝只存在了一年多就灭亡了,但大明王朝顽强的生命迹象并没有因为北京和南京的相继失陷而完全销声匿迹、脉象全无,朱明皇室中那些有血性的王爷们继续有人站出来,扛起了反清复明、重整河山的大旗,他们"监国"称帝,在南京以南的土地上摆开了一个个战场。

唐王朱聿键在福建称帝,建元"隆武",惜时间不长就失败了。桂王朱由榔在肇庆称帝,建元"永历"。这个"永历"政权一直坚持了15年,即在整个清朝顺治年间,明王朝的余响仍然存在着,朱明王室仍然在不懈地战斗着。那位收复台湾的大英雄郑成功,就是诞生在朱聿键"隆武"时期的"明代"英雄,我们称他为"明代郑成功",却从来不说他是"清代郑成功",因为他一直在为明王朝战斗着,直到清康熙年间成功收复台湾,在台湾落下了脚。

虽然清军已经相继拿下了北京和南京两座都城,但在中国广袤的南方地区,仍有大片属于明王朝的版图存在,况且,明王朝仍然是当时人们心目中的精神寄托,人们的思想意识深处只承认自己是明代臣民而不是清朝臣民。所不同的是,离开北京、南京后的朱明王朝政权,此时已明显带有"流亡政府"性质,与朱由崧是回到留都南京称帝、在祖先打造好的金銮殿上继续着明王朝国家政权的运转,是有着本质区别的。

退一步讲,如果确有"南明"存在,那也是指在弘光帝被俘、南京沦陷后,由两位唐王先后建立的"隆武""绍武"政权,以及桂王的"永历"政权和韩王的"定武"政权。这些由明王朝几位有血性的王爷们相继建立的政权,都是在北京和南京之"南"了,政权已经远离北京和南京,在今浙江、福建、广东和云贵一带,无论从空间上还是从时间上来看,称这几个政权为"南明",尚能符合历史时空逻辑,他们是在流亡中的"南明"。

我们要善于回到历史原点去思考历史问题,切不可不分青红皂白,不从明王朝建都史的角度来审视历史。我们没有理由将朱由崧在明朝都城南京建立的"弘光"政权也粗鲁地、一股脑儿地捆绑打包到"南明"包裹中去,而应该使其回归到"大明王朝"的主干谱系中来。我们应该还弘光朝一个历史公道,还朱由崧一个恰当的历史牌位,更应该还南京这座"七朝古都"一个符合史实的、明代都城史系统而又全面的定位,从而得出大明王朝存在了277年的历史结论。

第七节　大明王朝给南京留下的家当

大明王朝在南京创下的业绩数不胜数,诸如《永乐大典》的编纂、郑和下西洋伟大壮举等等,不仅具有划时代的现实意义,更具有深远的历史意义,这种意义带有普遍性、共享性、永久性。而大明王朝留给南京城的家当财富,不仅只是"南京"这个独一无二的名称、这一笔巨大的无形资产,更有大量的物质财富、精神财富为南京城所独有,为生活在这座城市的一代代人们所拥有,成为这座城市最值得炫耀的资本,人们以生活在这座城市为荣为傲。大明王朝为南京这座城市留下的家当财富,我们随手可触、随眼可见。

明城墙——世界上现存最长、保存最完整的古城墙,南京气象博大的城市精神象征;

明孝陵——南京市的第一处世界文化遗产,明清皇家陵寝的范本;

阳山碑材——现存世界最大的碑材；

明故宫遗址——南京主城区面积最大、档次最高的皇宫建筑遗存；

明远楼暨江南贡院——明清江南科举考场，我国现存最古老的贡院考场建筑；

龙江宝船厂遗址——国内唯一的明代船坞作塘遗存；

明代大报恩寺遗址——曾经世界最高琉璃佛塔耸立的地方；

箍桶巷、木匠营、扇骨营、剪子巷、三条营、边营等老字号街巷——南京明代地名的活化石；

明城墙城门——南京城市中轴线的"准星"和城市主要交通要津所在；

明代护城河——与城墙一道，是构成南京城内城外、老城新城的一道分水岭。它们更像一对老人，讲述着明代南京辉煌的历史。

明王朝，对南京人、对南京城的影响，是世界性的，永久性的，更是现代性的！南京的标志是什么？体现这座城市精神面貌的是什么？不只是六朝陵墓前的那些阴气沉重的石刻辟邪、天禄之类，而更应该是明城墙，抑或者是"龙蟠虎踞"的博大气象。

因此，今天的南京究竟是几朝古都，答案应该是在唐代人"六朝"基础上，再加上大明王朝的"七朝"，我们可以响亮地说出"南京是七朝古都"的结论。

给南京以"七朝古都"的准确定位，可以增加南京都城历史的厚重可信度，可以加大南京都城历史形象的清晰度，可以提升南京都城历史的美誉度。我们应当在大力加强对中国优秀传统文化挖掘、保护、传承、创新的新时代，还南京是"七朝古都"的历史真相，让人们在研究欣赏六朝历史文化风采时，让人们在走进南京六朝博物馆时，知道"六朝"中没有明朝，但大明王朝对南京这座城市的历史贡献和影响不容忽视。我们似没有必要大费周章，鱼和熊掌都想兼得，应彻底摒弃"六朝古都、十朝都会"之模棱两可伪命题，一言以蔽之曰：南京是七朝古都。或曰：七朝古都南京。

那种习惯于站在明城墙脚下、站在世界文化遗产明孝陵脚下,滔滔不绝地言必称南京为"六朝古都"、对大明王朝熟视无睹的行为,那种通过"十朝都会"把大明王朝神不知鬼不觉地打入"都会"行列的提法,对明王朝来说是有失公允的,也是不符合历史事实的。

我们在研究南京历史文化艺术时,可以论及"六朝""南唐""大明""太平天国""民国"的文化艺术、政治经济及其他,它们可以全方位、立体化地共同为南京树立历史文化名城的形象发力,以呈现南京历史文化的多姿多彩、厚重精深。但在研究确定南京是"几朝古都"这一特定历史认知时,必须严格做好"资格审查",该剔除的就要剔除,宁少毋滥,宁准毋偏,不能将历史研究与文化艺术研究混为一谈,也不能将古都史研究与城市发展史研究混为一谈。

我们讲南京是"七朝古都",并不是反对提"六朝文化""六朝艺术""六朝风采""六朝考古""六朝博物馆",更不存在否定"六朝"的意思,相反,是要在"七朝古都"这个更大的时空范围内,加大对六朝文化艺术的挖掘、宣传、展示力度,弘扬六朝文化精髓,注重展示六朝文化对后世的影响,尤其是对周边地区的影响,使之继续为南京经济文化建设服务。我们要从历史研究与文化艺术研究、古都史研究与城市发展史研究等不同层面、不同角度,为南京历史文化名城研究发力。

我们要以辩证的、唯物的历史观来认识、评价、定位南京都城史的正确地位,弃"都会"之说如敝屣,还南京"七朝古都"之桂冠。唐代许嵩已经离我们近 1300 年了,我们感谢他为昨天南京的历史作出的贡献!倘若许嵩九泉有知,他也会大度地称今天的南京为"七朝古都"的!"南京是七朝古都",从现在开始,让南京"不一样"吧!有诗叹曰:

扬子江畔南京城,
石头山上立城门。
埋金凿阜王气地,
建业建康秣陵村。

王濬楼船江底卧，
风吹鬼脸无潮声。
南朝多少宫阁寺，
烟雨过后难觅痕。
大明日月又一统，
祚胤得道应天顺。
城头易帜古寻常，
七朝古都再出征。
中华民族大一统，
盛世今朝誉乾坤。

第七章 "七朝古都"八大文化板块

一切过往皆为历史。学术意义上的历史应该是有明确纪年的,而"文化"或"文明"的内涵与外延却不受纪年的限制。考古学的兴起,让文化、文明的探究更成为一种现实,并且大大提高了历史的可信度。南京这座城,从无到有,由小变大,几经圮毁,几成废墟,后又几度兴起,与皇家宫阙所在关系极大。兴亡更替,酸甜苦辣,最终在这片土地上孕育出了一棵棵富有时代气息的文化艺术之树,使这座坐落在山水之间的长江下游美丽城市,虎踞龙蟠为文化艺术的上游城市。

对南京这座国家历史文化名城的文化艺术该如何评定? 我们可以以历史发展为经、以文化艺术为纬,对其进行梳理,以呈现这座城市的历史文化伟岸形象。笔者将南京的历史文化在"七朝古都"框架下,简括为八大文化板块,每一个板块都可以独立形成研究专著,但囿于学识与阅读视野,这里只是粗线条地勾勒成文,供读者及方家同好参考。

第一节 金陵文化

南京历史文化的最早印记仍应是受先吴文化影响。在商朝末年姬姓太伯、仲雍从西岐奔吴前后,南京地域仍以蛮荒为主要特点。太伯在今无锡、苏州一带"荆蛮之地"建立勾吴国时,南京应仍在泽国江渚之间徘徊。太伯无子,去世后,其吴国王位由弟弟仲雍继承。到了仲雍第四代周章时,周武王讨伐商纣王成功,推翻了殷商王朝,建立姬姓周王朝。武王通过艰难寻亲,终于找到了比自己晚一辈的周章,就以周天子身份正式封周章为吴国国王,其领地包括今天的南京及长江下游一带。一直到东周的春秋时期,南京仍属吴国地域。

到了周章以后的第十八代吴王夫差即位,23年后,即春秋鲁哀公二十二年(公元前473)冬十一月,夫差自杀,吴国被越国所灭,越国尽有江南之地,南京又属于越国领地了。到了周显王三十六年即楚威王七年(公元前333),越国与齐国、楚国争霸,最后被楚国所灭。这时的楚国国王是楚威王熊商,南京这方土地又归属于楚国。

相传吴王夫差在今天南京的朝天宫所在地冶山地带设冶炼坊,铸造兵器,故名"冶城",尽管那时的南京还没有"城"形。吴王夫差于公元前486年从姑苏来到今天扬州境内筑邗城,开邗沟,沟通长江、淮河,准备北上中原争雄称霸,说明那时的南京地理位置在军事上还没有扬州重要,更没有出现人烟稠密的景象。公元前472年,越国在灭掉吴国后,范蠡奉越王勾践之命,在今南京的长干里一带修建了一座有"二里八十步"的军事城堡性质的城池,史称"越城""范蠡城",越城是南京有文字记载的第一座城池。2023年"长干古城"考古成果的呈现,将南京的建城史向前提了600年。

再说楚威王熊商欲凭借长江天堑为屏障,以图谋天下,遂于公元前333年在打败越国、占领南京地域后,在峻拔峭立的长江边石头山上"因山立号",置"金陵邑"。从这时开始,南京有了"金陵"之名,这是南京的第一个称谓。

金陵邑故址在今南京老城西部的八字山与清凉山之间,因为是在石头山上建筑城邑,人们又称之为"石头城"。南宋周应合《景定建康志》有云:"周显王三十六年,楚子熊商败越,尽取故吴地,以此地有王气,因埋金以镇之,号曰金陵。"所以,凿阜埋金,以镇王气,成了楚威王置邑于此并称"金陵邑"的注解。

关于"金陵"得名还有另一种解释。唐代许嵩《建康实录·序》中指出,有人说"地接华阳、金坛之陵,故号金陵",即南京"金陵"之名是因为其与现在的镇江句容、常州金坛境内的茅山山脉相连而得来的。南宋曾极《金陵百咏》中,在并录前人"地接华阳、金坛之陵"之说的同时,其第一咏中即有:"凿地破除函谷帝,埋金厌胜郢中王。兴亡总不关君事,五百年前枉断肠。"其中"凿地破除函谷帝"即指秦始皇凿"龙藏浦"而泄金陵王气、改金陵为"秣陵"一事。

秦始皇三十六年(公元前211),秦始皇东巡,过了长江,自长江的江乘渡口(今南京栖霞区境内)渡江上岸,当时有"望气者"即观天象看风水的术士类人物随从,他们对秦始皇说:"五百年后,金陵有天子气。"为了消除子孙后患,解除后顾之忧,秦始皇下令:"凿钟阜,断金陵长陇以通流。"这个在高岗上凿出来的河流将原来的一段叫"龙藏浦"水系纳入其中,直接与长江相接,流向大海,这样就通过流水泄掉了金陵王气,"至今呼为秦淮"。南京"秦淮河"由此得名,秦淮河也取代了原先的"龙藏浦"水系称谓。

因秦始皇有"凿钟阜"举动,人们将当年楚威王在石头城埋金的行为又自然地附会上了"凿"痕,楚威王"凿阜埋金"成了"金陵"得名的又一美好注解,并且随着历史发展而愈来愈得人心,为历代人们所乐道。人们由秦始皇的凿阜之举,亦可以想见当年楚威王熊商通过凿阜埋金以镇此地王气、并命名此邑为"金陵邑"是极有可能的,否则,不可能无缘无故地称此邑为"金陵邑"而不称"石头邑"。为了彻底灭了金陵王气,秦始皇后来干脆将战国时楚国的"金陵邑"改名为"秣陵县",他要将南京这块宝地变成专为马匹提供饲料的场所。一直到东汉建安十七年(212),秣陵县才被改称为"建业县"。

越灭吴、楚灭越的过程,使南京有了吴、越、楚三种文化基因,也使南京较早成为长三角地带最具开放包容性的地区,为它未来的发展壮大埋下了伏笔,增强了基因。吴、越、楚文化在南京这方土地上实现了杂糅,吴文化为底色,越文化为配色,最后是由楚文化收笔。因此,早期南京这片土地上的文化,可归结为"金陵文化",它是南京历史文化资源的"第一板块"。其文化兼具吴、越、楚文化特征,体现了筚路蓝缕、以启山林的艰苦创业精神,兼容并蓄、海纳百川的博大气象,刚毅坚韧、砥砺前行的不懈奋斗和追求。

第二节　六朝文化

秦统一中国,在南京地区设置了棠邑县(今六合)、秣陵县、江乘县、丹阳县与溧阳县。到了东汉末年,南京的地位开始提升,成为扬州刺史治所和丹阳郡治所。在吴、越、楚大地上纵横驰骋的江东孙氏家族,经过前仆后继、流血牺牲,团结一帮人开疆拓土,在苏州、鄂州、镇江、南京之间徘徊,最终选择以南京这方土地作为东吴政权的政治、经济、军事、文化中心,依托这片土地来建立丰功伟业,从此开启了南京城历史新生面。尽管东吴政权前后在南京只存在了 50 多年时间,但对这片土地上的"王气"诞生却起到了激扬升腾作用,秦始皇当年要凿泄金陵王气的企图最终还是以失败告终,反而为南京留下了封建王朝都城的好兆头。

公元 280 年,北方司马氏晋朝政权灭了东吴政权。虽然如此,在司马氏政权又濒临被匈奴灭绝的危亡关头,公元 317 年,又是南京这片土地,使司马氏政权的寿命得以延续:"东晋"政权在南京建立,华夏文明在这里得到了很好的延嗣传承。南京都城史由此掀开了新的一页,南京城市档次得以迅速升高。

随着南北分裂对峙现象的出现,东晋末年,建康城开始"城头变幻大王旗",东晋朝廷的宋王、权臣刘裕于公元 420 年推翻东晋政权,自立为帝,建立"宋"政权,东晋王朝前后存在了 103 年。历史从此又开启了"南朝"的宋、齐、梁、陈四个朝代,并且是从未间断,一直到陈后主陈叔宝被隋文帝大军俘虏、陈朝宣告灭亡的公元 589 年,南朝前后存在约 170 年。人们将与之相应的北方北魏、东魏、西魏、北齐和北周五个"北朝"政权与"南朝"政权合称为"南北朝"。

一直到唐代许嵩《建康实录》问世,东吴、东晋和南朝的宋、齐、梁、陈四个政权才被捆在一起,统称为"六朝"或"六代"。意味着在南京这片土地上诞生的六个政权,其合法地位已经得到了中原集团的认可,可以进入华夏正统行列,可以属于华夏正朔。

加之唐宋以还,历代骚人墨客诗词歌赋中出现大量吟诵歌咏"六朝"的语句,使"六朝"概念随着时光的婉转而深入人心,乃至过了一千多年后,今日在回答南京是几朝古都时,人们如同在脑筋急转弯时被忽悠了一样,又顺势说出了"六朝古都"话语,在不知不觉中又把名词当数量词来使用,对唐以后的千年历史有熟视无睹之嫌。

"六朝"以南京这片土地为政治、经济、军事、文化中心,在这片土地上诞生的文化艺术,尤其是南朝陵墓石刻、王羲之王献之父子的书法艺术等,使其具有了王者气象,具有了开拓创新的艺境,对长三角地区影响至为深远,人们心中存在"六朝"情节,也是历史文化的长期沉淀浸染使然。因此,"六朝文化"是南京这座城市的又一张亮丽的历史文化名片,是南京古都文化的重要方面军,我们可将"六朝文化"确定为南京历史文化资源的"第二板块"。它的文化特征是:南北融通,华夏一脉;标新立异,释放心灵;以山水之美涵养文化艺术之美,以人文之隽永赋得山水以诗情与画意。

第三节　南唐文化

隋文帝杨坚灭掉南朝的陈以后,对南京这座帝王之都进行了毁灭性破坏。在后来当上皇帝的隋炀帝杨广直接指挥下,隋朝要把南京这座帝王之都"平荡耕垦",夷为平地,让农人能够在昔日的都市上种上庄稼蔬菜,并且将原名"建康"的南京,再度改回到秦始皇时代的"秣陵"。南京这方土地,在隋朝的极度毁灭破坏下,满目疮痍。秦始皇当年只是听信"望气者"的话,通过一条河的开凿来泄掉金陵"王气",但给南京这座城留下了诗情画意般的"秦淮河",而隋朝则是对已有320多年历史的帝王之都进行毁坏,其手段与动机更加狠戾,其对金陵文化、六朝文化的摧残是致命的。难怪唐代大诗人李白在路过南京时,留下了"凤凰台上凤凰游,凤去台空江自流。吴宫花草埋幽径,晋代衣冠成古丘"的千古慨叹。

但南唐的文化艺术在五代十国的烽火硝烟中却别开生面,其中以诗词、绘画艺术的繁荣和儒道释文化的融通并蓄为主要特点。李璟、李煜"二主"的诗词有柔靡之音,也有后来的亡国之痛。一曲《虞美人》让"一江春水向东流"传唱至今,打动了无数善男信女、怨妇游子、迁客骚人,其艺术生命力之旺盛,奠定了李煜这位亡国之主在后世词坛上的地位和在现代人们心目中的高雅艺术形象。

南唐绘画艺术又出现新气象。董源、巨然善用或浓或淡的水墨描绘江南景色,两人并称为"董巨"。黄筌擅画宫廷珍禽异卉,徐熙擅画江湖上的水鸟汀花,当时有"黄家富贵,徐熙野逸"的谚语,两人并称为"黄徐"。顾闳中的《韩熙载夜宴图》,更是现实生活与绘画艺术完美结合呈现的典范,是传世艺术珍品。南唐二陵出土的大量文物中,陪葬陶俑造型灵动,是当时造型艺术的经典之作。

我们可以说,"南唐文化"是南京历史文化的"第三板块"。它的文化特征是:婉约与清丽并存,灵动与飘逸兼具;是"一江春水向东流"的诗情缠绵,更是"淡妆浓抹总相宜"的山水长卷;让你回味,让你留连,让你唏嘘,更激励你去奋进,去扬鞭。

南唐二陵

第四节　大明文化

当历史的时针指向 14 世纪中叶时,南京这片土地在蒙元政权的后期又获得了新的生机。在南唐政权灭亡后,时隔 393 年,南京这片昔日的"王气"之地又迎来了王者——大明王朝于 1368 年在此建都。同时,"南京"之名也由大明王朝所赐。后虽经历清朝及清朝版图上的太平天国几番易名,但民国政权又使"南京"之名回归。1949 年中华人民共和国成立,"南京"已经成为这片土地的冠名专利。

明朝虽然于永乐十九年(1421)完成迁都北京工程,但南京作为"留都",其"六部"等国家重要机构仍然完整存在,朝廷任命廷臣,如果是在南京任职,就在前面冠以"南京"二字。翻开《明史》,诸如"拜南京吏部尚书""出为南京吏部尚书""授南京御史""再迁南京礼部郎中""迁南京户部右侍郎"等记载俯拾可见,说明南京在永乐十八年开始,作为明王朝政权的副政治中心,与明王朝相始终,继续发挥着"留都"的都城作用。

明武宗朱厚照曾于正德十五年(1520)在南京从春正月一直待到秋九月,前后驻跸南京 9 个月,使留都南京又发挥了 9 个月的首都功能。《明史·寇天叙列传》记载,明武宗驻跸南京时,"从官卫士十余万,日费金万计,近幸求索倍之"。南京地方财政在寇天叙的运筹下,承受住了皇帝到留都办公的巨大经费支出压力,确保了皇帝在南京期间的起居安全和办公经费正常周转。

明王朝通过实施一系列皇家工程,如宫城、皇城、都城、城墙、护城河、城郭、帝王陵寝、朝天宫、文庙、武庙、大报恩寺等,以及通过对城市居民住宅区依据生产功能来划分,出现了一批生活生产气息十分明晰的街、巷、营、里等城市功能区划,有的名称一直沿用至今。明朝留给今天南京的家当,南京人仍在不知不觉地使用着。现在南京城的基本空间格局仍然保留了明代走向,南京明城墙是一道巍然屹立的分水岭。作为华夏正朔的统一政权大明王朝,其定都南京,为南京古都历史文化既增加了数量,更提升了质量,南京从此在"六朝"基础上,堂堂正正地步入"七朝古都"行列。

明王朝前后存在了 277 年,其文化艺术博大精深、丰富多彩。就南京这方土地而言,对今日之南京仍然产生影响的,除前文所列的可以看得见摸得着的遗产家当外,以"尊孔重儒崇孝"为主要思想的儒家文化对南京这座城的人文底色起了重要浸染作用。南京"博爱"之都的本色不是一天形成的,至少在明代就奠定了基调。

当然,出于对新的统治政权歌功颂德的需要,在诗歌创作上,明代初期出现了以刘基、宋濂为代表的"台阁体"诗风;因推崇宋代程朱理学,理学研究又被推向了新的高度;郑和七下"西洋"之旅,使南京的文化更具备了开放色彩,"海上丝绸之路"由此滥觞;永乐年间,明成祖朱棣先后命解缙、姚广孝等主持编纂的一部集中国古代典籍于大成的大型类书《永乐大典》于南京完成,全书 22877 卷,外加目录 60 卷,共计 22937 卷 11095 册,约 3.7 亿字,汇集了古代图书七八千种,使大明文化高峰迭现。因此,"大明文化"构成了南京历史文化的"第四板块",它的文化特征是:华夏一统,气象万千;大国外交,泽被重洋;文修武备,治隆唐宋。

南京明城墙东水关段遗址

第五节　太平天国文化

明代以后,对南京这座城市破坏最为严重的是太平天国时期。太平天国留给南京这座城市的文化遗产,今日观之,主要是在墙壁上、门板上留下的一些壁画。当时的壁画成为官府衙门的装饰艺术,"门扇墙壁,无一不画",由专业画士和民间画工共同创作完成。太平天国壁画的主要特点是:不绘人,只绘物,具有严重的封建等级思想。太平天国覆灭后,壁画遭到清政府军毁灭性破坏。现存南京堂子街太平天国壁画有18幅,全为彩色,均绘在墙壁和板壁上,著名的有"江防望楼图""鹤寿图""山亭瀑布图"等,具有一定的实用性与审美价值。

太平天国于1853年颁布了以解决土地问题为中心的基本纲领和社会改革方案《天朝田亩制度》,其主要内容为:按人口平均分配土地;对农民的劳动所得,除留下口粮外,其余全部上交国库;规定兵农合一、行政和司法合一,目标是要建立一个"无处不均匀,无人不饱暖"的理想社会。应该说这些与历代农民起义中提出的要求人人平等、摆脱贫困、反对封建剥削压迫的思想有相通处,具有先进性。1859年,洪仁玕针对太平天国后期出现的弊端而写的《资政新篇》,受西方文化影响,从理论上提出要发展资本主义,对中国进行"革故鼎新",这在当时具有一定的前瞻性,惜未能付诸实践。

但是,太平天国最终并没有形成一种积极向上向善的文化价值取向,有悖于大一统王朝的政治导向,其天王与封建帝王在本质上没有什么不同。另外,其对南京及周边地区的历史建筑,尤其是明代皇家文化遗存,如明孝陵、明皇城、大报恩寺以及栖霞寺、甘熙宅第等的严重破坏,是历史不容抹去的。

我们可以研究太平天国及其历史与文化现象,但决不能把它视为是定都南京的一个华夏正朔王朝,充其量只是一个在清王朝版图上出现的"宗教武装政权"而已。对太平天国的研究,可以起到从历史中汲取教训、

太平天国壁画"云带环山图"

太平天国壁画"孔雀牡丹图"

以古鉴今的作用,但无须将此作为炫耀南京历史文化名城的资本。我们可视"太平天国文化"为南京历史文化的"第五板块",它的主要特征是:通俗绘画艺术与宫廷实用音乐艺术并存,基督宗教文化与封建文化并重;落后一面大于先进一面,消极一面多于积极一面,伤痕一面多于光鲜一面。因此,在研究太平天国文化时,需要下一番去伪存真、去其糟粕、留其精华的功夫。

第六节 民国文化

历史到了 1912 年 1 月 1 日,孙中山任中华民国临时政府大总统,定都南京。4 个月后,临时政府又被袁世凯迁都到北京。推翻封建帝制、走向共和的民国政权虽然初期仅在南京定都 4 个月,但却开创了南京近现代都城史的新纪元。民国十六年(1927)4 月,以蒋介石为代表的国民政府又定都南京,一直到 1949 年 4 月 23 日,国民政府被赶出南京、赶出大陆,最后逃亡台湾。

在这里,我们对中华民国定都南京、但不能被纳入南京是几朝古都的视野来进行思考和计算问题作进一步解答,以释读者疑惑。

孙中山先生于 1912 年 1 月 1 日在南京宣誓就任中华民国临时大总统,中华民国建立并纪元。1912 年 2 月 12 日,由隆裕太后代诏,宣布清王朝第 12 位皇帝宣统退位,统治中国两千多年的封建专制制度就此结束。中华民国是结束两千多年封建帝制后的"共和制"产物,从那一天起,中国历史已经不存在封建制王朝如唐朝、宋朝、明朝、清朝的"世袭制""家天下"封建国体性质。民国时期的南京虽然作为国民政府的都城,但因其政权属性发生了根本变化,国体的形态已经不再是封建制,所以它没有资格进入南京是"几朝古都"这个"古"字范畴。

这一点,我们还可以从孙中山签署颁布,旨在维护国家主权、保障国民人身财产安全及自由,确定国家元首、参议院权责,同时约束袁世凯专权的《中华民国临时约法》中充分感受到。在《中华民国临时约法》第一章"总纲"中,第一条、第二条明确规定:"中华民国由中华人民组织""中华民国之主权属于国民全体"。在第二章"人民"中又明确:"中华民国人民一律平等,无种族、阶级、宗教之区别。"《中华民国临时约法》内涵极其丰富,具有划时代的伟大意义。仅从政治方面而言,它不仅宣判了清王朝封建专制统治的死刑,而且以根本法的形式废除了在中国延续两千多年的封建君主专制制度,确立起资产阶级民主共和国的政治体制;从思想方面而言,该法使民主共和的思想深入人心,使人们树立起了封建帝制非法、民主共和合法的观念。从此,"封建"彻底退出历史舞台,被扫进了历史垃圾堆。如果我们在谈及南京是几朝古都问题时,还把民国政权拉进来当作封建王朝对待,这不是在打孙中山先生的脸吗?

虽然中华民国定都南京不能用于回答南京是几朝古都这个问题,但民国文化却多姿多彩。中西方文化碰撞交流,其中尤以民国建筑为代表。民国文化遗存丰富,是南京历史文化资源的又一大特色,它让这座古老的城市充满了时代气息,是南京历史文化的又一张靓丽名片。因此可以说,以推翻封建帝制、走向"共和"为标志的政治文化与以民国建筑为标志的建筑文化,共同组成了"民国文化",这是南京历史文化的"第六板块"。

这里重点赏析一下民国建筑文化。

南京民国建筑呈现中西合璧特点,目前保存下来的民国建筑占地面积 900 多万平方米,其中具备代表性的优秀民国建筑有 200 多处。主要表现为以下几种形式。

第一种是折中主义建筑,这是 19 世纪 20 年代在欧美流行的一种建筑风格。这类建筑在风格上不讲究固定的法式,善于模仿历史上各类建筑或自由组合各种建筑形式,讲究比例匀称,形式美观。如 1910 年建成的江苏咨议局大楼、1914 年建成的下关扬子江饭店和 1915 年建成的和记洋行英国总监办公楼等。

第二种是西方古典式建筑,又称西方古典主义建筑。主要指 17 世纪后期从法国兴起的古典主义建筑,多运用在宫廷建筑、纪念性建筑和大型公共建筑中。大约在20世纪初,这种风格的建筑出现在南京的大学校园里,如国立东南大学的孟芳图书馆、体育馆、科学馆、生物馆等。

第三种是新民族形式的建筑,又称现代化民族形式建筑。这类建筑兼顾西方现代建筑技术与功能特点,又带有中国民族风格。代表性建筑有国民政府外交部大楼、国立美术陈列馆、中国国货银行、中央医院主楼、中央体育场建筑群、紫金山天文台、中山陵音乐台等。

第四种为西方现代派建筑,又称西方现代主义建筑。这类建筑主张摆脱历史上过时的建筑样式束缚,采用新材料、新结构,因其造价经济、造型新颖而在商业和公益建筑中常被采用。代表性建筑有首都饭店、国民政府最高法院、行政院、南京地质矿产陈列馆、首都大戏院、国际联欢社等。抗战胜利后,新兴建筑中常用这种建筑风格,如北极阁的宋子文公馆、美国驻中华民国大使馆、美军军事顾问团公寓等。

第五种为中国传统宫殿式近代建筑。这是中西方建筑师力图将中国传统建筑造型与西方现代建造技术相结合而做出的一种尝试。代表性建筑有金陵大学礼拜堂、中山陵、中央研究院地质研究所、国民政府交通部大楼、国民党中央党史史料陈列馆、国立中央博物院筹备处等。

中山陵

中山陵"博爱"坊

第七节 红色革命文化

1949年4月23日南京解放,"七朝古都"从此回到了人民手中。如果从1921年中国共产党创立时期算起,到1949年中华人民共和国建立,在南京这片土地上,留下了无数革命先辈为了拯救中华民族、为了劳苦大众翻身解放而抛头颅、洒热血的可歌可泣事迹,留下了许多重要的红色文化资源。随着社会主义革命与建设的不断深入,红色文化资源越来越丰富,越来越受到重视和保护,因此可以说,"红色革命文化"是南京历史文化的"第七板块"。

这里有必要说说如何正确理解"革命"一词。

"革命"一词,古已有之,历史上有"汤武革命""则天革命"。"汤武革命"分别是指商汤与周武王以武力推翻前朝的革命。夏朝末年,由于夏桀王无道,商汤通过"伐谋""伐交""伐兵""用间"等手段,经过大小十几场战争,使得夏王朝政权空前孤立;又利用有娀氏的反叛,在"鸣条"之野决战,最后打败夏桀,夏朝灭亡,建立了商王朝。由于商汤是以武力灭夏,打破了国王永定不变的说法,从此中国历代王朝皆如此更迭,史称"商汤革命"。到了商朝末年,由于商纣王无道,周武王姬发先是联合800个诸侯国在孟津会合,最后在"牧野"这个地方打败商纣王,推翻了商朝统治,建立了周王朝。历史上把这夏商两次王朝更迭合称为"汤武革命"。《周易·革·象》中有"汤武革命,顺乎天而应乎人"的名言。"鸣条之战""牧野之战"更成为中国历史上的战争典型范例。

夏朝从大禹儿子启开始,到桀结束,政权存在了470年;商朝从汤开始,到纣结束,政权存在了554年。这些都可以从《史记》等史书中找到答案。

"则天革命"又称"武周革命",是指天授元年(690)武则天宣布改"唐"为"周",建立"武周"政权。武则天以洛阳为神都,降唐睿宗李旦为皇嗣，自为皇帝。当时曾出现"则天革命，举人不试皆与官"的现象。则天革命是从皇室内部产生的政权更迭，虽然没有出现夺取政权时的战争，但武则天作为中国历史上的第一位女皇帝，在人类社会走出母系社会、进入父系社会的几千年后，又出现由女性来当皇帝、成为大当家的，这不啻是一场"革命"。但武周政权前后只存在了15年，神龙元年（705），武则天又将政权还给了李家，李唐王朝按下15年的"暂停键"得以重新开启。

历史在发展过程中，革命现象必然不断产生，"革命"一词总是呈现正面形象居多。1840年鸦片战争以来，中国社会进入近代半殖民地半封建"双半"社会，"革命"一词使用频率不断增高，几乎成了时代发展的主打词汇。如"辛亥革命""二次革命""新民主主义革命""旧民主主义革命""土地革命""社会主义革命"，直至出现"文化大革命"等。

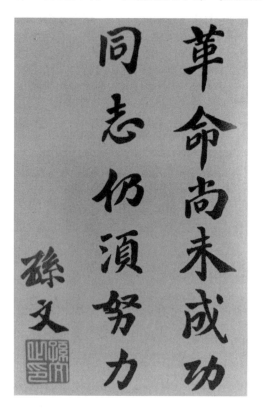

孙中山书写"革命尚未成功，同志仍须努力"

"革命"一词的含义究竟是什么？不管有多少种解释，笔者以为，只有毛泽东对"革命"一词作出的解释是既形象生动，又揭示出"革命"本质的："革命不是请客吃饭，不是做文章，不是绘画绣花，不能那样雅致，那样从容不迫，文质彬彬，那样温良恭俭让。革命是暴动，是一个阶级推翻一个阶级的暴烈的行动。"笔者认为这是从古至今对"革命"一词的最佳诠释。正是由于"革命"存在着强大的暴动式的核动力，才使历史车轮滚滚向前、永动发展。

在此基础上来理解革命文物资源,就显得轻松多了。革命文物的外延要大于红色文物的外延,红色文物是革命文物的一部分。红色文物应该是专指与中国共产党相关的、1921 年开始出现的文物,我们今天研究革命文物,红色文物理应唱主角。

国民政府时期,南京作为国民政府都城所在地,仍然有中国共产党人同黑暗势力战斗的身影。位于长江路梅园新村街道的中共代表团梅园新村办事处旧址,就是红色革命文物之一。1946 年 5 月 3 日至 1947 年 3 月 7 日,以周恩来为首的中共代表团在这里同国民党政府进行了 10 个月零 4 天的谈判。当年的梅园新村 17 号、30 号、35 号是中共代表团的机关驻地,其中 30 号、35 号是代表团领导成员周恩来、董必武、李维汉、廖承志、邓颖超和中共南京局组织部部长钱瑛的住处,17 号是代表团办事机构驻地。1954 年,以梅园新村办事处旧址为基础,南京市筹建"梅园新村中共代表团办公原址纪念馆",1960 年内部开放。1977 年 11 月,南京市又更其名为"中共代表团梅园新村纪念馆"并对

中共代表团梅园新村周恩来办公处

外开放,由中共代表团办事处旧址、国共南京谈判史料陈列馆、周恩来铜像、周恩来图书馆等部分组成。其中属于旧址的部分,已被列为全国重点文物保护单位。

此外,红色革命文化资源还有雨花台烈士陵园、航空烈士公墓、渡江战役胜利纪念碑、八路军驻南京办事处、红色李巷等。根据南京市规划设计研究院调查,南京市现有160多处红色文化资源点,记录着中国共产党领导人民前仆后继、浴血奋斗的难忘历史,蕴含着中国共产党和中国人民艰苦奋斗、不屈不挠、一往无前的革命精神,体现了中国共产党领导人民从站起来到富起来再到强起来的伟大而又艰苦的奋斗历程。红色革命文化资源承载的革命斗争精神,已经成为南京城市基因,融入南京城市血脉与记忆,是南京人民又一笔宝贵精神财富。

雨花台烈士陵园烈士就义群雕

第八节　非物质文化

南京历史文化的"第八板块"当属"非物质文化"。

根据联合国教科文组织的《保护非物质文化遗产公约》定义，非物质文化遗产是指被各社区群体、有时为个人视为其文化遗产组成部分的各种社会实践、观念表达、表现形式、知识、技能及相关的工具、实物、手工艺品和文化场所。这种非物质文化遗产世代相传，在各社区和群体适应周围环境及其与自然和历史的互动中，被不断地再创造，为这些社区和群众提供持续的认同感，从而增强对文化多样性和人类创造力的尊重。非物质文化遗产主要包括以下方面：（1）口头传统和表现形式，包括作为非物质文化遗产媒介的语言。（2）表演艺术。（3）社会实践、仪式、节庆活动。（4）有关自然界和宇宙的知识和实践。（5）传统手工艺。

非物质文化遗产是一个国家和民族历史文化成就的重要标志，是优秀传统文化的重要组成部分，它与物质文化遗产相对应，合称为"文化遗产"。截至 2022 年 11 月，我国共有 43 个项目被联合国教科文组织列入非物质文化遗产名录、名册，数量位居世界第一。

南京市是非遗项目和非遗传承人较多的城市。目前已经有 251 个项目分别被列为世界级人类非物质文化遗产代表作名录和国家级、省级、市级非物质文化遗产名录，还有 562 个项目被列入区级非物质文化遗产名录。

南京市被列入世界级人类非物质文化遗产代表作名录的有 5 项，分别是传统音乐"中国古琴艺术（金陵琴派）"、传统美术"中国剪纸（南京剪纸）"、传统技艺"南京云锦木机妆花手工织造技艺"、传统技艺"中国雕版印刷技艺（金陵刻经印刷技艺）"和传统技艺"绿茶制作技艺（雨花茶制作技艺）"。

这里重点介绍一下南京云锦。南京云锦是中国传统的丝制工艺品，

因其色泽光丽灿烂,美如天上云霞而得名。其用料考究、织造精细、图案精美、锦纹绚丽、格调高雅,是在继承历代织锦优秀传统基础上发展而来,同时又融会了其他丝织工艺的经验做法,达到了丝织工艺巅峰状态,被誉为"锦中之冠"。云锦代表了中国丝织工艺的最高成就,浓缩了中国丝织技艺的精华,是中国丝绸文化的璀璨结晶,有"寸锦寸金"之喻,是中国古代织锦工艺史上最后一座里程碑。其历史可追溯至东晋义熙

南京云锦

十三年(417),当时在都城建康设立专门管理织锦的官署"锦署",至今已有1600多年历史。如今,云锦仍保持着传统特色和独特技艺,一直保留着传统提花木机织造,这种靠人记忆编织的传统手工织造技艺,目前仍无法用现代机器来替代。南京云锦木机妆花手工织造技艺作为中国古老的织锦技艺最高水平的代表,于2006年被列入首批国家级非物质文化遗产名录;2009年9月,成功入选联合国人类非物质文化遗产代表作名录。

南京市被列入国家级非遗名录的有8项。如传统舞蹈"竹马(东坝大马灯)""龙舞(骆山大龙)",曲艺"南京白局",传统技艺"南京金箔锻制技艺""金银细工制作技艺""素食制作技艺(绿柳居素食烹制技艺)",传统医药"中医诊疗法(丁氏痔科医术)",民俗"秦淮灯会"等。其中,溧水骆山大龙舞起源于明代,大龙龙身长近百米,参与者达500人之多,有"江南第一大龙"美誉。

南京市被列入省级非遗的有民间文学"达摩传说""项羽故事""伍子胥故事""崔致远与双女坟的故事""卞和献玉传说""秦淮传说故事""梁祝传说",有传统音乐"留左吹打乐""雨花石鉴赏习俗"等61个项目。南京号称有"三宝",一是云锦,二是金箔,三是雨花石,它们已

经分别跻身省级及以上非遗行列。北阴阳营新石器时代遗址出土文物说明,南京人对雨花石的喜爱鉴赏历史最少也有五六千年了。现在,南京市在六合地区横梁镇专门建有雨花石地质公园,保存了一些当年开挖砂矿时留下的砂坑,供人们前去游览,满足人们对雨花石的知识需求。

大量非物质文化遗产的存在及其在实际生活中的运用,使南京这座城市充满了幸福美好的生活气息,充满了赏心悦目的斑斓色彩,充满了芳香四溢的佳肴美味,充满了悠扬悦耳的音乐享受。生活在南京的人们,其幸福指数永远名列前茅。

秦淮灯彩

对南京这座国家历史文化名城的研究思考与定位,必须建立在历史文献与地下考古资料基础上,建立在物质文化遗产与非物质文化遗产基础上,更建立在历史唯物主义史学观基础上。"七朝古都南京"在"八大文化板块"的滋养下,经济文化呈生机盎然、蓬勃发展之势。我们要以历史唯物主义的学术胸怀与开阔视野,科学地向世人彰显出一个立体的、充满正能量的南京七朝古都形象,让优秀历史文化资源融入现代社会经济文化建设发展当中,成为推动南京社会经济文化持续发展的重要力量,成为激发南京人民积极向上向善、勇于开拓进取、追求幸福生活的不竭源泉。愿历史文化名城南京成为当代人们心目中最理想、最美好、最宜居的美丽家园。

后　记

当农历二十四节气的"冬至"日开始"数九"的时候，我们知道，中华民族最重要的传统节日"春节"——2024年的春节即将来临了。

正是在这春夏秋冬四季变换、周而复始的过程中，自然界的生命体在不断迎接挑战，迎来新生，迎来希望，更迎来幸福美满。也正是在一次次不畏艰辛、不惧长途跋涉的求索寻觅旅程后，我们对耕耘与收获的辩证关系才有了更加刻骨铭心的透彻理解；但也正是在每一次的秋收冬藏后，我们仿佛又蓄积了充分的能量，准备着向春天再出发。

1990年初，从位于古都西安的陕西师范大学硕士研究生毕业后，我成了南京这座古都的市民。因为爱这座城，所以就以实际行动去用心呵护这座城，文物工作者的神圣职责成就了我的这份承诺；因为爱这座城，所以就更加在意她的苦难与辉煌，更加在意她的形象与风采的完美展现，更加在意如何让人们去读懂这座城市，热爱这座城市，力争成为这座城市的合格市民。《七朝古都南京》一书，就是对养育我近35年的这座城市的钟情与告白。我曾为这座城市的文化遗产保护而无私无畏地呐喊奉献过，现还在进行时中。

我虽不能直接为这座城市建设添砖加瓦，但这本书是我积40余年之学养，奉献给这座城市的一份珍贵礼物。我希望，我也更加坚信，会有更多热爱南京、关注南京，尤其是生活在南京的人们，争相加入我向这座城市献礼的行列中来。

感谢管云林、黄玉生、卢海鸣、胡有清等先生，是他们慧眼相识，率先读懂了我对南京这座城的拳拳之心和科学认知，使我的"南京是七朝古都"学术论断早在 2019 年开始，就陆续在"中国江苏网""人民日报网""学习强国"平台、《炎黄文化》杂志、《金陵四合斋诗文（不惑集）》等数字网络平台和纸质书刊上得以与广大读者见面。感谢冯家红、焦翔、丁澍三位馆长，是他们给我提供了在南京中国科举博物馆、金陵图书馆、南京国际展览中心演讲的机会，使我得以直接向广大市民宣讲南京七朝古都文化，使在场的广大听众无不耳目一新，人人倍感振奋，交相称赞。

感谢中央文史研究馆馆员、东南大学著名教授陶思炎兄，他在学术耕耘之暇，不辞辛苦，不惧劳顿，以如椽之笔为本书作序添彩，给我以同道兄弟般的厚爱与鼓励。感谢我的大学历史课老师、扬州大学原副校长、江苏省历史学会会长周新国教授，他拨冗对本书部分章节进行审核把关，并对"南京是七朝古都"学术定性表示首肯。

感谢童本勤、廖锦汉、王志高、田名利、顾苏宁、沈旻、曾军、徐丽、龚巨平、陈大海、蒋苏荣等女士、先生为本书提供的珍贵资料，使本书图文并茂，学术性与通俗性并耀。感谢扬州广陵书社曾学文总编、刘栋副总编、金晶主任，以及郭玉同、葛玉峰、吴玥涵等各位编辑老师的辛劳付出，使本书成为 2024 年新年厚礼而呈献给广大读者。特别要鸣谢王道林、戈荣华、戈玉兰、朱兴男、张品荣等女士、先生们，你们为本书顺利付梓而倾力襄助，使我在学术苦海中航行有了一种久旱逢甘霖之喜悦。

愿《七朝古都南京》成为历史文化名城南京的一段美好回忆，更成为您的一位诚挚的、永远的朋友。

束有春

2024 年 1 月 8 日于金陵四合斋

后

记